JN296205

アメリカの信託と商業銀行

青山和司

日本経済評論社

はしがき

　本書は，大学院在学中から研究テーマとして取り組んできた，アメリカの信託と商業銀行に関する研究をまとめたものである．

　アメリカでは，かなりの商業銀行が信託業務の兼営を行っているが，こうした信託業務の兼営はアメリカの商業銀行の特色ともいえる．商業銀行以外の他の金融機関も信託業務を行っており，信託業務を行う金融機関を総称して信託機関と呼んでいる．ただし信託機関の数や信託資産の保有額で見ると，信託機関の中心は圧倒的に商業銀行である．そこで，こうしたアメリカの商業銀行の特色と，商業銀行を中心とする現在の信託機関の経済的機能に注目して，次の3つの点について問題関心を持って研究を進めてきた．

(1) 信託兼営銀行というアメリカの商業銀行の特色が，どのような歴史的な経緯を経て形成されてきたか．

(2) 1930年代の証券・金融制度の改革のなかで，信託業務はどのような位置に置かれていたのか．

(3) 戦後，アメリカの信託機関は急速な成長と発展を遂げたが，信託機関はどのような経済的機能を果たし，金融構造にどのような影響を及ぼしているのか．

　このような問題意識に基づき本書を，第I部 信託会社の発展と信託兼営銀行の形成，第II部 1930年代の証券・金融制度改革と信託業務，第III部 機関投資家としての信託機関の発展，の3部9章構成とした．各章の概要は以下の通りである．

　序章では，信託業務を行っている金融機関，すなわち信託機関の現況について紹介する．

　第1章では，アメリカにおける信託兼営銀行の形成について論じる．信託

兼営銀行の形成は，まず19世紀後半に信託会社が銀行業務への進出を開始し，次いでその動きに対抗する形で1920年代に商業銀行による信託業務への進出が活発化したことによる．とりわけ，商業銀行による信託兼営化の進展は，1913年の連邦準備法の制定によるところが大きい．同法は連邦準備制度の構築を主目的とするものであったが，国法銀行と競争関係にある州法銀行・信託会社との規制条件のイコール・フッティングを図るために，国法銀行に信託業務の兼営を認めた．

第2章では，信託機関の証券関連業務について考察を行う．信託機関は，証券代理業務，社債の受託業務，あるいは証券投資といった証券関連業務を行っており，こうした証券関連業務が，証券市場や商業銀行においてどのような役割を果たしたかを考察する．

第3章では，商業銀行にとって信託兼営の持つ積極的意義について論じる．1920年代には商業銀行は，証券業務の兼営も行っており，したがって商業銀行による信託兼営は，銀行業務・証券業務・信託業務という三者間の関連において理解する必要がある．その際，信託部門による株式投資や預金残高の形成がどのような意義を持っていたか，という点を中心にして考察する．

第4章では，社債保有者の保護と密接に関わる社債発行の受託制度の解説と，この制度が大不況に伴う社債の債務不履行の際にどのように機能したかという問題について考察する．アメリカでは債務不履行が発生した時に，信託機関が社債保有者の債権を保護する社債権の受託制度が一般に普及していた．こうした信託機関の業務は法人信託と呼ばれる．1930年代の大不況期に社債の債務不履行が増加したが，その際に信託機関は，社債保有者の利益保護のために十分に機能しなかった．それは，商業銀行が法人信託業務を兼営することによる銀行業務との間の利益相反に起因するものであった．

第5章では，1933年のグラス・スティーガル法（以下GS法と略記）によって実施された，銀行制度改革の業務分野規制について考察する．当時の銀行は銀行業務の他に，銀行本体または系列会社を通じて証券業務と信託業務とを兼営していたが，1929年の株式市場恐慌と1933年の銀行休業＝銀行

恐慌は，こうした銀行の兼営業務に関わる問題について議論を引き起こす契機となった．米国議会における，銀行の証券子会社を利用した投機的証券の販売，銀行役員の自己取引等の不正な証券取引の摘発は，銀行に対する社会的な非難を呼び起こし，銀行の証券業務を禁止するGS法の制定につながった．他方，信託業務についても銀行からの分離提案がなされたが，最終的には現行のように銀行の信託併営の継続が認められた．この結果，1930年代初頭の銀行改革においては，証券業務の分離と信託業務の併営の継続という対照的な業務分野規制が行われることになった．

第6章では，信託機関と私的年金制度との関係がどのようにして形成されてきたかという問題意識に立って，私的年金制度の発展を歴史的に検討する．初期の私的年金制度は，年金基金を積み立てない拠出型の制度が多かったので，信託機関が年金基金の受託者として活動する余地はほとんどなかった．1930年代の大不況期には，鉄道会社を始めとする多くの私的年金制度が財政困難に陥り，私的年金制度の発展は停滞した．その後，第2次大戦期から戦後を通して，私的年金制度は急速な普及・発展を遂げた．私的年金制度の発展とともに，信託機関は年金基金の受託者として，年金資産の管理・運用に大きな役割を果たすようになった．

第7章では，1970年代に公表されるようになった信託資産統計を利用して，1970年代における信託資産の拡大とその要因，および資産運用の実態とそれに伴う諸問題について考察する．この時代の信託資産の拡大は，個人信託資産と企業の私的年金基金資産の増大によるものであった．特に私的年金基金の増大はかなり顕著であったが，これは私的年金制度の普及を反映して，その基金の管理・運用が信託機関に委託されたことによるものであった．信託資産の運用は大部分，株式・債券等の証券投資に向けられており，信託機関は証券市場において機関投資家として重要な位置を占めるようなった．

第8章では，信託機関や年金基金がアメリカの金融構造において，どのような位置を占めているかという問題について考察する．アメリカでは，信託機関が保有する信託資産は非常に巨額にのぼっている．信託機関の保有資産

は，商業銀行の資産額を大きく上回っており，各種金融機関の中で最大の資産規模を誇っている．信託機関の保有する信託資産は，主として個人や私的年金基金の受託財産から成っている．企業年金制度は，戦後急速に普及・発展し，その資産規模を拡大してきた．こうした信託機関や年金基金の成長は，アメリカの金融構造における大きな変化の1つであり，信託機関や年金基金は巨額の株式投資を通じて，機関投資家として株式市場，資本市場に大きな影響を与えるようになった．

　ところで，これまでの研究をこのような形で出版できるのは，多くの方々のご指導ご援助と激励のおかげである．とりわけ深町郁彌先生には，学部・大学院時代から現在に至るまで，長きにわたってご指導いただいてきた．感謝の言葉もないが，本書の出版により先生の学恩に少しでも報いることができれば幸いである．

　本書は，イリノイ大学における在外研修の機会を利用してまとめることができた．在外研修の機会を与えていただいた大阪市立大学商学部と同僚の諸氏にお礼を申し上げたい．

　また，信託関係の統計や文献資料の収集に際して，信託協会の調査部と信託文献センターには一方ならぬお世話になった．厚くお礼を申し上げる．

　最後に，本書の出版に際して，編集の労を執っていただいた日本経済評論社の清達二氏に心から感謝申し上げる．

　1997年7月

アバーナ・シャンペーンにて
青山和司

（本書は，1997年度文部省科学研究費補助金「研究成果公開促進費」の交付を受けた．記して謝意を表する．）

目　　次

はしがき

序章　アメリカの信託制度と信託機関 …………………………………1

　　1.　アメリカの信託制度　　　　　　　　　　　　　　　　　1
　　2.　信託機関の構成　　　　　　　　　　　　　　　　　　　2

第Ⅰ部　信託会社の発展と信託兼営銀行の形成

第1章　アメリカにおける信託兼営銀行の形成 ……………………8

　　1.　はじめに　　　　　　　　　　　　　　　　　　　　　　8
　　2.　信託会社の商業銀行化　　　　　　　　　　　　　　　　9
　　　(1)　信託会社の急速な成長　9
　　　(2)　信託会社の銀行業務への進出要因　13
　　3.　信託業務の近代化と信託会社の規制　　　　　　　　　26
　　　(1)　信託業務の近代化　26
　　　(2)　信託会社に対する規制　29
　　4.　商業銀行の信託兼営化　　　　　　　　　　　　　　　31
　　5.　むすび　　　　　　　　　　　　　　　　　　　　　　36

第2章　信託機関と証券関連業務 …………………………………40

　　1.　はじめに　　　　　　　　　　　　　　　　　　　　　40
　　2.　証券代理業務　　　　　　　　　　　　　　　　　　　41
　　　(1)　名義書換代理業務　41

(2) 登録代理業務　43
　　　(3) 証券代理業務と証券取引所規則　44
　　3. 社債の受託業務　　　　　　　　　　　　　　　46
　　4. 信託機関の証券投資　　　　　　　　　　　　　50
　　　(1) 信託資産　51
　　　(2) 代理業務による資産保有　56
　　　(3) 信託機関と証券市場　58
　　5. むすび　　　　　　　　　　　　　　　　　　　59

第3章　商業銀行による証券・信託業務の展開 …………………… 63

　　1. はじめに　　　　　　　　　　　　　　　　　　63
　　2. 商業銀行の収益資産の構造変化　　　　　　　　64
　　　(1) 変化の特徴　64
　　　(2) 変化の諸要因　69
　　3. 商業銀行の証券業務　　　　　　　　　　　　　74
　　4. 商業銀行の信託業務　　　　　　　　　　　　　80
　　5. 商業銀行・証券子会社・信託部門の相互関連　　86
　　　(1) 商業銀行による証券金融　86
　　　(2) 信託部門の証券投資と証券関連業務　87
　　　(3) 兼営業務による預金残高の形成　88
　　6. むすび　　　　　　　　　　　　　　　　　　　90

第II部　1930年代の証券・金融制度改革と信託業務

第4章　社債のデフォルトと信託機関の機能 ………………………… 96

　　1. はじめに　　　　　　　　　　　　　　　　　　96
　　2. 1920年代における社債の発行と信託機関　　　　97
　　　(1) 証券市場の活況と社債発行　97

(2) 信託証書に基づく社債発行と信託機関の機能　98
　3. 社債のデフォルトと信託機関　　　　　　　　　　　　　　101
　　　(1) 大不況下における社債デフォルトの増加　101
　　　(2) 社債のデフォルトと社債受託者の機能不全　107
　4. 法人信託業務と利益相反　　　　　　　　　　　　　　　　115
　　　(1) 法人受託者の兼営業務と利益相反　116
　　　(2) 利益相反の排除と信託証書法の制定　121
　5. む　す　び　　　　　　　　　　　　　　　　　　　　　　123

第5章　商業銀行の信託兼営と証券分離 …………………………………128

　1. は じ め に　　　　　　　　　　　　　　　　　　　　　　128
　2. 1933年の銀行恐慌と銀行休業　　　　　　　　　　　　　　129
　　　(1) 銀行倒産から銀行恐慌へ　129
　　　(2) 全国銀行休業と緊急銀行法　132
　3. 銀行業務と証券業務の分離　　　　　　　　　　　　　　　136
　　　(1) グラス・スティーガル法の制定　136
　　　(2) ペコラ委員会調査の与えた社会的影響　139
　　　(3) 利益相反と銀行への経済力の集中の排除　140
　4. 銀行・信託分離論　　　　　　　　　　　　　　　　　　　143
　　　(1) 信託業務に関わる不正取引＝受託者義務違反　145
　　　(2) 利益相反と銀行・信託分離論　151
　5. む　す　び　　　　　　　　　　　　　　　　　　　　　　157

第III部　機関投資家としての信託機関の発展

第6章　私的年金制度の発展と信託機関 …………………………………166

　1. は じ め に　　　　　　　　　　　　　　　　　　　　　　166
　2. 初期の私的年金制度の発展　　　　　　　　　　　　　　　167

3. 1930年代の大不況と私的年金制度　172
　　　4. 私的年金制度の飛躍的発展とその要因　174
　　　　(1) 第2次世界大戦期における私的年金制度の発展　174
　　　　(2) 戦後における私的年金制度の発展　176
　　　5. 年金信託と信託機関　180
　　　　(1) 初期の私的年金制度における年金財源の調達方式　180
　　　　(2) 年金基金の形成と信託機関　182
　　　6. む　す　び　185

第7章　信託機関の資産増加と証券投資 ……………………188
　　　——1970年代から1980年代前半にかけて——

　　　1. は じ め に　188
　　　2. 信託機関の業務と受託資産　189
　　　3. 信託資産の拡大とその性格　191
　　　　(1) 受託資産の分類　192
　　　　(2) 企業年金の普及と信託機関　195
　　　　(3) 信託資産の性格　197
　　　4. 信託機関の資産構成　200
　　　　(1) 信託投資に対する慎重人の原則　200
　　　　(2) 信託機関の証券投資　204
　　　　(3) 信託部門による自行預金の形成　206
　　　5. 信託機関の株式投資　208
　　　　(1) 機関株主としての信託機関　210
　　　　(2) 機関投資家としての信託機関　217
　　　6. む　す　び　223

第8章　年金基金の拡大と信託機関 ……………………229
　　　——1980年代から1990年代にかけて——

目 次　　　　　　　　　xi

1. はじめに　　　　　　　　　　　　　　　　　　229
2. 信託機関の保有資産の増加　　　　　　　　　　　232
   (1) 1985年以降における信託資産の増大　232
   (2) 集中度の高い信託資産　237
3. 金融機関における信託機関の位置　　　　　　　　240
   (1) 信託機関の資産構成　240
   (2) 信託機関と金融機関の資産規模　242
4. 年金基金の拡大と金融構造の変化　　　　　　　　246
5. むすび　　　　　　　　　　　　　　　　　　　　257

参 考 文 献 ……………………………………………………261
索　　　引 ……………………………………………………268
初 出 一 覧 ……………………………………………………272

序章　アメリカの信託制度と信託機関

1. アメリカの信託制度

　アメリカの信託制度は，イギリスに起源を持つ制度であるが，アメリカ社会においては信託会社によって営まれる信託業務として広範な普及・発展を遂げた．本書では，アメリカの信託制度を考察の対象として取り上げるが，本書の主たる関心は法的制度としての信託ではなく，信託制度の経済的側面を考察することにある．

　とはいえ，信託制度は法的な側面を抜きにして語ることはできない．そこで簡単に信託の法的構成について見ておこう．信託は法的には次のように定義される．

　「信託とは，或る財産権を保有する人に，その財産権を他人の利益のために処理すべき衡平上の義務に従わせる財産権に関する信任的法律関係 (fiduciary relationship) であって，当事者の意志表示にもとづき発生するものを言う．」[1]

　これは，一般にA, B, C三者間の関係として表すことができる．つまり，Aは自分自身の財産権をBに譲渡するが，Bはその財産権をB自身のためではなく，Cのために管理・運用する義務を負うという法的関係である．信託用語では，財産を譲渡し信託を設定する人を委託者 (trustor)，財産に対する法律上の権利を有する人を受託者 (trustee)，そして委託された財産から利益を享受する人を受益者 (beneficiary) と呼ぶ．

アメリカではこうした信託制度において，信託会社のような法人受託者が，重要な役割を果たしている．弁護士のような個人が受託者に指名される事例も多いが，長期にわたる信託の場合には，継続して活動できる法人の方が受託者として適格であると考えられる．そのため，信託業務をビジネスとして行う法人受託者が，アメリカでは歴史的に発展してきており，信託会社や銀行の信託部門が，こうした法人受託者として大きな位置を占めるに至っている．一般に信託会社や銀行の信託部門を信託機関（trust institution）と呼んでいるが，信託機関は信託法上の受託者の資格で活動するとともに，遺産処理（estate），代理業務（agency）等により他人の財産の保全と管理を行う業務にも従事している[2]．

2. 信託機関の構成

アメリカでは1960年代から1970年代にかけて，政府機関・議会によって，金融機関の経済的影響力に関する一連の調査・研究が行われた[3]．これらの調査・研究のうち，いわゆる『パットマン委員会報告』は，『商業銀行とその信託活動』（*Commercial Banks and Their Trust Activities : Emerging Influence on the American economy*）という原題からも分かるように，商業銀行の信託部門に焦点を当て，その分析を行っている．この報告書は，商業銀行がその信託部門において，商業銀行（信託部を除く）に次ぐ巨額の資産を保有していることを明らかにし，それまで統計資料の不備[4]等のため，見過ごされがちであった商業銀行の信託部門に対する関心を呼び起こした．

信託機関とは一般に信託部門を保有し，信託業務に従事している金融機関を総称する用語であるが，表0-1によれば1995年にはアメリカ全体で2,769の信託機関が実際に活動しており，それは大きく分類すると商業銀行（commercial bank），貯蓄銀行（savings bank），貯蓄貸付組合（savings and loan association）の各信託部門と預金業務を行わない信託会社（nondeposit trust company）という4つの金融機関から構成されている．しかし，信託業務の

表 0-1　信託機関を構成する金融機関　　　（調査時点：各年末）

金融機関の種別	信託業務を行っている金融機関数				
	1983年	1985年	1989年	1993年	1995年
銀行と信託会社 （預金保険加入機関と非加入機関の合計）	4,186	3,938	3,441	2,955	2,717
預金保険加入の銀行と信託会社	4,144	3,858	3,335	2,798	2,536
商業銀行	4,123	3,825	3,293	2,748	2,485
連邦免許	1,615	1,530	1,284	981	843
州法免許（連邦準備加盟）	354	330	291	266	298
州法免許（連邦準備非加盟）	2,154	1,965	1,718	1,501	1,344
貯蓄銀行	21	33	41	48	49
その他の預金保険加入機関	0	0	1	2	2
預金保険非加入の銀行と信託会社	42	80	106	157	181
信託会社（預金非取扱）	42	78	105	154	180
連邦免許	5	5	18	43	52
州法免許（連邦準備加盟）	11	6	7	4	2
州法免許（連邦準備非加盟）	26	67	80	107	126
預金保険非加入銀行	0	2	1	3	1
その他の金融機関	0	49	51	41	52
貯蓄金融機関監督局管轄の金融機関*		49	45	36	50
貯蓄貸付組合		35	25	29	43
貯蓄銀行		6	20	7	7
その他の金融機関		8	6	5	2
重複報告をした金融機関数	0	7	0	0	0
重複を除いた上記金融機関の合計	4,186	3,980	3,492	2,996	2,769

（注）＊貯蓄金融機関監督局（Office of Thrift Supervison, OTS）の前身は，連邦住宅貸付銀行理事会（Federal Home Loan Bank Board, FHLBB）である．1984年の報告書から，連邦住宅貸付銀行理事会によって信託営業権を認可された貯蓄金融機関も，州当局によって信託営業権を認可された貯蓄金融機関に加えて，収録されるようになった．

（出典）Federal Financial Institutions Examination Council (FFIEC), *Trust Assets of Banks and Trust Companies ; Trust Assets of Financial Institutions*, various years, より作成．

　兼営状況は，各金融機関ごとに異なっており，1995年12月現在で次の通りである．

　第1に，信託業務を兼営している商業銀行の数は2,536行に達しており，預金保険加入の商業銀行（9,943行）のうち約4分の1の銀行が，信託部門を保有する信託兼営銀行ということになる[5]．周知の通り，アメリカの銀行

制度は設立法の相違によって，州法に基づいて設立された州法銀行（state bank）と連邦法である国法銀行法（National Bank Act）に基づいて設立された国法銀行（national bank）とに分けられる，いわゆる二元銀行制度（dual banking system）である[6]．商業銀行は，このような国法銀行と州法銀行とを構成要素とし，両者とも信託業務の兼営を行っている．預金保険加入の商業銀行で信託業務を行っているのは，国法銀行が843行，州法銀行が1,642行である．

第2に，貯蓄銀行については，92行が信託業務を兼営しているに過ぎない．商業銀行と比べて貯蓄銀行による信託兼営は，それほど一般的ではないようである．

第3に，貯蓄貸付組合については，7つの組合が信託業務の兼営を行っている．これも全体の組合数から見れば微々たるものである．

第4に，預金業務を行わない信託会社は全部で180社存在しており，近年その数は増加する傾向にある．なお，信託会社（trust company）という名称を会社名に使用している場合であっても，実際には信託業務だけでなく銀行業務をも併せ営んでいる事例が多い．そのためここでは名称ではなく，実態に基づいて分類されている．

さて以上のように，アメリカでは信託機関の圧倒的部分が，商業銀行の信託部門兼営によるものであった．しかも，その商業銀行の信託兼営化の比率が，全商業銀行の4分の1近くに達していることを考えると，また後述するように，大銀行ではほとんど例外なく信託業務の兼営を行っていることを考えると，商業銀行において信託業務はかなり重要な位置を占めているものと推定できる．

ところで，表0-1から分かるように，信託機関の数は1980年代から1990年代にかけて一貫して減少し続けている．この減少は，1983年の4,186から1995年の2,769へと12年間で1,417に達しており，1年間に平均して120ほどの信託機関が姿を消したことになる．他方，金融機関別に見ると，預金業務を行わない信託会社は全体の減少傾向に反して，同時期に42社から180

社へと 4 倍以上に増加している．この信託専業会社の着実な増加が注目されるが，信託業務を兼営する商業銀行の減少は，この増勢を上回る勢いで進展した．これは，1980 年代に急速に進展した商業銀行の合併・再編や閉鎖等による影響が大きいものと思われる．預金保険加入の商業銀行の数は，1970 年代の後半から 1980 年代の初頭にかけて増勢を続け，1984 年に最大の 14,496 行に達した．しかし，それ以後は毎年平均して 414 行が消滅し，11 年後の 1995 年には 9,942 行となった．こうした劇的な商業銀行の減少が，信託業務を兼営する商業銀行の減少を引き起こしたのである．

注

1) American Law Institute, *Restatement of the Law of Trusts*, 2nd ed., 1959, p. 6. 慶応義塾大学信託法研究会訳「米国信託法リステイトメント」信託協会『信託』88 号，1971 年，26 ページ．
2) 信託業務に関する包括的な解説は，アメリカ銀行協会編，三井信託銀行信託部訳『アメリカの信託業務』東洋経済新報社，1975 年（American Bankers Association, *Trust Department Services*, 1954），を参照されたい．
3) これらの調査報告は，主として次の文献によって公表されている．

   [1] U.S. Congress, House, Committee on Banking and Currency, Subcommittee on Domestic Finance, *Commercial Banks and Their Trust Activities: Emerging Influence on the American Economy*, 1968. （志村嘉一訳『銀行集中と産業支配―パットマン委員会報告』東洋経済新報社，1970 年）

   [2] Securities and Exchange Commission, *Institutional Investor Study Report of the Securities and Exchange Commission*, 1971.

   [3] U.S. Congress, Senate, Committee on Small Business, *Role of Giant Corporations in the American and World Economies*, Part 4, *Corporate Secrecy : Ownership and Control of Industrial and National Resources*, 1975.

   [4] U.S. Congress, Senate, Committee on Government Operations, Subcommittee on Intergovernmental Relations, and Budgeting, Management, and Expenditures, *Disclosure of Corporate Ownership*, 1974.

   [5] U.S. Congress, Senate, Committee on Government Operations, Subcommittee on Reports, Accounting and Management, *Institutional Investors' Common Stock : Holdings and Voting Rights*, 1976.

   [6] U.S. Congress, Senate, Committee on Government Operations, Subcom-

mittee on Reports, Accounting and Management, *Corporate Ownership and Control*, 1975.
4) アメリカの信託統計は，信託機関に対する監督当局の相違もあって，1968年までは国法銀行の信託活動についてのみ『通貨監督官年報』(*Annual Report of the Comptroller of the Currency*) によって公表されてきた．したがって，この統計では州法銀行の信託活動は除外されており，信託機関の全体的な活動状況を把握するには不十分なものであった．

そこで，商業銀行の信託活動に関する米国議会の調査活動を契機として，1968年から全体の信託機関を対象とした信託統計が，連邦金融機関検査協議会 (Federal Financial Institutions Examination Council, FFIEC) によって，発表されるようになった．この信託統計は当初，*Trust Assets of Insured Commercial Banks*（『被保険商業銀行の信託資産』）というタイトルで刊行されていたが，後に *Trust Assets of Banks and Trust Companies*（『銀行および信託会社の信託資産』）に変更され，1984年版から現行の *Trust Assets of Financial Institutions*（『金融機関の信託資産』）に変更された．

なお現在のところ，連邦金融機関検査協議会は，金融機関の監督に当たっている連邦準備制度理事会 (Board of Governors of the Federal Reserve System, FRB)，連邦預金保険公社 (Federal Deposit Insurance Corporation, FDIC)，全国信用組合本部 (National Credit Union Administration, NUCA)，通貨監督局 (Office of the Comptroller of the Currency, OCC)，貯蓄金融機関監督局 (Office of Thrift Supervision, OTS) によって構成されている．
5) 本章で利用している預金保険加入商業銀行の計数は，FDIC, *Historical Statistics on Banking, 1934-1996*, 1997, Table CB-1, を参照した．
6) 国法銀行の行名には，"National" またはその略字の "N" あるいは "National Association" の略字である "N.A." が含まれているので，それによって州法銀行と区別することができる（高木仁『アメリカの金融制度』東洋経済新報社，1986年，51-52ページ）．

第Ⅰ部　信託会社の発展と信託兼営銀行の形成

第1章　アメリカにおける信託兼営銀行の形成

1. はじめに

　序章で指摘したように，アメリカでは，かなりの数の商業銀行が信託業務を兼営しており，アメリカの商業銀行はいわゆる「信託兼営銀行」という特色を備えている．本章の課題は，こうした信託兼営銀行というアメリカの商業銀行の特色が，どのような過程を経て形成されてきたのかということを明らかにすることにある．

　ところで，信託兼営銀行が形成される以前は，信託業務と銀行業務はそれぞれ信託会社と商業銀行によって別々に行われていた．したがって，両業務の兼営を考える場合，2つの方向からのアプローチが可能である．すなわち，1つは信託会社の側から銀行業務への進出というアプローチであり，もう1つは商業銀行の側から信託業務への進出というアプローチである．歴史的には，19世紀後半から20世紀初頭にかけて，まず信託会社が先に銀行業務に進出し始めた．そして次に，商業銀行が信託会社の銀行業務への進出に対抗して，信託業務への進出を開始したのである．

　そこで，こうしたアプローチにしたがって，まず信託会社の銀行業務への進出について検討する．

2. 信託会社の商業銀行化

(1) 信託会社の急速な成長

　19世紀末から20世紀初頭にかけて，「『信託会社の急速な成長』あるいは『信託会社の興隆』ということが，銀行・金融業界におけるかなり一般的な話題」[1]になるほど，この時期における信託会社の発展は目覚ましかった．信託会社の数は，国法銀行と州法銀行に比べてかなり少ないものの，1901年から1909年にかけて334社から1,079社へと3倍以上に増大した（表1-1参照）．また表1-1から分かるように，1909年の1行当りの資本金の大きさは，国法銀行が22万ドル，州法銀行が5万ドル，信託会社が66万ドルであり，信託会社の資本規模は国法銀行・州法銀行を上回っていた．

　しかし信託会社の発展は，信託会社の本来の業務たる信託業務によるものではなく，銀行業務の成長・拡大によるものであった．それは表1-2に示されている預金高の増加状況によく現れている．1901年の預金高は，国法銀行42億4770万ドル，州法銀行17億2600万ドル，信託会社12億7880万ドルであったが，1909年にはそれぞれの預金高は，69億3320万ドル，26億2590万ドル，31億1260万ドルとなり，信託会社は州法銀行を上回る預金高を保有するようになった．1909年の1行当りの預金高は，国法銀行が101万ドル，州法銀行が23万ドル，信託会社が288万ドルであり，信託会社の預金高は州法銀行の12倍以上の規模となっていた．このように信託会社は，銀行を上回る預金高を保有しており，信託会社といいながら実際には銀行業務がその主要な業務となっていた．

　ところで信託会社の成長・発展は，州によってその程度に大きな差異があり，一律には論じることができない．表1-3から分かるように，1899年まではニューイングランドや東部地域の諸州に大半の信託会社が集中し，中西部地域の諸州には全体の約10分の1が存在するという状態であった．1899年に信託会社の存在が報告された州は，49州のうち13州であるが，その地

表 1-1　商業銀行・信託会社の数と資本金

年 (6月末)	会社数			資本金[a]（100万ドル）		
	国法銀行	州法銀行	信託会社	国法銀行	州法銀行	信託会社
1867	1,636	272	…	481.7	65.2	…
1868	1,640	247	…	495.9	66.3	…
1869	1,619	259	…	504.8	66.9	…
1870	1,612	325	…	518.9	86.5	…
1871	1,723	452	…	548.6	111.4	…
1872	1,853	566	…	575.7	122.1	…
1873	1,968	…	…	606.9	44.8	…
1874	1,983	…	…	617.2	62.2	…
1875	2,076	551	35	634.7	75.8	28.8
1876	2,091	633	38	632.2	87.4	29.8
1877	2,078	592	39	605.7	116.6	29.5
1878	2,056	475	35	588.5	103.2	30.0
1879	2,048	616	32	569.5	120.8	28.8
1880	2,076	620	30	574.0	109.6	24.7
1881	2,115	652	31	586.9	113.9	26.0
1882	2,239	672	32	608.2	114.9	29.9
1883	2,417	754	34	638.6	128.3	31.6
1884	2,625	817	35	668.2	141.5	34.1
1885	2,689	975	40	672.8	156.0	37.1
1886	2,849	849	42	702.5	137.4	49.3
1887	3,014	1,413	58	744.0	179.5	52.1
1888	3,120	1,403	120	771.5	196.3	77.3
1889	3,239	1,671	120	802.7	214.7	85.0
1890	3,484	2,101	149	854.6	240.6	105.2
1891	3,652	2,572	171	900.1	268.6	117.7
1892	3,759	3,191	168	922.9	300.5	126.4
1893	3,807	3,579	228	934.9	325.0	145.2
1894	3,770	3,586	224	916.8	318.8	154.7
1895	3,715	3,774	242	906.0	324.5	173.1
1896	3,689	3,708	260	899.5	310.8	173.5
1897	3,610	3,857	251	878.5	306.0	175.8
1898	3,582	3,965	246	869.9	314.9	171.8
1899	3,583	4,191	260	853.0	310.4	184.0
1900	3,732	4,369	290	877.7	328.4	239.5
1901	4,165	4,983	334	919.9	358.6	256.9
1902	4,535	5,397	417	1,027.5	388.3	329.6
1903	4,939	5,962	531	1,102.5	431.9	455.0
1904	5,331	6,923	585	1,157.0	500.7	429.3
1905	5,668	7,794	683	1,205.0	534.2	524.4
1906	6,053	8,862	742	1,275.0	592.7	616.6
1907	6,429	9,967	794	1,418.4	664.2	645.4
1908	6,824	11,220	842	1,483.1	719.6	648.5
1909[b]	6,893	11,319	1,079	1,521.1	568.7	714.4

（注）a)　州法銀行の1867-71年の資本金額を除いて，その他の資本金額には剰余金が含まれる．
　　　b)　1909年の計数は，同年4月28日の全国通貨委員会への特別報告より．
（出典）National Monetary Commission, *Statistics for the United States, 1867-1909*, 1910, p. 21.

域別内訳は，ニューイングランド地域では，メイン，バーモント，マサチューセッツ，ロードアイランド，コネティカットの5州，東部地域では，ニューヨーク，ニュージャージー，ペンシルベニア，コロンビア特別区の3州と1特別区，中西部地域では，インディアナ，ミシガン，ミネソタ，ミズーリの4州であった[2]．これに対し，南部，西部，太平洋岸地域の州には信託会社は存在しておらず，信託会社の地域分布は東部に片寄るという特徴を持っていた．特にニューヨーク州とペンシルベニア州において信託会社が多数設立されており，この2州だけで全体の半数近い信託会社が存在していた．1899年までの時期には，信託会社はニューヨーク州とペンシルベニア州を中心に発展してきたということができる．換言すれば，この時代には信託会社は，まだ東部地域に特有な金融機関として存在していたのである．

しかし1900年以後，南部，西部，太平洋岸地域の諸州においても一斉に信託会社が設立され始めた．そして1908年には，アメリカ全州において信託会社の存在が報告され，州法銀行，国法銀行と並んで，アメリカに一般的

表1-2 商業銀行・信託会社の預金高
(単位：100万ドル)

年(6月末)	国法銀行	州法銀行	信託会社
1867	685.4	…	…
1868	744.6	…	…
1869	716.0	…	…
1870	704.0	…	…
1871	789.6	…	…
1872	803.9	…	…
1873	834.8	119.6	…
1874	826.7	151.8	…
1875	891.3	176.4	85.1
1876	835.6	171.2	87.9
1877	816.9	236.1	84.5
1878	808.4	153.1	73.6
1879	1,088.8	180.1	76.0
1880	1,083.8	227.3	90.1
1881	1,358.5	280.3	111.9
1882	1,358.3	300.1	145.0
1883	1,335.9	355.7	165.6
1884	1,219.5	352.5	189.5
1885	1,413.2	374.2	188.6
1886	1,439.3	370.7	214.2
1887	1,647.9	479.0	245.8
1888	1,708.8	444.5	259.9
1889	1,916.0	550.3	302.6
1890	1,975.9	590.1	339.3
1891	1,969.4	595.4	357.5
1892	2,323.3	697.1	415.4
1893	1,935.3	755.2	488.9
1894	2,225.7	712.2	478.0
1895	2,175.8	775.5	553.7
1896	2,138.1	753.5	592.6
1897	2,383.8	788.1	576.6
1898	2,796.0	997.2	665.5
1899	3,530.9	1,272.5	837.5
1900	3,619.8	1,371.9	1,031.7
1901	4,247.7	1,726.0	1,278.8
1902	4,465.7	1,833.0	1,537.4
1903	4,560.3	1,954.3	1,711.5
1904	4,834.9	2,236.2	1,775.5
1905	5,406.1	2,536.3	2,164.6
1906	5,701.0	2,931.5	2,162.2
1907	6,189.1	3,279.6	2,229.5
1908	6,327.6	3,144.5	2,029.9
1909	6,933.2	2,625.9	3,112.6

(出典) National Monetary Commission, *Statistics for the United States, 1867-1909*, p. 35.

表 1-3　地域別の信託会社数

年	東部地域 ニューヨーク州	東部地域 ペンシルベニア州	ニューイングランド地域	南部地域	中西部地域	西部地域	太平洋地域	合衆国全体
1877	10	7	20	24	…	…	…	…	44
1878	10	6	17	23	…	…	…	…	40
1879	8	6	15	22	…	…	…	…	37
1880	8	6	14	21	…	…	…	…	35
1881	8	7	15	22	…	…	…	…	37
1882	10	8	18	20	…	…	…	…	38
1883	12	9	21	21	…	…	…	…	42
1884	13	9	22	20	…	2	…	…	44
1885	18	9	27	21	…	2	…	…	50
1886	20	9	29	21	…	2	…	…	52
1887	20	…	20	29	…	3	…	…	52
1888	21	…	21	36	…	6	…	…	63
1889	25	…	25	30	…	8	…	…	63
1890	31	…	45	48	…	9	…	…	102
1891	32	…	62	53	…	10	…	…	125
1892	34	…	50	62	…	12	…	…	124
1893	36	75	131	67	3	13	…	…	214
1894	38	82	140	73	…	15	…	…	228
1895	38	82	142	76	…	23	…	…	241
1896	39	88	150	85	…	22	…	…	257
1897	44	90	154	89	…	21	…	…	264
1898	49	89	159	88	…	21	…	…	268
1899	59	88	164	89	…	23	…	…	276
1900	58	97	211	90	97	47	18	29	492
1901	70	115	233	96	101	72	22	37	561
1902	77	158	300	100	103	93	16	24	636
1903	80	204	366	110	157	118	36	40	827
1904	79	541	409	117	178	135	40	45	924
1905	85	291	454	127	199	155	50	56	1,041
1906	88	314	496	145	306	254	64	72	1,337
1907	88	328	516	148	356	292	79	94	1,485
1908	88	327	524	160	358	295	69	90	1,496
1909	85	278	475	155	131	228	34	56	1,079

(出典)　George E. Barnett, *State Banks and Trust Companies-since the Passage of the National Bank Act*, 1911, Appendix A, Table II, より作成。

表1-4 商業銀行と信託会社の預金増加率

	預金高（100万ドル）			預金増加率（％）		
	1889年	1899年	1909年	1889-1899年	1899-1909年	1889-1909年
国法銀行	1,916.0	3,530.9	6,933.2	84.3	96.4	261.9
州法銀行	550.3	1,272.5	2,625.9	131.2	106.4	377.2
信託会社	302.6	837.5	3,112.6	176.8	271.7	928.6

（出典）表1-3より作成．

な金融機関となった．なお，この期間中においても，ニューヨーク州とペンシルベニア州における信託会社の増加は大きく，1908年にはペンシルベニア州だけで全信託会社の約5分の1に相当する327社が存在していた．

したがって，19世紀末から20世紀初頭にかけての信託会社の発展は，上述のように，ニューヨーク州やペンシルベニア州等の東部地域を中心とした発展と，1900年以後の全米規模での発展という2段階に区分することができる．

そこで，この時期区分にしたがって，信託会社・州法銀行・国法銀行の預金増加率の比較を行い，その結果を表1-4に示した．この表から一見して分かるように，信託会社の急速な成長ぶりは，会社数ばかりでなく，その保有預金高の増加率の高さからも裏付けられている．特に1900年以後の預金増加率は，信託会社271.7％，州法銀行106.4％，国法銀行96.4％となり，信託会社の伸び率は商業銀行と比較してはるかに高い．さらに，1889年から1909年までの20年間について見ると，信託会社928.6％，州法銀行377.2％，国法銀行261.9％となり，信託会社の高度成長には目を見張るものがある．

(2) 信託会社の銀行業務への進出要因

前節では信託会社の急速な成長が，銀行業務への進出によって実現されたことを見たが，本節ではそのような銀行業務への進出が，どのような要因によって引き起こされたかという点について論じることにする．

信託会社の銀行業務への進出は，主として次の3つの要因によるものと考

えられる．第1に，信託会社の固有業務である信託業務，とりわけ個人信託業務を行う際に必然的に生じてくる銀行的機能に起因するものである．第2に，当時の銀行業務において，与信手段が銀行券の発行から預金通貨に移行しつつあったことである．第3に，アメリカの銀行法制度上，州法銀行と国法銀行に比較して信託会社に対する規制が緩やかだったことである．以下，これらの要因について順次検討していこう．

第1の要因：信託会社の銀行的機能

信託会社は個人を対象とした個人信託（personal trust）をその中心的業務の1つとして行っている．現在の信託機関は，個人信託業務において金銭，有価証券，金銭債権，不動産等，各種の財産を受託しているが，19世紀中頃の初期の個人信託は，金銭の受託が主であり，わが国の金銭信託と類似した性格を備えていた．それゆえ，J.G. スミス（James G. Smith）は，当時の個人信託について次のように述べ，その預金的あるいは投資信託的性格を指摘している．

「1850年以前，遺言信託（testamentary trust）と自発的信託[3]（voluntary trust）を含めた個人信託は，定期預金と混同されてきたといわれている．とはいえ，受益者の利益のために信託財産を投資するという契約に基づいて，一定の信託手数料により，信託資金が，現代的な意味の信託で受け入れられた形跡はある．しかしながら，1850年以前には通例，信託預金は信託会社がその資金に対して約定利子を支払い，その利子を超える収益分については，信託会社が受け取るものと理解されていたように思われる．1850年以前の発展は，最初は投資信託の方向に進んだ．その場合，信託預金はすべてプールされ，信託会社は資金全体を管理する見返りとして報酬を受け取った．その次の発展は，約定利子による信託預金[4]（deposit in trust）の方向であった．」[5]

スミスのいうように，信託会社が利子を支払うという約束で個人の資金を集めるとすれば，信託会社の個人信託業務と定期預金業務との間の外見的差

異はほとんどないといってもよいであろう．ただ両者の差異は，資金を集める際の法的形式に存するにすぎない．すなわち信託預金にあっては，信託会社は信託法理上の形式にしたがって資金を集めるのである．その際，資金を信託会社に譲渡する人物は委託者または設定者，その資金を受け取る信託会社は受託者，その資金の運用収益を受け取る人物は受益者という規定関係に置かれるのである．ただし，生前信託の場合には，委託者と受益者とはかならずしも異なった人格である必要はなく，同一人物でも差し支えなかった．

なお，生前信託は，信託設定書の条項によって取消可能信託（revocable trust）と取消不能信託（irrevocable trust）とに分類することができ，取消可能信託では委託者は，一定期間後に信託を解除して再度信託財産の所有者となることができた．そのため信託預金というのは，信託設定者たる委託者が，自分自身を受益者として指定する特殊な個人信託の形態ということができる[6]．

それに対して銀行の預金業務では，預金者は銀行に対して貨幣請求権を持ち，銀行は預金者に対して預金債務を負うという債権・債務の関係を形成することになる．

しかしながらこのような差異は，預託財産が貨幣形態である限り，預託者にとってはどうでもよいものである．なぜなら預託者にとっては預託した貨幣が，利子を伴って自分の元に戻って来さえすればよいからである．換言すれば，預託者には自分の貨幣が，利子生み資本として $G-G'$ の運動を行うことこそが重要な関心事なのであって，それがどのような形式によっているかは問題ではないのである．

そこで，このような利子生み資本という観点に立って考察するならば，信託預金を受け入れる信託会社も，預金を受け入れる商業銀行も，社会の遊休貨幣を利子を付して集め，それを貸し付けるという点では同様な金融仲介機能を果たしているのである．

しかし，信託財産が貨幣だけではなく，不動産，有価証券等，種々の財産から構成されている場合には，定期預金と個人信託との相違は明白であり，

両者が混同されることはないであろう．これは，先の引用でスミスが述べているように，個人信託が初期の信託預金の形態から，「近代的形態の個人信託」へ発展した段階における事態である．この段階での個人信託の性格は，それ以前と異なり，貨幣資本の仲介というよりむしろ委託者の財産を管理し運用するという側面の方が強くなっている．

　ところですでに考察したように，銀行と信託会社とは，利子生み資本の運動を媒介するという点で同一の経済的機能を果たしていた．しかしながら，銀行と信託会社とは，貨幣資本の媒介様式に関して基本的な相違があった．つまり，信託会社は集めた資金を貨幣（現金）の形態で貸し付けるのに対して，商業銀行は，銀行券や預金設定という方法によって「自己宛の一覧払い債務」を貸し付けることができるのである．この点にこそ商業銀行の特質が存するのであるから，信託会社が貨幣（現金）形態での貸付を行う限り，商業銀行と信託会社との相違は明確である．

　しかし，貨幣資本の仲介機能を遂行するうえで，貨幣（現金）形態での貸付は，信託会社の利子取得に一定の制限を画するものであるから，信託会社は銀行のように「自己債務」の貸付によって架空資本を創出し，より多くの利子収入を得ようとするだろう．すなわち，それは信託会社の銀行業務への進出を意味するのであるが，こうした方向への発展は，初期信託会社の信託預金業務に由来しており，その延長線上に存在するものである．そして，それを可能にしたのが先にあげた第2，第3の要因である．そこで，次にこれらの要因について検討しよう．

第2の要因：銀行券発行から預金通貨への与信手段の変化

　上述したように，信託会社の銀行業務への進出を促進した要因として，当時の銀行業務において与信手段が銀行券発行から預金通貨へと移行しつつあったことを指摘した．この要因の検討がここでの課題であるが，そのためにはアメリカの銀行制度についての理解が不可欠と思われる．そこでまず，当時のアメリカの銀行制度について考察しておこう．

現在のアメリカでは商業銀行は，州の法律に基づいて設立された州法銀行と，連邦法の国法銀行法に基づいて設立された国法銀行とから構成されている．このため前述のように，アメリカの銀行制度は，「二元銀行制度」ともいわれる．

国法銀行に関する法律は，1863年の国法通貨法（National Currency Act）を起点として，1864年の国法銀行法への名称変更と法律の改正を経て，その後多くの点で修正を施されながら現在に至っている[7]．

国法銀行法の成立年からも分かるように，同法は南北戦争（1861-65年）を背景として，政府の戦費調達の促進を1つの目的として制定された．そのため，国法銀行法は国債を担保とした銀行券の発行を規定していた．その内容は次の通りである．

「国法銀行は銀行券発行の担保として，資本金の3分の1以上3万ドルを下らない金額の合衆国利付登録公債を財務省出納官に預託せねばならない．通貨監督官は，その預託国債の市価の90パーセント相当額しかし額面価額の90パーセントをこえない額で銀行券を国法銀行に交付するが，銀行の実際の払込資本額をこえてはならない．」[8]

なお，この規定は，1930年3月14日に成立した金本位法（Gold Standard Act）によって一部修正され，国法銀行の発行額は預託国債の額面価額まで拡大され，銀行券に対する課税も年2分の1％に引き下げられた[9]．

このように国法銀行法は，国債を担保とした銀行券発行を規定することにより，国法銀行に対して銀行券発行のための国債の購入を余儀なくさせた．これは国債発行に有利な環境をもたらし，国債の消化を促進した．しかし，国法銀行法の立法目的は，単に戦費調達のための国債発行を容易ならしめる点にあったのではなかった．もう1つの重要な目的は，国法銀行券の発行により統一的な通貨制度を構築することにあった．そのためには，州法銀行券の発行が停止されねばならないが，州法銀行券は，「その法令（国法銀行法―引用者）によってではなく，課税によってだんだんと排除されていった．1862年の国内収入法によって，州法銀行券に2％の租税が課せられた．

表1-5 通貨種類別流通高

年	金貨	金証券	ドル銀貨	銀証券	補助銀貨	合衆国紙幣	国法銀行券
1860	207,305	…	…	…	21,000	…	…
1861	266,400	…	…	…	16,000	…	…
1862	283,000	…	…	…	13,000	72,866	…
1863	260,000	…	…	…	11,000	312,481	…
1864	184,346	…	…	…	9,375	415,116	31,235
1865	148,557	…	…	…	8,713	378,917	146,138
1866	109,705	10,505	…	…	8,241	327,792	276,013
1867	72,882	18,678	…	…	7,082	319,438	286,764
1868	63,758	17,643	…	…	6,520	328,572	294,369
1869	62,129	29,956	…	…	5,695	314,767	291,750
1870	81,183	32,085	…	…	8,978	324,963	288,648
1871	72,391	17,790	…	…	12,022	343,069	311,406
1872	76,575	26,412	…	…	12,064	346,169	329,037
1873	62,718	34,251	…	…	13,679	348,464	338,962
1874	78,948	18,015	…	…	14,940	371,421	340,266
1875	64,446	17,549	…	…	22,141	349,686	340,547
1876	74,839	24,175	…	…	26,055	331,447	316,121
1877	78,111	32,298	…	…	42,885	337,899	301,724
1878	84,740	24,898	1,209	7	58,918	320,906	311,724
1879	110,505	15,280	8,036	414	61,347	301,644	321,405
1880	225,696	7,964	20,111	5,790	48,512	327,895	337,415
1885	341,668	126,730	39,087	101,531	43,703	331,219	308,631
1890	374,259	130,831	56,279	297,556	54,033	334,689	181,605
1895	479,638	48,381	51,986	319,623	60,350	319,094	206,953
1990	610,806	200,733	65,889	408,466	76,161	317,677	300,115
1905	651,064	485,211	73,584	454,865	101,438	332,421	480,029
1909	599,338	815,005	71,988	477,717	132,332	340,118	665,539
1910	590,878	802,754	72,433	478,597	135,584	334,788	683,660

(出典) U.S. Bureau of the Census, *Historical Statistics of the United States, Colonial Times to 1975*, pp. 994, 995.

1866年には，国法銀行に発券の独占を与えんがため，また国債にとっての市場を拡大せんがため，その課税は10％へと増額された」[10]のである．州法銀行券に対する10％もの課税は，銀行券発行による州法銀行の利得を著しく減ずるものであった．そのため州法銀行は，銀行券の発行を停止せざるを得なかったのである．またこれは，州法銀行から国法銀行への転換を引き起こす契機となり，国法銀行は増加した（表1-1参照）．

第1章 アメリカにおける信託兼営銀行の形成　　　19

(単位：1,000ドル)

小額鋳貨	その他通貨	州法銀行券
…	…	207,102
…	…	202,006
…	53,040	183,792
15,884	93,230	238,677
19,133	169,252	179,158
21,729	236,567	142,920
24,687	162,739	19,996
26,306	123,727	4,484
28,999	28,859	3,164
30,442	3,343	2,559
34,379	2,507	2,223
34,446	1,064	1,968
36,403	849	1,701
38,076	701	1,399
38,234	620	1,162
37,905	551	964
32,939	500	1,047
20,242	456	909
16,368	428	806
…	…	…
…	…	…
…	…	…
…	…	…
…	…	…
…	…	…

1970, Bicentennial Edition, Part 2,

このような一連の措置の結果，州法銀行券の流通高は，1863年に2億3900万ドルの最高額に達した後，1865年まで漸減し，1866年には10％の課税により約2000万ドルにまで激減した．それ以後，年々減少し続け，1879年には流通から姿を消した（表1-5参照）．それに対して国法銀行券の流通高は，1864年の3123万5000ドルを出発点として，すでにその翌1865年には州法銀行券の流通高を上回る1億4600万ドルに達した．その後は国法銀行券の流通高は，州法銀行券に代わって着実な増加傾向を示した（表1-5参照）．

かくして雑多な州法銀行券が消え去った後，その間隙を国法銀行券が埋め，一般的な流通過程では主として金貨，政府紙幣，国法銀行券，補助貨幣が通貨としての位置を占めることになった．

しかしながら，国法銀行券は，前述のように国法銀行の保有する国債を担保として発行されるため，その発行量は非弾力的であり，通貨需要の変動に応じて敏感に伸縮させることはできなかった．この点について高山洋一氏は次のように述べている．

「国法銀行は，1865年に統一的国法銀行券発行の強権的立法を得てのち，急速に増加した．しかし国債担保の銀行券交付・発行方式はのちに問題を残した．つまりそれは，資本制生産との関連を切断し商品取引の運動の場から疎外された量的変動したがって価格変動を示す国債を基礎とするので，戦後の正常な経済活動を回復した後では，経済界に人為的・外的作用を及

ぼすことになるからである．

　1880年頃まで国債量はほぼ20億ドルと比較的多く，国債価格も安定的で，国法銀行券は産業発展に規定され傾向的に増加した．だが，産業資本の発展が国庫に余剰収入をもたらし，それが国債の償還にあてられ国債価格が騰貴してくると，銀行券回収の衝動が強くなる．銀行は銀行券を発行するよりそれを回収し，預託国債をとりもどす方を利益とするからである．1874年6月20日の法律がこれを可能にし，銀行券は実際に減少した．かくして国法銀行制度の発券機構に関しては，季節的通貨需要あるいは経済的発展による流通必要金量の伸縮への弾力的適応性を欠くようになる．」[11]

　このように国法銀行券の発行高が，通貨需要の変動に応じて敏感に増減しないということは，個別銀行が，産業資本等の資金需要に対して機敏に応じることができないことを意味する．というのは，国法銀行は財務省に預託する国債額以上には，国法銀行券での貸付を行うことができないからである．つまり国法銀行券は，国法銀行の私的債務としての性格よりも，むしろ政府紙幣的性格を強く持っており，したがって銀行が自己宛一覧払い債務である自行銀行券で貸付を行う場合とは基本的な相違がある．

　しかしながら，自己宛債務の貸付とそれによる利子取得こそ銀行の銀行たる所以であるから，国法銀行券によってこのような機能を遂行できないという状況のもとでは，銀行は銀行券の発行によらない自己宛債務の貸付形態を追求する．この結果，登場してきたのが預金設定による貸付という方法である．10％の発行税によって自行銀行券の発行を事実上禁止されていた州法銀行は，このような預金形態での貸付という方法によって自行銀行券の発行と同等の効果をあげることができた．このため国法銀行券の非弾力性という欠点は，預金通貨の伸縮性によってカバーすることができるようになり，銀行は産業資本の与信要求に機敏に対応することが可能となったのである．

　なお，預金設定による貸付は，その預金宛に振り出される小切手の使用に基礎を置いているため，小切手による取引が広範に普及していることが必要である．アメリカでは19世紀後半にビジネス取引において小切手の使用が

急速に普及し，それに伴って小切手の全国的な支払決済システムが整備され，効率的で安定した支払決済システムが構築されていった[12]．

さてこのような預金設定による貸付業務の発展に伴い，州法銀行は国法銀行との競争において銀行券を発行できないことが，それほど不利ではなくなってきた．そのため当初は，州法銀行から国法銀行への転換によって州法銀行は減少したものの，後には貸付や資本規模等に制限のある国法銀行から比較的制限の緩やかな州法銀行に転換する事例が増え，新規設立と相まって州法銀行は増加し，1895年に国法銀行を上回った[13]（表1-1参照）．

さて，以上のような銀行券による貸付から預金設定による貸付という信用構造の変化は，州法銀行ばかりでなく信託会社にも大きな影響をもたらした．第1の要因で指摘したように，当時の信託会社は，銀行業務への進出をその内的衝動として持っていたから，上述のような信用構造の変化は，信託会社に銀行業務への道を開くものとなった．そして次に検討するように，州法銀行，国法銀行と比較して信託会社に対する規制が緩やかだったこととも相まって，信託会社の銀行業務への進出は促進されることになった．

第3の要因：信託会社に対する緩やかな規制

スミスは，州法銀行，国法銀行に比べて，信託会社の規制上の有利な点について次のように述べている．

「信託会社は，銀行券から預金通貨への移行によって，国法銀行，州法銀行より比較的有利な位置にあった．というのは信託会社は，国法銀行，州法銀行ほど必要準備に制限を課されておらず，また貸付，とりわけ不動産に関わる貸付について広範な自由を持っていた．」[14]

例えば，国法銀行は不動産担保貸付を禁止されていたが，州法銀行，信託会社にはそのような規制はなかった．そのため南部や西部の農業地帯では，不動産担保貸付の禁止されている国法銀行よりも州法銀行，信託会社を求める要望の方が多かったのである．

預金準備率についても，信託会社には州法銀行，国法銀行よりも全体とし

て緩やかな規制が適用されていた．預金準備率が低く規定されているということは，それだけ多くの貸付を行うことができ，銀行経営上，有利であることはいうまでもない．そこで，信託会社，州法銀行，国法銀行の預金準備率に関して比較検討を行ってみよう．

表1-6は信託会社と州法銀行の預金準備率について，州別の規定を示している．この表から州の分類を行い，その結果を表1-7に示した．この表では信託会社に対する規制が，かなり行われるようになった1910年頃の調査結果が示されているから，信託会社と州法銀行に同一の条件を課している州は，(a)と(b)を合わせて28州にのぼっている．しかし，それでも14州については，まだ信託会社に対する規制は州法銀行よりも緩くなっている．したがって，全体として信託会社の方が，州法銀行よりも預金準備率は低く規定されていたといえる．

国法銀行については，その預金準備率は次のように規定されていた．

「国法銀行は，ニューヨーク市（のちに中央準備市の名称を受ける）および全国16市（セントルイス，シカゴ等，のちに準備市）の銀行につき銀行券流通高および預金高の25パーセント，その他の国法銀行（のちに地方銀行）につき同様に，15パーセントの合法貨幣準備を要求される．ただし，16市の銀行は準備の2分の1をニューヨーク市の銀行に預託でき，それぞれ銀行券償還の準備を形成する．」[15]

この規定は，信託会社に預金準備率を課している州の規定とほぼ同一であるが，表1-7の(b)と(c)を合わせれば25州となり，やはり全体として信託会社の方が，国法銀行よりも準備率の規制は有利である．さらに，信託会社の預金準備には，現金（法定通貨）の他に，他行預金，国債，州債での保有が認められていたから，実際の預金準備率はかなり低かった．表1-8を見れば，信託会社の現金準備率が，州法銀行，国法銀行に比べていかに低いかが分かるであろう．

このように信託会社は，預金準備率，貸付規制の面で国法銀行，州法銀行よりも競争上，有利に銀行業務を行うことができたのである．そのため，信

表1-6 州法銀行と信託会社の法定預金準備率

州	州法銀行の預金準備率 (%)			信託会社の預金準備率 (%)		
	要求払い預金	定期預金	全預金	要求払い預金	定期預金	全預金
Alabama	15	…	…	…	…	…
Arizona	…	…	15	…	…	…
Arkansas	…	…	…	…	…	…
California	…	…	15, 20	…	…	15, 20
Colorado	…	…	…	…	…	…
Connecticut	…	…	15	…	…	15
Delaware	15, 10	…	…	10, 15	…	…
District of Col.	…	…	…	…	…	…
Florida	…	…	20	…	…	…
Georgia	25	…	…	25	…	…
Idaho	15	…	…	15	…	…
Illinois	…	…	…	…	…	…
Indiana	…	…	…	…	…	…
Iowa	…	…	10, 15	…	…	…
Kansas	…	…	20, 25	25	10	…
Kentucky	…	10	15, 25	…	…	…
Louisiana	25	…	…	…	…	…
Maine	15	…	…	15	…	…
Maryland	…	…	…	…	…	…
Massachusetts	…	…	15	15, 20	…	…
Michigan	…	…	15, 20	20	…	…
Minnesota	20	…	…	…	…	…
Mississippi	…	…	…	…	…	…
Missouri	15	…	…	15	…	…
Montana	…	…	15, 25	…	…	…
Nebraska	…	…	15, 20	…	…	…
Nevada	…	…	15	…	…	15
New Hampshire	…	…	…	…	…	…
New Jersey	15	…	…	15	…	…
New Mexico	…	…	…	…	…	15
New York	…	…	15, 20, 25	10, 15	…	…
North Carolina	…	…	15	…	…	15
North Dakota	…	…	20	…	…	20
Ohio	6	4	15	…	…	15
Oklahoma	…	…	20, 25	…	…	…
Oregon	15, 25	10	…	15, 25	10	…
Pennsylvania	15	7.5	…	15	7.5	…
Rhode Island	…	…	15, 25	…	…	15, 25
South Carolina	…	…	…	…	…	…
South Dakota	…	…	20, 25	25	10	…
Tennessee	…	…	…	…	…	…
Texas	25	…	…	…	…	…
Utah	15, 20	…	…	…	…	…
Vermont	…	…	…	…	…	…
Virginia	…	…	…	…	…	…
Washington	20	…	…	20	…	…
West Virginia	15	…	…	15	…	…
Wisconsin	…	…	15, 25	…	…	15
Wyoming	…	…	…	…	…	25

(出典) National Monetary Commission, *Digest of State Banking Statutes*, 1910, Table A, C, より作成。

表 1-7　預金準備率規制の類型

(a)　信託会社と州法銀行に同一の預金準備率を課している州 ……………………16	
(b)　信託会社と州法銀行に預金準備率を課していない州 ……………………………12	
(c)　信託会社の預金準備率に規制がないか，州法銀行よりも緩やかな州 …………13	
(d)　信託会社の方が州法銀行よりも預金準備率規制が厳しい州 ……………………2	
(e)　その他の州 ………………………………………………………………………………6	
計	49

(出典)　表 1-6 より作成．

託業務を設立目的としながら，実際には信託業務をほとんど行わず，銀行業務に重点を置いて営業する信託会社も多かった．このような状況が一般化してくるにつれて，信託会社による銀行業務の有利な点に着目して，銀行業務を目的とする場合でも商業銀行としてではなく，信託会社として設立認可を受け，銀行業務に専念する事例が増加した．信託業務の手数料と費用についての質問に対して，United States Trust Company の社長スチュワート (Stewart) は 1884 年に次のように回答し，上述の状況を端的に指摘した．

「手数料や費用についてあまり思い悩む必要はないし，それを管理しようとする必要もない．業務の遂行において，追求するのは手数料収入ではなく預金の方だ．」[16]

また，1904 年当時の通貨監督官であったリッジリー (William B. Ridgely) も次のように述べ，信託会社が実際には商業銀行であったことを指摘している．

「この傾向の主な原因は，この 10 年間に設立されてきた信託会社の数の急増である．これらの会社は，もともと本体の信託業務を営む会社について規定するための州の法律に基づいて設立されながら，その法律の寛大な性格につけこんでいるのであり，この新しい金融機関の大部分は，たしかに信託会社の諸機能はもっていようが，現実には商業銀行なのである．諸州の法律は，とくに保有されるべき現金準備や不動産を担保とする貨幣の貸付に関して非常に寛大なので，この種の機関は，顧客を誘引する条件の

点で，国法銀行にくらべて大きな利点をもつのである．新しい銀行を設立しようとするものは誰でも，他の条件が等しければ，政府の干渉や制限や統制からの最大の自由を容認する法律によって設立しようとすることは，当然考えられる．」[17]

このように商業銀行よりも有利な法的条件のもとで，信託会社が預金業務に力を集中したことに加え，当座預金にも利子を付したという事情もあって，信託会社の預金高は著しく増大した．前出の表1-1，表1-2によると，1890年には，信託会社数149，信託会社の預金高3億3900万ドルであったのが，1909年には，

表1-8 預金に対する現金準備率

(単位：％)

年(6月末)	国法銀行[a]	州法銀行	信託会社	年(6月末)	国法銀行[a]	州法銀行	信託会社
1867	27.6	…	…	1889	15.0	24.2[c]	8.3[c]
1868	24.9	…	…	1890	14.2	20.4[c]	5.8[c]
1869	20.8	…	…	1891	15.7	18.0[c]	4.6
1870	24.2	…	…	1892	15.7	18.6[c]	5.4
1871	21.8	…	…	1893	14.9	18.1[c]	4.5
1872	21.5	…	…	1894	19.7	20.3[c]	7.2
1873	18.8	9.5	…	1895	17.6	18.4[c]	6.5
1874	20.9[b]	17.8	…	1896	16.1	13.4	4.5
1875	17.2	15.8	4.4	1897	17.3	14.8	4.9
1876	17.2	17.2	3.3	1898	16.8	13.4	3.3
1877	17.6	15.5	3.2	1899	13.9	11.5	2.9
1878	17.0	20.6	3.8	1900	13.9	11.2	2.6
1879	12.4	21.7	3.4	1901	12.7	10.1	1.9
1880	16.3	24.2	3.8	1902	12.7	9.7	2.1
1881	14.5	14.6	3.9	1903	12.1	9.6	2.9
1882	13.8	13.9	2.3	1904	13.6	9.4	3.4
1883	14.9	12.0	2.3	1905	12.0	8.4	3.0
1884	16.1	15.4	2.3	1906	10.1	7.9	3.2
1885	19.8	16.3	5.2	1907	11.2	7.7	4.5
1886	15.3	10.6[c]	9.1[c]	1908	13.4	9.8	5.8
1887	15.0	23.1[c]	6.8[c]	1909	12.6	8.6	8.1
1888	16.1	23.7[c]	7.6[c]				

(注) a) 国法銀行の現金準備は法定通貨のみで，国法銀行券は含まない．
b) 1874年まで国法銀行は，流通銀行券についても預金に対する準備率と同じ準備率を課されていた．
c) 預金科目を含む．

(出典) National Monetary Commission, *Statistics for the United States, 1867-1909*, p. 36.

会社数1,079，預金高31億1300万ドルとなり，会社数で約7倍，預金高で10倍近い増加率を示している．同期間中の預金増加率は，国法銀行が3.5倍，州法銀行が4.4倍であるから，信託会社の預金増加率の高さは際立っている．この結果，会社数では州法銀行の10分の1程度でありながら，1909年には前述のように，信託会社は州法銀行の預金高26億2600万ドルを上回る31億1300万ドルに達した．

このように信託会社に対する法的規制が，商業銀行よりも有利であったという事情は，信託会社の銀行業務への進出を促進し，信託会社の「急速な成長」を実現する大きな要因となったのである．

以上，信託会社が銀行業務へ進出する契機となった3つの要因についてそれぞれ考察してきた．その中でこれらの要因が，それぞれ並列的に存在しているのではなく，相互に関連して信託会社の銀行業務への進出を引き起こしたことを示した．この相互関連は次のように要約できるだろう．

第1の要因（初期信託会社の個人信託業務に内在する銀行的機能という要因）は，信託会社の銀行業務への進出を引き起こす内的要因を形成した．第2の要因（商業銀行における与信手段の銀行券発行から預金設定への移行という要因）は，その現実的可能性を与える要因となった．そして第3の要因（法的規制が商業銀行よりも信託会社に有利であったという事情）は，第1，第2の要因に基づいて，信託会社の銀行業務による「急速な成長」を実現する要因となった．

また，これらの各要因の分析を通して，信託会社が信託会社としてではなく，まさに商業銀行として成長・発展を遂げてきたことが明らかとなった．このことは，信託会社と商業銀行（国法銀行，州法銀行）とをその名称によって区別することを無意味にした．また，信託会社の預金業務の拡大は，信託会社の内部で個人信託業務と預金業務とを明確に分離する必要性を提起するとともに，信託会社を商業銀行と同様に規制しようとする動きを引き起こすことにもなった．そこで，次にこの問題について検討しよう．

3. 信託業務の近代化と信託会社の規制

(1) 信託業務の近代化

信託会社による銀行業務の兼営とその拡大は，それまで「信託預金」という形式で行われていた個人信託業務を明確に銀行業務から分離し，それぞれ

の業務を銀行部門と信託部門とに分割して管理する必要性を提起した．

スミスはこの点について次のように述べている．

「信託会社の組織の一部分として，銀行業務が重要性を増すにしたがって，要求払い預金（demand deposit），定期預金（time deposit），信託預金（deposit in trust）を区別する必要が明らかとなってきた．そして，それぞれの信託資金を分離し，一単位の投資として分別管理するという近代的な方式はその必要性から発展した．」[18]

信託業務と銀行業務との間の区分が明確になるとともに，今度は個人信託業務の性格にも変化が生じてきた．前述したように，初期の信託会社においては個人信託は信託預金の性格が強く，現代的な個人信託とは性格を異にしていた．

現代の個人信託は，信託設定の方法によって主として生前信託（living trust），遺言信託（testamentary trust）に分類できるが，この信託によって受託される信託財産は，委託者の金銭，有価証券，不動産，金銭債権等，あらゆる財産が可能であり，かつ各種の財産が，当該委託者の口座で一括して受託されている．つまり各種財産の管理・運用という性格である．これは，信託会社の銀行業務の兼営とともに，個人信託にあった預金的性格が銀行部門に移され，個人信託に管理・運用という性格が残された結果である．

では，このような財産の管理・運用という側面から考察した場合，信託部門をどのような経済的規定において把握したらよいのであろうか．前節では，金銭の信託を個人信託業務の典型と考え，それによる信託会社の機能を貨幣資本の仲介機能と規定した．したがって，個人信託において金銭の受託が行われている限り，このような機能規定はそのまま妥当する．

ところが，リドル（N. Gilbert Riddle）の調査によれば，受託資産に占める金銭の比率は9.8％と少なく，その圧倒的部分は株式・債券等の有価証券であった[19]．そして受託された資金は有価証券に投資され，受託有価証券と合わせて信託資産の管理が行われた．

このように受託財産の中で金銭の占める比率が低下し，株式・債券等の有

価証券の比重が増大したこと，そして有価証券投資が信託資産の主要な運用部面になったことは，信託部門を証券市場との関連において理解することを必要ならしめた．つまり，信託部門は証券市場において長期資金を供給し，証券取引を行う有力な金融機関として成長し始めたのである．この意味で信託部門は，有価証券を含む長期の貨幣資本を仲介し管理する金融機関であると規定することができる．

ところでスミスは，上述のような個人信託の変化が生じた時期を次のように推定している．

「信託会社の歴史において，どの時点で現代的形態の個人信託が発展したのか決定することはできない．しかし，1875年になって初めて The Farmers' Loan & Trust Company が不動産を信託で受け入れ，不動産を含んだ信託を遂行する権限を認可された．」[20]

さらに他の個所では次のように述べている．

「1850年以前のいわゆる『信託預金』(trust deposit) は，実際には貯蓄勘定 (savings account) であり，信託会社のすべては事実上『貯蓄銀行および信託会社』(savings bank and trust companies) であった．1898年の第2回信託協議会[21]の時期までには，個人信託業務と貯蓄預金そして要求払い預金との間の区別が十分明確になっていた．そのため，協議会の主要な目的も個人信託についてであった．20世紀の初めには，信託会社の宣伝は個人信託業務を強調し，諸業務の特殊化という考えを示すものになっている．」[22]

このように個人信託は，19世紀末から20世紀初頭にかけて，ほぼ現代的な性格を備えるに至ったということができるであろう．

またこの時期には，アメリカ資本主義の発展を反映して，個人信託業務ばかりでなく，法人会社のための法人信託業務や代理業務も信託会社によって提供され始めた．その中の中心的業務は，いわゆる担保付社債信託と呼ばれるものであった．担保付社債信託とは，社債発行に際して設定される抵当権を信託会社が，社債権者のために信託で所有するというものである．このよ

うな方法が利用されるのは，主に次のような理由による．

「(1)すべての債券保有者は平等で比例した担保を持つ，(2)大勢の個々の貸手と別々の契約を結ぶことは会社にとって実現不可能である，(3)この仕組みは社債の広範な販売と迅速な市場性を得るための手段を提供する，(4)受託者は，大勢の貸手によっては有効かつ迅速になしえない抵当権を，実行することができる立場にある．」[23]

このように社債信託は，事業会社にとっては社債による長期資金の円滑な調達を可能にするという点で，金融機関や個人投資家にとっては抵当権の信託による社債投資の安全性の確保という点で，資金の需要者と供給者の双方にメリットをもたらす制度であった．

(2) 信託会社に対する規制

前節では，信託会社に対する規制の緩やかさを信託会社の銀行業務の拡大要因としてあげた．しかし，信託会社の銀行業務の拡大は，同時に信託会社を商業銀行として監督・規制しようという動きを強めることになった．そこで，信託会社に対する規制の変化について簡単に考察しておこう．

預金準備率規制に関して，前節では表1-6を信託会社の規制が州法銀行より緩やかな例証としてあげたが，この表は別の見方をすれば，規制措置の一定の進行状況を示しているということができる．というのは同表を見る限り，信託会社と州法銀行と同一の準備条件（準備を要求しない場合も含む）を課している州は28州，信託会社の方が緩やかな州は13州と，同一の条件を課す州が多くなっているからである．これは，「信託会社が，銀行業務の規模と範囲とを拡大するにつれて，信託会社の銀行業務に対する規制が，州法銀行に対する規制と同一化する傾向にあった」[24]ことの反映である．つまり州当局は，信託会社を州法銀行と同じく商業銀行とみなし，両者に同一の規制を課したのである．州の監督当局にとっては，信用制度の安定性の維持ということが重要な関心事であったから，信託会社が銀行業務を拡大するにしたがって，信託会社に適切な預金準備や諸規制を課すことは当然の措置であっ

た．

　例えばニューヨーク州では，1873年恐慌におけるいくつかの信託会社の破産を契機に，それまで無規制であった信託会社に対して，1874年から州銀行局に営業報告書の提出を要求し始めた．それ以後，多くの州がそれにならって同様の報告書の提出を信託会社に求めるようになった[25]．

　またニューヨーク州では，報告書の提出要求に続き，信託会社に対する一連の法的規制措置が実行に移された．以下，信託会社に対する規制措置を年代順に簡単に要約しておこう[26]．

1874年：信託会社に関する最初の法律制定
　　　法律によって規定された基本的事項は次の通りである．
　　　(1) 信託会社に対する監督権限を州の銀行監督局に付与
　　　(2) 銀行監督局への信託会社の報告義務
　　　(3) 預金を受け入れている信託会社は，払込資本金の10%相当額を政府債で銀行監督局に預託すること．
　　　(4) 預金または貸付額は，払込資本金と剰余金の合計額の10倍以内とすること．
1887年：信託会社設立のための一般法制定
　　　これ以前には信託会社の設立に関する法律はなく，信託会社は特許状（special charter）によって設立されていた．なお，この法律では預金準備に関する規定はなかった．
1892年：州法銀行に預金準備を要求したが，信託会社については預金準備の規定なし．
1906年：信託会社の預金準備に関する法律制定
　　　信託会社に対して初めて預金準備の保有を義務付けたが，準備の比率は国法銀行よりも少なかった．必要準備率は次の通りである．
　　　(1) 人口80万人以上の所在地の信託会社
　　　　　預金の15%で，その3分の1は現金，3分の2は銀行預金

と特定の債券で保有すること．
  (2) その他の信託会社
      預金の10%で，その10分の3は現金，残りは銀行預金と債券で保有すること．ただし債券は準備全体の10分の3を超えてはならない．
1909年：1906年の預金準備規定を修正
  (1) 人口180万人以上の所在地の信託会社
      15%の現金準備を保有すること．
  (2) その他の信託会社
      10%または15%の預金準備（他行への預金を含む）を保有すること．
  (3) 30日以内に支払われない定期預金と信託預金は，準備規定から除外する．

　以上，ニューヨーク州を例にあげて，信託会社に対する規制措置を検討したが，全国通貨委員会（National Monetary Commission）の調査によれば，1909年にはほとんどすべての州において，信託会社に関する法律が制定されていた[27]．

　ところで，このような規制が行われるようになった背景として，信託会社の急速な成長に直面した商業銀行が，州当局に信託会社に対する規制を強化するよう求めたことがあげられるだろう．そこで，次に商業銀行の側に視点を移して，信託会社と商業銀行との競争状況や，商業銀行が逆に信託業務に進出するに至った経緯を考察しよう．

4. 商業銀行の信託兼営化

　信託会社の銀行業務への進出とその成長・拡大によって最も打撃を受けたのは州法銀行であった．なぜなら，同じ州法上の金融機関でありながら，信

託会社に認められている広範な営業権が州法銀行には認められておらず，預金準備率等の規制が信託会社よりも厳しかったからである．それは信託会社との競争において州法銀行に不利に作用し，そのため前述したように，1909年には信託会社が預金高で州法銀行を追い抜くことになった．

　国法銀行についても，程度の差はあれ同様の状況であった．信託会社による預金業務と貸付業務の拡大は，信託業務を禁止されている州法銀行と国法銀行との直接的な競争を引き起こすことになった．そこで，「商業銀行は，自分たちの聖域に対するこのような『不当な』侵入に対して，精力的な反対運動を行い，さらに信託会社の業務範囲の拡大は，危険かつ違法なものと主張」[28]し，信託会社の銀行業務を差し止める訴訟を起こしたり，州当局に信託会社の銀行業務を禁止する法律の制定を要求した．その結果，いくつかの州では，「信託会社の銀行業務を禁止しようとする法律が制定されたが，その多くの州で裁判所は，立法意図が信託会社の銀行業務を禁止することにある限り，その法律は無効であるという解釈を行」[29]い，信託会社に有利な判決を示した．

　このような判例として，1898年のミズーリ州最高裁の判決と1900年のペンシルベニア州巡回裁判所の判決をあげることができる．後者の判決は，Bank of Saginaw と Title and Trust Company との間の訴訟に関して出されたもので，「ペンシルベニア州の信託会社は法律上，定期預金と同様，要求払い預金を受け入れてもよい」[30]という主旨の判決であった．

　さて上述のように，信託会社の銀行業務の兼営を禁止せよという商業銀行の主張は，裁判所の認めるところとはならず，逆に1900年以後ほとんどの州で信託会社による銀行業務の兼営が認められるようになった．1910年頃には，信託会社の銀行業務の兼営を厳しく制限している州は，アイオワ，ミシガン，ネブラスカ，ウィスコンシンの4州のみであった[31]．それ以外の州では信託会社の銀行業務を禁止するのではなく，信託会社の銀行業務に関して州法銀行と同等の規制条件（equal-footing）を課すことによって，信託会社の監督・規制を行おうとしたのである．

さて，信託会社の銀行業務への進出を阻止することに失敗した商業銀行は，今度は以前の主張と矛盾するが，信託業務の兼営を認めるよう監督当局に要求し始めた．これに対して，信託会社と州法銀行とを同じ州法上の金融機関とみなす州においては，州法銀行にも信託営業権を与える方向に進んだ．その結果，「1910年までに，15の州が商業銀行（州法銀行—引用者）に信託を受け入れ，業務を行う権限を認め」[32)]たが，その他の州では州法銀行と国法銀行に信託営業権は認められていなかった．

ところで国法銀行の信託営業権は，1913年の連邦準備法によって初めて認められることになるのであるが，実際にはそれ以前にも次のような巧妙な方法で商業銀行は信託業務を兼営していた．これについてモールトン（Harold G. Moulton）は次の2つの方法をあげている．

「最も一般的な方法は，国法銀行と州法銀行の経営者が信託子会社を設立することであった．その信託会社は，商業銀行との『共同の利害』のもとに行動した．財務長官マクベーグ（MacVeagh）によれば，1911年にはこの種のケースはおよそ300件にのぼった．第2の方法は，しばしば行われたが，国法銀行の株式の大半を信託会社に売却する方法であり，それによって事実上，2つの会社が統合されたのと同じ効果をあげた．」[33)]

例えばペンシルベニア州でも，上述の方法に基づいた商業銀行の信託業務への進出が見られた．

「ペンシルベニアでは，信託会社はたいてい銀行と同一人物によって経営されている．銀行家は信託会社の営業許可を取得し，銀行と連携した経営を行う．しばしば銀行と信託会社は，同じ部屋でそれぞれのカウンターを構えることもある．その部屋の後ろには連絡通路があり，法律上，銀行に禁止されているような業務は，銀行のカウンターから信託会社の側にまわされるというわけである．」[34)]

国法銀行は上述のように，信託会社の設立という間接的方法によって信託業務への進出を図ったが，信託営業権を持つ州法銀行と信託会社への対抗上，国法銀行は信託営業権を獲得するために積極的に活動した．1906年には，

「ニューヨーク州銀行家協会は, 国会に国法銀行が信託営業権を行使するのを認める法律を制定することを要求する決議を採択」[35]した. その後1908年には, 国法銀行に対し信託営業権を認める法案が国会に上程されたが, 成立には至らなかった.

1913年の連邦準備法 (Federal Reserve Act of 1913) の制定によって, 国法銀行は信託業務の兼営を認められることになった. もちろん周知の通り, 連邦準備法の最大の目的は, 連邦準備制度の構築にあったのであり, 信託営業権の付与は, その付随的措置として行われたにすぎない. とはいえ, 連邦準備法の立案者は, 国法銀行, 州法銀行, 信託会社を連邦準備制度のもとに統一するために, 国法銀行に対する信託営業権の付与と貯蓄預金勘定の準備率の引下げ措置を通して, 商業銀行の同質性を実現することが必要だと考えていたようである[36].

連邦準備法の第11条k項は, 連邦準備委員会に対して「国法銀行に対し州法その他の地域法に抵触しない限り, 国法銀行と競争関係にある州法銀行, 信託会社, その他の会社が, その国法銀行が位置を占める州の法のもとに営むことを許されている, いかなる受託能力においても, 営業すべき権利を賦与することを, 特別の許可によって認める権限を与え」[37]ている.

しかしながら, これによって国法銀行の信託営業権が, 完全に認められたわけではなかった. 連邦準備法の第11条k項の「州法その他の地域法に抵触しない限り」という, 但し書き規定を援用した信託会社の反対にあって, 国法銀行に信託営業権を認めない州もあった[38]. そこで1918年に, 国会は連邦準備法を,「州法が国法銀行と競合関係に立つ州法銀行, 信託会社, その他の会社によって信託営業権を行使する限り, 国法銀行にもそのような信託営業権に対する認可を与えること, ならびにその権限の行使は連邦準備法の意味での州法その他の地域法の違反とはみなされない」[39]と修正した.

しかしこの修正法は, 州の権利を侵害するものであるとして, 1924年にミズーリ州の裁判所において上記修正法の有効性が争われることになった. その結果, 同州最高裁判所は,「もしも国法銀行が連邦準備委員会から信託

業務に携わることを認可されているならば，州は，それがその業務を営むのを禁止することはできない」[40]という判決を下した．これ以後，国法銀行を信託の分野から締め出す州の権利は廃止され，国法銀行は最終的に信託営業権を獲得することができたのである．

また，国法銀行による信託営業権の獲得は，州法銀行に信託業務の兼営を

表1-9　国法銀行の信託営業権

年	信託営業権保有行数	年	信託営業権保有行数
1917	481	1924	1,802
1918	708	1925	1,951
1919	1,074	1926	2,103
1920	1,191	1927	2,264
1921	1,387	1928	2,391
1922	1,547	1929	2,461
1923	1,819	1930	2,465

(出典) *Annual Report of the Federal Reserue Board*, various years.

認めていない州でも，信託営業権の取得を認める方向に作用した．ニューヨーク州では，連邦準備法第11条k項の修正が行われた1918年の翌年に，州法銀行に信託営業権の獲得を認める州銀行法の改正が行われた．

国法銀行に信託営業権が認められてからは，同銀行による信託業務への進出は次第に増加した．信託営業権保有行数は，1917年に481行であったのが，1910年代と1920年代を通じて着実に増加し続け，1930年には2,465行に達した（表1-9参照）．したがって，19世紀末から20世紀初頭を「信託会社の商業銀行化」の時代と呼ぶとすれば，この時代を「商業銀行の信託兼営化」の時代と呼んでも差し支えないであろう．

そして，このような傾向の進展は，信託会社と商業銀行との区別を解消し，1つの金融機関のもとで銀行業務と信託業務とを兼営するというアメリカ特有の信託兼営銀行を形成することになった．ただし，このような傾向は，比較的規模の大きい銀行を中心として発展したということに留意しておく必要がある．連邦準備の1927年，1928年，1929年の各年報によると，国法銀行の信託営業権保有行数は，それぞれ，2,264行，2,391行，2,461行であった．国法銀行総数に占める信託営業権保有行数の比率は，60％，73％，75％となり，銀行数では全体の3分の1でありながら，資本金額では4分の3を占めている．このことから，国法銀行による信託業務の兼営は，大銀行を中心として発展したということができる[41]．

表 1-10　国法銀行の信託業務に関する調査（抜粋）

質問1.　信託部門が新しい取引を銀行にもたらしたか．
　（回答）　はい……515，いいえ……132，分からない……88

質問2.　信託部門は，信託会社との競争において顧客の口座維持に役立ったか．
　（回答）　はい……563，いいえ……70，分からない……59
　　　　　　競争相手の信託会社が存在しない事例……44

質問3.　信託部門による追加業務を顧客は評価していると思われるか．
　（回答）　はい……521，いいえ……93，分からない……66

(出典) *Annual Report of the Federal Reserue Board-1921*, p. 316.

　では，こうした商業銀行による信託業務の兼営は，商業銀行にとってどのような意義を持ったのであろうか．この点については，国法銀行の信託営業権の行使に関して連邦準備局が行ったアンケート調査が参考になる．連邦準備局は，その結果を 1921 年の年次報告書に掲載しており，表 1-10 はその調査結果の一部である．

　この調査によると，「信託部門が新しい取引を銀行にもたらしたか」という質問に対して，はいと答えたのは 70.0％ の 515 行，「信託部門は，信託会社との競争において顧客の口座維持に役立ったか」という質問に対して，はいと答えたのは 81.4％ の 563 行，「信託部門による追加業務を顧客は評価していると思われるか」という質問に対して，はいと答えたのは 76.6％ の 521 行であった．

　この調査から分かるように，大部分の国法銀行は，信託業務の兼営を銀行経営にとって有意義であると回答している．つまり，この当時において信託業務は，商業銀行にとって信託会社との競争で顧客を確保する役割を果たすとと同時に，顧客との結びつきを強める役割を果たしたのである．

5.　むすび

　これまでの考察で明らかにしたように，銀行業務と信託業務との兼営は，

まず信託会社の銀行業務への進出によって実現された．次に，それに対抗する形で商業銀行の信託業務への進出が見られ，商業銀行による信託業務の兼営化が進展した．このような信託会社と商業銀行の両方向からの兼営化の進展が，アメリカの銀行制度の特色たる信託兼営銀行を形成することになったのである．もちろん兼営銀行といっても，各行の経営方針や歴史的条件によってどちらかの業務に重心を置くかという程度の差はある．

ところで1920年代の商業銀行は，こうした信託兼営化を進める一方で証券業務の兼営化も進めていた．そこで次章以降では，商業銀行における銀行業務・信託業務・証券業務の関連を中心にして考察の歩を進める．

注

1) James G. Smith, *The Development of Trust Companies in the United States*, 1928, p. 333.
2) George E. Barnett, *State Banks and Trust Companies—since the Passage of the National Bank Act*, 1911, Appendix A, Table II.
3) 遺言信託と自発的信託について以下に説明しておこう．
   両信託とも個人を対象とした信託であるが，両者の違いは信託を設定する方法上の相違に基づいている．つまり，遺言信託の場合には，信託設定者は死亡する際に遺言の形で信託を設定するのに対し，自発的信託の場合には，信託設定者と受託者との間で交わされる信託契約書（trust agreement）にしたがって信託の設定が行われる．さらに両信託の重要な相違点は，自発的信託の場合には，信託設定者が自分自身を受益者とした信託を設定できる点である．当然のことながら，遺言信託ではそのようなことはできない．
   なお，自発的信託よりも生前信託（living trust）という用語の方が一般的使用されているので，本書でも生前信託という用語を用いる．
4) ここでは，deposit in trust を信託預金と訳出したが，この他に金銭の信託を意味する用語として，trust deposit, deposit of money in trust, money in trust も用いられる．
5) Smith, *op. cit.*, p. 316.
6) 取消可能信託の詳細については，アメリカ銀行協会編，三井信託銀行信託部訳『アメリカの信託業務』東洋経済新報社，1975年，137-138ページ，を参照されたい．
7) 国法銀行の制度および理論に関しては，高山洋一『ドルと連邦準備制度』新

評論，1982年，45-104ページ，を参照されたい．
8) 同書，67ページ．
9) 同書，72ページ．
10) マーガレット・マイヤース著，吹春寛一訳『アメリカ金融史』日本図書センター，1979年，198ページ．(Margaret G. Myers, *A Financial History of the United States*, 1970)
11) 高山洋一，前掲書，84ページ．
12) James G. Cannon, *Clearing-Houses*, 1900, pp. 62, 63，および，島田顕生「キャッシュレス・ペイメントと支払慣行—国法銀行制度下の米国を対象として」大阪市立大学経営学会『経営研究』第47巻第2号，1996年，85-108ページ，参照．
13) 特に国法銀行の不動産担保貸付の禁止は，南部や西部の農業地帯で州法銀行や信託会社が発展する要因となった．
14) Smith, *op. cit.*, p. 332.
15) 高山洋一，前掲書，68ページ．
16) Walter H. Hull ed., *Practical Problems in Banking and Currency*, 1907, p. 469.
17) Franklin B. Kirkbride, Joseph E. Sterrett, and H. Parker Willis, *The Modern Trust Company*, 1921, p. 14. 高塚慶助訳『米国信託会社総論』未来社，1926年，22ページ．
18) Smith, *op. cit.*, p. 324.
19) N. Gilbert Riddle, *The Investment Policy of Trust Institutions*, 1934, p. 143，参照．
20) Smith, *op. cit.*, p. 316.
21) 信託協議会とは，アメリカ銀行協会 (American Bankers Association, ABA) の信託会社部会（現在の信託部会）によって，毎年開催される年次協議会のことである．最初の協議会は，1897年にデトロイトで行われた．
22) Smith, *op. cit.*, p. 328.
23) アメリカ銀行協会編，三井信託銀行信託部訳，前掲書，322ページ．ただし，同書において「債権保有者」と訳されている箇所は，原文ではbondholdersである (American Bankers Association, *Trust Department Services*, 1954, p. 302)．これは，「債券保有者」の誤植と思われるので訂正して引用した．
24) Barnett, *op. cit.*, pp. 19, 20.
25) Smith, *op. cit.*, p. 337.
26) 詳細については，以下の文献を参照されたい．
    [1] Smith, *op. cit.*, pp. 345-351.
    [2] Barnett, *op. cit.*, pp. 124-134.

[3] National Monetary Commission, *Digest of State Banking Statutes*, 1910, pp. 457-486.

[4] H. Peers Brewer, *The Emergence of the Trust Company in New York City, 1870-1900*, 1986, pp. 10-22.

27) 各州別の規制内容については, National Monetary Commission, *Digest of State Banking Statutes*, を参照されたい.

28) Harold G. Moulton, *The Financial Organization of Society*, 3rd ed., 1930, p. 701.

29) Smith, *op. cit.*, p. 346.

30) Barnett, *op. cit.*, p. 17.

31) *Ibid.*, p. 18.

32) Moulton, *op. cit.*, p. 704.

33) *Ibid.*, p. 704.

34) John J. Knox, *A History of Banking in the United States*, 1903 (reprint 1969), p. 464.

35) アメリカ銀行協会編, 三井信託銀行信託部訳, 前掲書, 464 ページ.

36) *Annual Report of the Federal Reserve Board-1915*, pp. 11, 14, 参照.

37) アメリカ銀行協会編, 三井信託銀行信託部訳, 前掲書, 465 ページ.

38) 同書, 465 ページ.

39) 同書, 465 ページ.

40) 同書, 466 ページ.

41) *Annual Report of the Federal Reserve Board-1927*, pp. 35, 36.

　　――*1928*, pp. 34, 35.

　　――*1929*, p. 32.

第2章　信託機関と証券関連業務

1. はじめに

　アメリカの商業銀行は，1910年代から1920年代を通して信託業務の兼営化を推し進め，今日のような銀行部門と信託部門とを保有する信託兼営銀行を形成することになった．

　第1章では，こうした商業銀行の信託兼営化の過程を，信託会社の商業銀行業務への進出に対抗する業務拡充競争と見る立場から検討を行った．しかし，商業銀行による信託兼営化の意義を明らかにするためには，このような信託会社との競争関係から見るだけでは不十分である．つまり，商業銀行による信託業務の兼営には，信託会社との競争上の対抗措置にとどまらない積極的な意義があり，その点についてさらに検討を加えることが必要である．

　ところで，商業銀行の信託兼営化が進展した1910年代から1920年代の時期は，証券市場の隆盛期と重なっており，商業銀行は信託業務に進出する一方で，証券業務にも積極的に取り組み始めていた．つまり，商業銀行は銀行業務を中軸的な業務としながら，信託業務と証券業務を含めた業務の多角化を図ったのである．そのため，この時代における商業銀行の信託兼営化は，銀行業務や証券業務との相互関連において理解される必要がある．

　そこで本章では，信託業務に密接に関わる証券関連業務を考察の対象として取り上げ，信託機関が証券業務や証券市場とどのような関連を有していたのか明らかにしたい．時代的にはほぼ19世紀後半から1940年代の時期に限

定し，その当時の信託機関の証券関連業務について考察した．

2. 証券代理業務

　ここでの考察の目的は，信託機関と証券市場との関連をその制度的側面から明らかにすることにある．換言すれば，信託機関が証券制度や証券市場の整備・発展にどのように寄与しえたかということを，信託機関の業務内容を検討することによって明らかにすることである．

　このような視角から，信託機関の証券関連業務として次の2つの業務を取り上げて検討する．それは，名義書換代理業務（transfer agent）と登録代理業務（registrar）である．以下，この2つの業務について順次検討していくことにする．

(1) 名義書換代理業務

　証券市場では，各種の証券の取引が行われるが，名義書換代理業務は，株式の取引によって生じる株式所有権の名義変更に関する事務処理を，株式発行会社に代わって信託機関が行う代理業務である．

　株式の名義書換とは，会社が株式を発行する場合には会社から株主へ，株式所有者が株式を譲渡する場合にはその株主から新株主へ，株式所有権の名義の書換を行うことである．株式所有権の譲渡は，株式所有者の代理人が株式を発行する会社の帳簿において，所有権譲渡の書換を行って初めて有効になる．

　このように株式を発行する会社または株式所有者は，株式売買に伴う株式の所有権名義の書換手続きを第三者に委託することによって，煩わしい事務手続きから逃れることができるのである．

　代理業務というのは，文字どおり本人に代わって代理人の資格で行動するのであるから，ここで代理されるのは株式を発行している会社であり，代理人は信託機関である．つまり株式を発行する会社は，以前は自社の株式所有

者の確定や名義変更等に関する事務手続きを自分で行っていたのであり，信託機関はその業務を単なる代理人として会社に代わって実行するにすぎない．とはいえ，信託機関が代理人として指名されるのは，それなりの理由がある．

株式を発行する会社は，自社の株券に関わる重要な事務手続きを代理人に委ねるのであるから，「会社は必然的に，その代理人に重大な責任を課する．したがって，本人に債務を負担させたり，本人に損失を蒙らせることのないような方法で名義書換機能を遂行することのできる代理人の能力に，十分な信頼がもてなければならない」[1]のである．

このような要請に応えることができるのは，法人では信託機関であった．信託機関は，信託業務の遂行を通して社会的信頼を広く獲得しており，代理人として最も適格であると考えられたのである．では，このような株式の名義書換代理業務が発展したのは，どのような要因によるものであろうか．

第1の要因は，株式発行量と株式売買高の増大による事務量の増加である．つまり，「初期の年月の間は，株式所有権の移転は比較的少数であったので，移転の仕事は負担とならなかったし，会社によって容易に処理された．時の経過につれて，公衆へ分布された株式の量は，途方もなく増加した．そして株式の売買高の巨大な増加となった．このため，名義書換の処理に伴う，こまかな仕事はいっそうその範囲を広げ，その多くの方面で非常に高度の技術を要するようになり，そして適切な施設と職員をかかえた専門家の仕事となったので，多くの会社は名義書換代理人としての信託機関のサービスを利用する方が有利であることに気付いた」[2]のである．

株式所有権の譲渡は，大部分が株式取引所を通して行われるのであるから，名義書換手続きが遅滞なく遂行されることは，株式市場での取引を促進する重要な条件となる．その意味で信託機関の名義書換代理業務は，株式市場の発展に寄与したということができる．

次に，名義書換代理業務が発展した第2の要因は，株式発行に関する不正事件の発生に由来するものである．その不正事件とは，授権資本以上に株式の超過発行を行い，それによって資金を不正に取得した事件である[3]．

1850年代以前のアメリカでは，最大の会社でも株式の名義書換を自分の会社で行う慣行があり，ある担当者を指名してその権限を行使するようにしていた．そのため，New York and New Haven Railroad Company（1846年に300万ドルの授権資本をもって設立された）は，1847年にその社長であるロバート・シュイラー（Robert Schuyler）を自社の名義書換代理人に指名した．彼は名義書換代理人に就任後，1年ほどたった1848年から未授権株式の発行を始めた．

シュイラーは，1854年に名義書換代理人を辞職するまでの6年間にわたって，自己の利益のために株式の超過発行を続け，その結果，無効株式の総計は1万9145株，金額にして約200万ドルに達した．不正の発覚後，10数年におよぶ一連の裁判が行われたが，この事件は社会的に株式の超過発行を防止する方策を採用する契機となった．不正を防止するためには，最も信頼できる人物を名義書換代理人に指名する必要があるが，そのような条件を最もよく満たすことができたのは，前述のように信託機関であった．

さらに第3の要因として，証券取引所の規則が，名義書換代理業務を要求したという事情をあげることができる．これについては後述するので，ここでは指摘にとどめる．

(2) 登録代理業務

登録機関の業務は，「廃棄される旧証券と引換えに，会社または名義書換代理人により発行されるため，準備されたすべての新株券をチェックして，発行される証券によって表現される株数と廃棄される証券によって示される株数とが等しいことを確かめる．原始発行がともなう場合は，登録機関に授権された株数のみが発行されるという事実を確認する」[4]ことである．

いうまでもなく，この業務は前述した株式の超過発行を防ぐために行われる業務である．それは，名義書換代理人に対して，登録機関が超過発行をチェックすることによって行われる．すでに述べたように，社会的信頼の厚い信託機関を名義書換代理人に指名することで，株式の超過発行を防止しよう

としたのであるが，登録機関はその信託機関をさらに監督する立場にあり，二重に株式の超過発行をチェックする体制をとっている．したがって，この目的からすれば当然のことであるが，同一会社の株式について名義書換代理人と登録機関は，それぞれ異なった信託機関によって行われる必要があり，同一の信託機関が両方を兼任することはできない．証券取引所の規則もそのように規定している．ただし，1つの信託機関がA社の名義書換代理人をつとめると同時にB社の登録機関になることは，もちろんありうることである．

なお，債券の登録と移転を扱う代理人として機能する信託機関は，通例，登録機関と呼ばれ，名義書換代理人と呼ばれないことを付言しておく[5]．

(3) 証券代理業務と証券取引所規則

先に指摘したように，証券取引所の規則が名義書換代理人と登録代理を信託機関に行わせる大きな要因となっていた．そこで，この両業務に関するニューヨーク証券取引所（New York Stock Exchange）の規則について簡単に考察しておこう．

ニューヨーク証券取引所は，1869年に上場されている全株式が，取引所によって承認された代理人によって登録されるように要求した[6]．この措置は，前述のシュイラー事件後も同様な事件が続出したことに起因している[7]．これらの不正事件の発生によって，「株式の流通市場は混乱し，取引所の信用問題にまで発展したので株式取引所としては株券の超過発行を防止するためのなんらかの予防措置を講ずる必要に迫られ，その結果考案された」[8]のが，このような登録機関制度を採用することであった．そして上記規定により，未登録の株式は，株式市場での取引を禁止されることになったのである．

このような取引所の規則は，一貫して受け継がれており，「ニューヨーク証券取引所上場契約書」[9]は，名義書換代理人と登録機関について，次のように規定している．

第1に，名義書換代理人に関して，上場会社はニューヨーク市マンハッタ

ン特別区に事務所または代理機関を設置し，会社の取引所上場全株式の名義書換場所にする旨を規定している．

第2に，登録機関についても同様に，ニューヨーク市マンハッタン特別区に会社の取引所上場株式が登録されるべき登録機関の設置を規定している．またこの登録機関が，同一証券の名義書換代理人でない銀行または信託会社によることを規定している．

そして第3に，会社がその取引所上場証券の名義書換代理人と登録機関を，取引所に事前に通知することなく任命しないように規定している．さらにその登録機関については，その任命の発行時において取引所が上場証券に対する登録機関たる資格[10]をこれに認めていない限り，会社は登録機関として任命できないと規定している．

第1，第2の規定は，今まで述べてきたことを取引所の規則上で確認したにすぎないので，説明を繰り返す必要はないだろう．

第3の規定は，上場会社とその名義書換代理人および登録機関の相互癒着を妨げ，起こりうる不正を未然に防止しようとするものである．特に登録機関の任命について，厳しい規定をしているのはそのためである．というのは，前述のように登録機関の存在意義は，名義書換代理人の活動を最終的にチェックし，不正を防止する点にあり，そのため取引所の信頼できる登録機関が任命される必要があったからである．

証券取引所は，このように名義書換代理人と登録機関を厳格に規定することにより，取引所に上場されている証券に超過発行等の不正な証券が混入しないように企図したのである．つまり取引所にとって，投資家が安心して取り引きできるように市場を整備することは，最低限の任務である．それゆえ信託機関は，その証券代理業務を通して，このような証券市場の整備に一定の貢献を行い，証券市場の発展を支える重要な要素となったのである．

ところで，これまでの議論では，主に株式との関連で信託機関の業務を考察したが，信託機関は社債に関しても重要な業務を提供している．社債の受託業務がそれである．そこで次に，この業務について論じよう．

3. 社債の受託業務

　信託機関は個人のための信託業務と同様に，法人のための信託業務を行っている．これは一般に法人信託（corporate trust）と呼ばれる業務であるが，この業務の典型は，事業会社の社債発行に際して，信託機関によって行われる社債の受託業務である．事業会社は，多数の投資家から資金を調達するために社債を発行するが，多数の投資家と個別に社債に関する契約を結ぶことは困難である．そこで，信託機関が社債保有者の受託者となり，社債保有者を代表して事業会社と社債に関する信託契約を結ぶのである．

　例えば担保付社債の場合には，社債の受託業務は次のように説明できる．社債を発行する事業会社は，社債権者のために社債に担保を付すが，担保付社債信託契約ではこの担保を，信託機関が社債権者のために信託の形態で保有する．このようなことが行われるのは，「社債権者が不特定多数の公衆であるため，各社債権者みずからが担保権の取得・保存・実行をすることや，社債の流通に伴って担保権を輾転移転させることは，事実上不可能であり，また，法的知識の十分でない各債権者自身にその権利の保全を委ねるときは，一種の経済的弱者である社債権者の利益が不当に害されるおそれが大きいなどの問題が存する」[11]からである．そこで，信託機関が社債発行会社と契約を交わし，社債保有者全員のために担保の受託者となり，社債保有者の利益を保護しようとするのである．

　この契約は次のように行われる．

　「会社はすべての個々人の受託者として行動する信託機関と信託契約書（indenture）と呼ばれる契約書を作成する．社債が発行され貸手に交付され，それとともにこの社債は特殊な契約書のもとに発行されたことを示すため受託者によって証明され認証（authenticated）される．この契約書は会社が大衆をして金を貸すように仕向けるために会社が締結する契約の内容の全部を詳細に述べている．この契約書の中に，会社は契約条件を遂行

するため十分な誠実と信用を誓約している．これらの条件のうち最も重要なものは，借りた金に利子をつけて返済する約束である．しばしば，会社は受託者として行動することになっている信託機関に会社財産を抵当に入れることによってそれを保証する．」[12]

信託契約書（trust indenture）は，どのような財産が担保に供されるかにしたがって，様々な呼称が存在する．ここでは主要なタイプである抵当証書（mortgage）と証券担保付信託契約（collateral trust agreement）について述べよう．

抵当証書は，社債の担保として社債発行会社の財産に抵当権を設定し，その抵当権は社債保有者のために，信託として受託者に譲渡されるという内容を持った契約である．普通の抵当では，「財産権は条件付きで抵当権者（普通貸手）に譲渡され，借手が契約を履行している間は，借手（抵当権を与え，それゆえ抵当権設定者である）の手に財産占有と使用が帰し」[13]ており，抵当権者と貸し手は一致している．それに対し抵当証書では，抵当権者と貸し手とは一致していない．この場合には，受託者（信託機関）が，全社債権者の利益のために抵当権者の地位に就くのである．

なお抵当証書は，抵当権の内容にしたがって，第1順位抵当（first mortgage），借換抵当（refunding mortgage），動産抵当（chattel mortgage）等の名称で分類される[14]．

次に証券担保付信託契約書の場合には，有価証券を社債の担保に供するという点に特色を持っている．担保に供される有価証券は，債務者の子会社の株式または債券であることが多い．担保に供される証券は，債務者から受託者に譲渡され，受託者は社債保有者のために，この担保証券を保有・管理することになる．

現在では，この証券担保付信託契約書は会社金融の分野で重要性を失っており，あまり問題にならないが，1920年代と1930年代頃には，かなりの程度利用されたようである．とりわけ，この時代に成長した公益事業の持株会社はこの制度を利用して，子会社の証券だけを担保とした社債を発行し，資

金調達を行っていた[15]．

ところで，社債信託の受託者は次のような特色を備えている．それは，社債発行会社が債務を履行している限り，受託者は積極的な活動をする必要はなく，ただ契約がきちんと履行されているかどうか，監視しているだけでよいのである．受託者は，債務の不履行が生じた場合にのみ，初めて積極的に行動するのである．この場合には，受託者は社債保有者の利益を保護するために，抵当権を行使して担保物件の換価処分を行い，元本の保全に努めなければならない．そして社債権者は，社債の持分に応じて弁済を受け，結果的に個々人が担保権を有していたのと同じ効果をもたらすのである．仮に債務不履行という事態が生じなければ，信託機関は極端にいえば何もする必要はなく，その場合でも，受託者としての信託報酬を受け取ることができるのである[16]．

では，このような担保付社債信託による会社金融は，いつ頃から行われたのであろうか．J.G.スミスは，1830年代頃から鉄道会社が鉄道の建設資金を調達するために採用し始めた，と述べている[17]．しかし初めの頃は，鉄道会社の社債発行について見た場合，受託者の大部分は個人が指名されており，信託会社が受託者に指名されることはほとんどなかった．信託会社が受託者に指名されるようになるのは，1860年代の中頃からであり，1880年代には個人受託者を上回り始めた．それ以後は，信託会社が受託者に指名される事例が一般的となり，個人受託者はほんの僅かな事例にとどまった[18]．

このように信託機関が，担保付社債信託の受託業務を積極的に展開するようになるのは19世紀後半からであるが，これは第Ⅰ章で述べたように，信託会社の設立数が増加したことに起因しているように思われる．そしてそれとともに，信託会社の方が，個人受託者よりも優れているという認識が広まっていった[19]．担保付社債信託による社債金融は，20世紀に入ってから一層広範に行われるようになるが，この信託契約に関する政府機関の規制は，ほとんど存在しなかった．しかし，1930年代の金融恐慌時に，社債の債務不履行が数多く発生した結果，米国議会は投資家保護のために一連の証券立

法を行い，その一環として1939年信託証書法（Trust Indenture Act of 1939）が制定された[20]．この法律では，「公募社債については発行額が100万ドルを超える場合には，担保付あるいは無担保のいかんを問わず受託者の設置が義務づけられている」[21]．

これまで見てきたように，担保付社債信託契約における受託者の基本的役割は，社債の債務履行を監視し，債務不履行時には社債権者のために信託された担保権を行使し，社債権者の利益を擁護することであった．そこでの受託者の役割は，社債の価値を保証することにあるのではない．したがって社債購入者が，社債価格の下落によって損失を蒙ったとしても，受託者はそれに対する法的責任を負うものではない．受託者は，信託契約上の諸義務を誠実に履行しさえすればよいのである．

しかし，そうだとしても「公衆が，法律上の責任とともに，道義的責任を受託者に負わせることは事実である．発起人は，評判の高い銀行または，信託会社の名前が社債発行の受託者として示されれば，その名前だけで一般の投資家に社債を販売する助けになることを十分に知っている」[22]のである．このような道義的責任を認識している信託会社は，受託者の任を引き受けるに際して，社債発行会社の経営状況等を詳細に審査する．将来，債務不履行に陥ることが明白な会社の受託者に就任した場合，受託者の道義的責任が問われ，社会的信頼を失うことにもなりかねないからである．特に，社会的評価を得ている信託会社はどうであろう．社会的評価の高い信託会社が受託者になるということは，その意味で社債の価値を間接的に保証することになり，社債の販売を促進することになるといえる．

このような社債受託者の間接的な役割を含めて，社債信託制度は，社債発行による会社金融を発展させ，資本蓄積を推進するうえで大きな役割を果たしたということができる．それはまた，証券市場における債券取引に多くの大衆投資家を参加させる要因ともなり，証券市場の発展を促す制度的要因として作用したと考えられる．

4. 信託機関の証券投資

これまでに考察した信託機関の諸業務は，証券市場とその制度的側面において関連を持ち，証券市場の機構整備に寄与する業務であった．信託機関は，いわば間接的に証券市場と結びついていたのである．

しかし，より重要なことは，信託機関が証券市場において機関投資家 (institutional investor) として，大きな位置を占めている事実である．そこで，ここでは信託機関の証券投資家としての側面に焦点を当て考察する．

信託機関よって保有される資産は，基本的に次の3つの源泉から構成される．

1つは，信託法上の受託者の資格で保有する資産である．これは，いわゆる信託資産と呼ばれるものであり，信託機関は受託者として委託者から信託された財産を，受益者のために管理・運用する義務を負う．

第2に，代理人の資格で保有する資産である．個人または法人の代理人として信託機関は，委託された資産を本人の指示にしたがって管理・運用する．

第3に，遺産の処理において，遺言執行人または遺産管理人のいずれかの資格で保有する資産である．わが国ではこの種の業務はあまりなじみがないが，アメリカでは遺言者が信託機関を遺言執行人に指名する事例は，以前の調査によれば全体の5分の1程度を占めている（表2-1参照）．

表2-1 遺言執行人に占める個人と法人の比率

財産の規模 (1,000ドル)	個人の遺言執行人の比率 (%)	法人の遺言執行人の比率 (%)	遺言を残さない比率 (%)
100～249	77.7	15.3	7.0
250～499	68.7	27.7	3.6
500～749	58.5	38.9	2.6
750～999	51.8	42.4	5.9
1,000以上	54.1	44.0	1.9
全　体	73.1	21.1	5.8

(出典) アメリカ銀行協会著，信託協会調査部訳「信託機関の将来―競争，パフォーマンス，拡大の見通しと戦略」信託協会『信託』117号，1979年，30ページ．(American Bankers Association, *The Future of Trust Institutions : Competition, Performance and Prospects and Strategies for Expansion*, 1977)

以上の3つの資産源泉のうち，遺産処理に関わる資産については，信託機関はその資産を遺産の配分が完了するまでの期間だけ管理しているにすぎず，投資家として資産を保有しているわけではない．したがって，ここでは信託資産と代理人として保有する資産について述べる．

(1) 信託資産

信託機関の取り扱う信託は，大きく分けて，個人を対象とした個人信託（personal trust）と，企業が従業員の福祉のために設定する従業員給付信託（employee benefit trust）から成っている．後者の大部分は年金基金（pension fund）の信託によって占められているが，企業の年金制度が急速に普及し始めたのは，後述するように第2次大戦期以降のことである．したがって，ここで考察の対象としている19世紀後半から1940年代の時代において，信託資産の大部分は，個人信託によって受け入れられた信託資産と考えられる．

さて，個人信託の受託者は，受益者のために信託財産を管理・運用するという義務を負っている．そのため，受託者の資産運用には受益者の利益を保護する観点から次のような一定の投資基準が設けられている．第1の基準は，州法で投資してもよい有価証券を定め，それ以外の投資を認めないというものである．第2の基準は，「慎重人の原則」（prudent man rule）と呼ばれるものである．そして第3の基準は，受託者が最も忠実に従うべき基準である，委託者との間で結ばれた信託設定書の条項である．

これらの3つの基準のうち，「慎重人の原則」は，1830年にマサチューセッツ州の最高裁判所が行った判決に基づいている[23]．この原則については第7章で詳しく述べるが，「慎重人」というかなり曖昧な基準を採用しているため，実際の運用では受託者の広範な自由裁量の権限を容認することになる．1940年当時，「慎重人の原則」を採用している州は少数であり，大多数の州が法定投資物件を定めていた．しかし，信託設定書の当該条項が，法令で禁止された物件への投資を認めていれば，その物件への投資は信託義務違反とは見なされない．そのため，信託機関は投資に関する自由裁量権を認める条

表 2-2 信託資産の構成比

(単位：%)

年	債券	優先株	普通株	モーゲージ	不動産	その他	合計
受託時点	17.1	6.8	38.5	9.9	18.0	9.7	100.0
1919	22.9	7.9	35.0	16.5	17.0	0.7	100.0
1920	24.4	7.8	34.3	15.9	16.9	0.7	100.0
1921	29.6	7.8	33.8	13.6	14.8	0.4	100.0
1922	30.1	7.6	33.8	13.9	13.6	1.0	100.0
1923	30.5	7.6	34.2	14.9	12.2	0.6	100.0
1924	31.1	7.4	33.6	14.8	11.8	1.3	100.0
1925	29.7	7.4	31.9	18.7	11.8	0.5	100.0
1926	28.2	6.9	30.7	19.2	11.4	2.9	100.0
1927	26.9	6.3	31.4	21.3	11.0	3.1	100.0
1928	26.6	5.4	33.2	21.9	8.8	4.1	100.0
1929	28.3	5.9	34.2	24.5	6.2	0.9	100.0
1930	29.4	6.0	33.4	25.1	5.1	1.0	100.0
1931	32.8	4.4	33.3	24.8	3.8	0.9	100.0
1932	34.3	4.4	32.4	24.3	3.0	1.6	100.0
各年平均	28.9	6.6	33.2	19.4	10.5	1.4	100.0

(注) この表の計数は，196の信託口座についてのサンプル調査による．
(出典) N. Gilbert Riddle, *Investment Policy of Trust Institutions*, 1934, pp. 143, 152.

項を信託設定書に盛り込もうとする傾向がある．

では，このような投資基準に基づいて，信託機関はどのような資産運用を行うのであろうか．これについては，N.G.リドルの調査が大変参考になる．この調査は196の信託勘定について，1919年から1932年までの14年間にわたって行われたものであり，その調査結果は表2-2に示されている．

これによると，受託時の資産構成は，債券17.1％，優先株6.8％，普通株38.5％，モーゲージ9.9％，不動産18.0％，その他9.7％であった．ここに見られる受託時の資産構成の特徴は，現金の占める比率が低く，有価証券の比率が高いことである．その後，信託機関の運用によりこの構成比は，1932年までに次のように変化した．

1932年の構成比率は，債券34.3％，優先株4.4％，普通株32.4％，モーゲージ24.3％，不動産3.0％，その他1.6％であった．債券・優先株・普通株を合わせた有価証券の構成比は，受託時の72.3％から95.4％へと上昇してい

表 2-3　銀行と信託会社の個人信託資産

(単位：100万ドル，括弧内は％)

年	1900	1912	1922	1929	1933	1939
現　金	30(1.0)	210(3.0)	540(3.0)	900(3.0)	750(3.0)	1,400(4.0)
連邦政府債	…(…)	…(…)	900(5.0)	900(3.0)	2,500(10.0)	3,500(10.0)
州・地方債	150(5.0)	350(5.0)	1,800(10.0)	3,000(10.0)	3,750(15.0)	4,200(12.0)
株　式	600(20.0)	2,450(35.0)	6,300(35.0)	12,600(42.0)	8,000(32.0)	12,950(37.0)
社　債	600(20.0)	1,400(20.0)	3,600(20.0)	6,750(22.5)	5,000(20.0)	7,000(20.0)
長期貸付	1,200(40.0)	1,540(22.0)	2,700(15.0)	3,000(10.0)	2,500(10.0)	2,450(7.0)
有形資産	300(10.0)	700(10.0)	1,350(7.5)	1,500(5.0)	1,250(5.0)	1,750(5.0)
その他資産	120(4.0)	350(5.0)	810(4.5)	1,350(4.5)	1,250(5.0)	1,750(5.0)
合　計	3,000(100)	7,000(100)	18,000(100)	30,000(100)	25,000(100)	35,000(100)

(出典)　Raymond W. Goldsmith, *Financial Intermediaries in the American Economy since 1900*, 1958, Table A-16, p. 384, より作成.

る．この中で，その他項目の減少は証券購入によるものであるから当然としても，特徴的なことは不動産が減少し，債券とモーゲージが増大したことである．優先株は僅かに減少したが，普通株はほぼ一定の比率を保っていた．

このことは，196の信託勘定という限られた調査に基づくものであるが，ゴールドスミス（Raymond W. Goldsmith）による個人信託資産の調査によっても同様な結果が示されている（表2-3参照）．この調査は推定による部分が多く，必ずしも正確とはいえないが，全体的傾向を把握するには十分であろう．

さて，それによると証券投資では，やはり株式投資の占める比率が最も高く，1929年の42％を除いて，ほぼ30％台の水準を維持している．その次に多いのが社債で，ほぼ20％台を保っている．次いで地方債と連邦政府債という順になる．以上のことから，信託機関はその資産を，会社証券である株式と社債に重点を置いて運用していることが分かる．そこで次に，会社証券の投資分野において，信託機関がどのような位置を占めているか，他の主要な金融機関との比較によって示すことにしよう．

表2-4は，主要金融機関の株式保有額を示しているが，これによると各年を通して個人信託部門（信託機関）は，他の金融機関を圧倒的に上回る巨額

の株式を保有していた．例えば，1929 年に個人信託部門の保有株式 126 億ドルに対して，その次に多い投資会社でもその 6 分の 1 の 21 億 9100 万ドルであった．また，その株式保有額を発行済み株式全体に占める比率で見ると，1900 年の 4.9％ を最低として次第に増加し，1929 年に減少したものの 1939 年には 16％ の高水準に達している（表 2-5 参照）．

このような信託機関の多大な株式保有に注目して，安保哲夫氏は次のように述べている．

「この国の大信託会社や個人信託部をもつ大商業銀行がいずれかの財閥資本の系列のなかにある事実からすれば，これらの個人信託部における巨額の株式保管が財閥支配体制の維持に重要な関連を有しているという推定はなりたつように思われる．」[24]

この問題は，商業銀行の信託兼営化を考察するうえで，留意すべき重要な問題である．とはいえ，信託機関の株式保有は，主要には投資目的によるものであり，支配動機はあるにしても副次的要因にとどまるであろう．つまり信託機関は，長期にわたって受益者に収益を保証する義務を負っている．そのため信託機関は，受託資産を安全かつ効率的に運用する必要があり，それが投資目的として株式を保有する主要な動機を形成しているのである．

さらに，信託機関の株式保有の要因として，信託財産の受託時にすでに多くの株式がその中に含まれているという事情をあげることができる（表 2-2 参照）．つまり，株式発行残高の大部分が，個人によって保有されているのであるから，こうした財産を受託する信託機関の個人信託資産に，多くの株式が含まれるのは当然といえる．ただし，個人といってもかなり富裕階層に属する人々の財産が，信託機関によって受託されていることに留意しておく必要がある．したがって，このような個人信託の中に，会社支配を目的とする株式保有が存在することは，十分ありうることと思われる．

さて，次に金融機関の社債保有状況を見ると，1929 年には個人信託部門（信託機関）が 67 億 5000 万ドル，生命保険会社が 46 億 6600 万ドル，商業銀行が 46 億 5500 万ドルであったが，1939 年代に入ると生命保険会社が他

表 2-4 金融機関の株式保有額

(単位：100万ドル)

年	1900	1912	1922	1929	1933	1939
商業銀行	103	284	504	1,164	809	521
相互貯蓄銀行	43	41	48	77	136	136
生命保険会社	62	84	75	352	535	568
互助保険組織	…	…	…	…	1	11
非保険型私的年金基金	…	…	18	100	140	210
火災海上保険会社	105	190	294	1,192	713	1,088
災害等保険会社	16	40	76	319	239	370
貯蓄貸付組合	…	…	…	…	15	41
信用組合	…	…	0	0	0	0
投資会社	…	…	69	2,191	1,006	1,216
政府金融機関	…	2	0	0	249	
個人信託部門	600	2,450	6,300	12,600	8,000	12,950

(出典) Goldsmith, *op. cit.*, Table A-3, A-5, A-8, A-9, A-10, A-12, A-13, A-16, A-19, A-20, A-21, A-24, より作成．

表 2-5 株式発行残高に占める金融機関の保有比率

(単位：％)

年	1900	1912	1922	1929	1933	1939
商業銀行	0.8	0.9	0.9	0.8	1.6	0.8
相互貯蓄銀行	0.3	0.1	0.1	0.1	0.2	0.2
生命保険会社	0.5	0.3	0.1	0.2	0.9	0.7
互助保険組織	…	…	…	…	0.0	0.0
非保険型私的年金基金	…	…	0	0.1	0.2	0.3
火災海上保険会社	0.9	0.6	0.5	0.8	1.1	1.3
災害等保険会社	0.1	0.1	0.1	0.2	0.4	0.5
貯蓄貸付組合	…	…	…	…	0.0	0.1
信用組合	…	…	0.0	0.0	0.0	0.0
投資会社	…	…	0.1	1.5	1.6	1.5
政府金融機関	…	0.0	0.0	0.0	0.4	1.0
個人信託部門	4.9	7.6	11.0	8.6	12.8	16.0
上記金融機関の合計	7.6	9.6	12.9	12.3	19.3	22.2
株式の発行残高 (億ドル)	123	321	571	1,469	625	811

(出典) Goldsmith, *op. cit.*, p.225.

を引き離し始め，個人信託部門がその次に位置し，商業銀行は次第に保有額を減らした．その結果，1939年には生命保険会社が82億7700万ドル，個人信託部門が70億ドル，商業銀行が29億6000万ドルの社債保有額となっ

た（表2-6参照）．

全体として社債発行において金融機関の果たす役割は大きく，金融機関の社債発行残高に占める保有比率は，1922年46.1％，1929年51.3％，1933年46.7％，1939年64.6％と年を追って次第に上昇してきている（表2-7参照）．こうした金融機関の中でも，個人信託部門の社債保有比率は，1922年14.9％，1929年17.3％，1933年13.0％，1939年20.9％と上昇しており，個人信託部門すなわち信託機関は，生命保険会社と並んで社債投資の分野において，重要な位置を占めていたということができる．

以上述べてきたように，信託財産の運用部面は有価証券に対する投資が圧倒的であり，中でも株式と債券がその大部分を占めていた．証券の発行残高に占める比率で見ても信託機関の保有比率は大きく，とりわけ株式保有では信託機関は，他の金融機関を圧倒的に上回っていた．このように信託機関は，証券市場において機関投資家として重要な位置を占めていたのである．

(2) 代理業務による資産保有

信託と代理との間の基本的相違は次の2点にある．第1に，信託の場合には，信託財産に関する法律上の所有権が受託者に移るのに対し，代理の場合には，財産が代理人に移されても，その所有権は依頼した本人に帰属したままであるという点である．第2に，代理は本人または代理人のいずれかの死によって終了するが，信託は受託者または受益者の死で必ずしも終了しないという点である[25]．

信託機関が保有する財産との関わりでいうと，第1の相違点が重要である．代理人は本人のために，本人の統制に服して行為することを引き受けるのであるから，信託機関が代理人としての資格で保有する資産の管理・運用は，本人の指図にしたがって行われることになる．この点では，代理人としての信託機関は受動的な立場にある．

ただし，個人のために信託機関によって行われる代理業務には，①カストディアン（custodian），②管理代理人，③事実代理人，④エスクロー代理人

表 2-6　金融機関の社債保有額

(単位:100万ドル)

年	1900	1912	1922	1929	1933	1939
商業銀行	675	2,024	3,332	4,655	3,153	2,960
相互貯蓄銀行	444	966	1,240	2,018	2,118	1,370
生命保険会社	547	1,591	2,219	4,666	5,117	8,277
互助保険組織	1	12	18	73	120	145
非保険型私的年金基金	…	…	55	300	420	578
政府信託基金	…	1	5	18	29	59
火災海上保険会社	93	286	491	812	598	362
災害等保険会社	18	64	154	461	381	299
投資会社	…	…	14	132	96	127
個人信託部門	600	1,400	3,600	6,750	5,000	7,000

(出典) Goldsmith, *op. cit.*, Table A-3, A-5, A-8, A-9, A-10, A-11, A-12, A-13, A-16, A-21, より作成.

表 2-7　社債発行残高に占める金融機関の保有比率

(単位:%)

年	1900	1912	1922	1929	1933	1939
商業銀行	9.8	11.5	13.9	12.1	10.7	10.2
相互貯蓄銀行	6.4	5.5	5.1	5.2	5.5	4.1
生命保険会社	7.9	9.1	9.2	12.0	13.3	24.7
互助保険組織	0	0.1	0.1	0.2	0.3	0.4
非保険型私的年金基金	…	…	0.2	0.8	1.1	1.7
政府信託基金	…	0.0	0.0	0.0	0.1	0.2
火災海上保険会社	1.4	1.6	2.0	2.1	1.6	1.1
災害等保険会社	0.3	0.4	0.6	1.2	1.0	0.9
投資会社	…	…	0.1	0.3	0.2	0.4
個人信託部門	8.7	8.0	14.9	17.3	13.0	20.9
上記金融機関の合計	34.5	36.2	46.1	51.3	46.7	64.6
社債の発行残高 (億ドル)	69	175	242	390	385	335

(出典) Goldsmith, *op. cit.*, p.224.

(escrow agent) といった種別があり，財産の管理について，信託機関が行使できる裁量の余地にはそれぞれ程度の差がある[26]．

　例えば，最も一般的な個人代理業務のカストディアンでは，カストディアンの義務は，「(1)証券を受け取り，受取証を発行し，および安全に保管すること，(2)収益を受け入れること，(3)所得税目的のために必要な所有証明書を発行すること，(4)受入れ収益全部に関して顧客に知らせること，(5)満期

の公社債の元本，繰上償還の公社債および満期の抵当証券を取り立て，このような取立金全部を顧客に報告すること，(6)一時的な証券を正式なものと交換すること，(7)顧客に払込請求，引受権，元本または利息の不払いおよび債権防衛手続きの実施を知らせること，(8)顧客からの特定の指図にもとづいて証券を買い，売り，受け取りまたは引き渡すこと，(9)預かっている証券の報告書を定期的に提出すること」[27]である．

それに対し，証券の管理代理業務においては，信託機関は受動的立場から抜け出し，「勘定中の証券について定期的に再吟味と分析を行ない，そして現在の証券の保留，売却，交換または転換および新しい証券の購入を勧告する」[28]という積極的行動をとる．

同様なことは，個人以外の法人に対する代理についてもいえる．証券投資に関わる法人代理の端的な例は，前述したような年金基金の資金運用を信託機関の代理勘定で行う場合である．

(3) 信託機関と証券市場

信託機関は，社会から貯蓄性の資金を受け入れ，それを株式，債券等の有価証券に投資するという機能を持っている．この点から信託機関を，証券市場を介して長期資金を供給する金融仲介機関（financial intermediary）として位置付けることができる．この場合には信託機関は，発行市場で新規証券の購入に積極的な役割を果たすことになる．また，信託資産として有価証券を受託する場合には，信託機関は質の劣る証券があれば，それを流通市場で売却し，他の証券を購入するという行動をとる．さらに，信託機関はその保有株式の巨額さによって，他の金融機関とは異なった独自の地位を占めていた．

1920年代において，投資会社が株式保有を増大させているが，それ以外の金融機関は株式投資をほとんど行っていないか，行っていたとしても信託機関と比較して極めて少ない状態である（表2-4参照）．したがって，信託機関は株式市場において，大きな経済的影響力を行使しうる数少ない機関投

第2章 信託機関と証券関連業務

資家として存在していた．

このように信託機関は，証券市場との間に密接不可分の関係を形成していたのである．

5. むすび

本章の課題は，信託機関の証券関連業務の検討を通して，信託機関がどのような契機において，証券市場との関連を有しているか考察することであった．この課題に即して本章で明らかにしえたことは，信託機関が次のような二様の契機において証券市場との関連を有していたことである．

1つは，証券代理業務（名義書換代理，登録代理）と社債信託業務によって，証券市場の整備に寄与するという制度的側面からの関与であった．つまり，信託機関は証券市場の補完者として，「資本市場の発展のいわば技術的基礎を形成」[29]する役割を果たしていたのである．

もう1つは，信託業務および投資家の代理人業務から生じる，信託機関の金融仲介機関としての側面，または機関投資家としての側面からの関連であった．とりわけ，信託機関が他の金融機関から区別されるのは，その株式保有額の巨大さである．

そこでこの2つの契機を，商業銀行の信託兼営化と関連させて考えてみよう．前者の契機は，証券市場の整備という制度的側面に関わるものであり，したがって，それが商業銀行の信託兼営化を推進した主要な契機であるとは考えられない．証券代理業務や担保付社債信託業務が，信託兼営化を積極的に推し進めるほど，商業銀行に十分なメリットを与えるとは思われないからである．

それに対し，後者の契機においては，信託機関は機関投資家としての側面から，証券市場との間に密接な関連を保持していた．このように，信託機関が証券市場と密接に結びついていることは，商業銀行による信託業務の兼営化を考えるうえで，見過ごせない重要な要因をなすものと思われる．

1933年銀行法（Banking Act of 1933）制定以前のアメリカの商業銀行は，投資銀行業務や証券業務に携わり，さらにブローカーズ・ローン（brokers' loan）を供与するなど，証券市場と深いつながりを持っていた．そこで，商業銀行は同じように証券市場と密接な関係を持っている信託業務を，自己の内部に取り込むことによって活動領域を広げ，収益基盤を強化しようとしたのである．それは1920年代の商業銀行，特に国法銀行の信託兼営化を発展させた契機の1つと考えられる．

　このように1920年代の商業銀行は，商業銀行業務を中核とした，証券業務（または証券子会社）と信託業務との兼営銀行として存在していたのである．したがって，信託業務の位置付けも，この関連において理解される必要がある．換言すれば，商業銀行業務，証券業務，信託業務の三者間の有機的関連を考察することによって，商業銀行による信託兼営化の持つ積極的意義もまた，明らかにすることができると思われる．

注

1) アメリカ銀行協会編，三井信託銀行信託部訳『アメリカの信託業務』東洋経済新報社，1975年，377ページ．
2) 同書，376ページ．
3) この事件については次の文献を参照した．
   [1] James G. Smith, *The Development of Trust Companies in the United States*, 1928, pp. 292, 293.
   [2] American Institute of Banking, *Trust Business*, 1934, pp. 473-476.
   [3] アメリカ銀行協会編，三井信託銀行信託部訳，前掲書，448-450ページ．
4) アメリカ銀行協会編，三井信託銀行信託部訳，前掲書，385ページ．
5) 同書，384ページ．
6) Clay Herrick, *Trust Departments in Banks and Trust Companies*, 1st ed., 1925, p. 258, 参照．
7) このような事件として，エリー鉄道事件，ニューヨークのアメリカン・リンシード事件，アトランタのコカコーラ事件，ピッツバーグ板硝子事件があげられる（信託協会編『アメリカの信託業務―第1次信託視察団報告書』日本生産性本部，1964年，265ページ参照）．
8) 信託協会編，前掲書，265ページ．

9) B.E. シュルツ著, 北茂訳『米国証券市場の実際』千倉書房, 1966 年, 116-121 ページ参照. (Birl E. Shultz, *The Securities Market—and How It Works*, 1963)
10) 登録機関としての資格は, 証券取引所の承認によって与えられ, 承認された銀行や信託会社は, 登録所との間に契約を締結することになる. その契約の内容は, ニューヨーク証券取引所では, おおむね次の通りである.「(1)登録機関は当取引所によって認められた株数以上の株券が取り扱われたときは, その証券の登録をしないこと. (2)追加発行された株券については, 当取引所によって許可されるまではいっさい登録しないこと. (3)さらに名義書換の目的以外で名義書換代理人によって発行された場合は, 全株券につき直ちに取引所に通知すること」(信託協会編, 前掲書, 266 ページ).
11) 鈴木禄彌「担保制度の分化と信用制度」川合一郎編『現代信用論 (上)』有斐閣, 1978 年, 97-98 ページ.
12) アメリカ銀行協会編, 三井信託銀行信託部訳, 前掲書, 321 ページ.
13) 同書, 322 ページ.
14) 同書, 323-325 ページ, 参照.
15) Joseph C. Kennedy and Robert I. Landau, *Corporate Trust Administration and Management*, 2nd ed., 1975, p. 126, 参照.
16) 1926 年当時の社債受託者の報酬は, 社債発行額によって異なり, 100 万ドルまでの発行額では年間報酬は 100 ドル, 100 万ドルから 300 万ドルの発行額では 150 ドル, 300 万ドルから 500 万ドルの発行額では 250 ドル等となっていた. この詳細については, Richard G. Page and Payson G. Gates, *The Work of Corporate Trust Departments*, 1926, pp. 302-308, を参照されたい.
17) Smith, *op. cit*., pp. 272, 273, 297, 参照.
18) *Ibid*., pp. 299-301, 参照.
19) 社債期間の長期化に伴い, その期間中に死亡する恐れのある個人受託者よりも, 会社の解散による以外には長期間存続する信託機関の方が, 受託者としてより適任である. なお, 詳細については Smith, *op. cit*., pp. 304-306, を参照されたい.
20) Kennedy and Landau, *op, cit*., p. 35, 参照.
21) 信託協会編, 前掲書, 225 ページ.
22) Herrick, *op. cit*., p. 264.
23) アメリカ銀行協会編, 三井信託銀行信託部訳, 前掲書, 205 ページ.
24) 安保哲夫「両大戦間期におけるアメリカの長期金融機関」法政大学社会学部学会『社会労働研究』第 18 巻 1 号, 1971 年, 103 ページ.
25) アメリカ銀行協会編, 三井信託銀行信託部訳, 前掲書, 280 ページ.
26) 信託機関の代理業務の詳細については, 同書, 279-319 ページ, を参照され

たい.

27) 同書, 282 ページ.
28) 同書, 285 ページ.
29) 春田素夫「アメリカの信託会社」武田隆夫, 遠藤湘吉, 大内力編『資本論と帝国主義論(下)』東京大学出版会, 1971 年, 276 ページ.

第 3 章　商業銀行による証券・信託業務の展開

1. はじめに

　商業銀行による信託業務の兼営は，国法銀行の場合には1913年の連邦準備法によって認められ，1910年代後半から1920年代にかけて，現在のような信託兼営銀行として発展してきている．そこで，本章では1920年代を中心にした商業銀行と信託業務の関係を検討したい．なお，当時の商業銀行は，信託業務の兼営を展開すると同時に，証券業務の兼営（または証券子会社の設立）も行っていた．したがって，商業銀行における信託業務も，銀行・信託・証券業務という三者間の相互関連において理解される必要がある．

　そこで，以上の問題視角に基づき，商業銀行における証券業務の意義を明らかにするとともに，それが商業銀行の信託兼営化とどのように関連し合っていたか，明らかにしようと思う．そのためにはまず，1910年代の後半から1920年代を通して，アメリカ商業銀行の収益資産の構成にどのような変化が生じたか，という問題を検討することが必要である．ここでの目的は，商業銀行による証券業務と信託業務の兼営化を引き起こすことになった，商業銀行に内在的な契機を明らかにすることである．

　ただし商業銀行については，次のことを付言しておかねばならない．周知のように，アメリカの商業銀行はその設立法に基づいて，国法銀行と州法銀行とに区分される．国法銀行，州法銀行とも1920年代には，証券業務と信託業務の兼営化を積極的に展開している．しかし州法銀行については，州ご

とに監督・規制が行われていることもあり，信託業務に関する全国的な統計は整備されていなかった．それに対し，国法銀行については不十分ではあるが，『通貨監督官年報』(*Annual Report of the Comptroller of the Currency*) によって，信託業務に関する全国的統計が公表されている．そのため，統計資料に基づいて考察することができる国法銀行に焦点を当て，商業銀行による証券・信託業務の展開について検討する．

2. 商業銀行の収益資産の構造変化

(1) 変化の特徴

表3-1は，1915年から1931年までの国法銀行の収益資産について，その額と構成比を資産項目ごとに掲載したものである．この表では，収益資産は大きく貸付・割引 (loans and discounts) と証券投資 (investments) とに二分されているが，まずこの両者の構成比の変動について見てみよう．

この構成比の変動の特徴は，1915年から1919年までの期間に，貸付・割引が76.3％から68.6％へ減少したのに対し，証券投資が23.7％から31.4％へと増加したことである．その後，1920～21年の不況期を除いて，1922年以後は構成比において，貸付・割引の若干の減少と証券投資の若干の増加が生じたものの，その変化は僅か2ポイント程度にとどまった．したがって，1920年代には両者の構成は，貸付・割引が70％，証券投資が30％の水準でほぼ安定的に推移していたということができる．

また，収益資産の絶対額の変化について見るならば，1921～22年に2年続けて減少した以外には，その後の景気回復と好景気への移行を反映して，収益資産額は毎年着実に増加し続けた．そのため，1920年代において収益資産額は，1922年の158億1150万ドルを底として，1928年に最高の222億9240万ドルに達した．しかし，このような増加傾向も，1929年の大恐慌によって中断されることになった．

次に，収益資産の各項目について，その変化の特徴を見てみよう．

表 3-1 国法銀行の収益資産構成

(単位：100万ドル，括弧内は構成比で％)

年 (6月末)	貸付と割引				証券投資				貸付・割引と証券投資の合計
	商業貸付	証券担保貸付	不動産担保貸付	貸付と割引の計	政府債	州・地方債	その他証券	証券投資の計	
1915	4,758.8 (54.5)	1,750.6 (20.1)	150.6 (1.7)	6,660.0 (76.3)	783.5 (9.0)	244.5 (2.8)	1,040.4 (11.9)	2,068.4 (23.7)	8,728.3 (100.0)
1916	5,329.9 (53.1)	2,188.6 (21.8)	160.6 (1.6)	7,679.2 (76.6)	731.2 (7.3)	278.2 (2.8)	1,342.6 (13.4)	2,352.0 (23.4)	10,031.1 (100.0)
1917	6,446.4 (53.8)	2,325.9 (19.4)	185.4 (1.5)	8,957.7 (74.8)	1,076.3 (9.0)	315.5 (2.6)	1,621.3 (13.5)	3,013.1 (25.2)	11,970.7 (100.0)
1918	7,372.6 (52.3)	2,578.2 (18.3)	185.1 (1.3)	10,135.8 (71.9)	2,116.8 (15.0)	320.4 (2.3)	1,520.1 (10.8)	3,957.3 (28.1)	14,093.1 (100.0)
1919	7,387.8 (46.0)	3,438.4 (21.4)	184.0 (1.1)	11,010.2 (68.6)	3,171.9 (19.8)	323.0 (2.0)	1,552.6 (9.7)	5,047.5 (31.4)	16,057.7 (100.0)
1920	10,263.7 (57.7)	3,117.9 (17.5)	229.8 (1.3)	13,611.4 (76.5)	2,269.6 (12.8)	338.4 (1.9)	1,578.5 (8.9)	4,186.5 (23.5)	17,797.9 (100.0)
1921	9,025.1 (56.3)	2,699.2 (16.8)	280.2 (1.7)	12,004.5 (74.9)	2,019.5 (12.6)	393.7 (2.5)	1,611.9 (10.1)	4,025.1 (25.1)	16,029.6 (100.0)
1922	7,969.5 (50.4)	2,907.5 (18.4)	371.3 (2.3)	11,248.2 (71.1)	2,285.5 (14.5)	414.4 (2.6)	1,863.5 (11.8)	4,563.3 (28.9)	15,811.5 (100.0)
1923	8,372.4 (49.6)	2,982.5 (17.7)	462.7 (2.7)	11,817.7 (70.0)	2,693.8 (16.0)	401.8 (2.4)	1,974.0 (11.7)	5,069.7 (30.0)	16,887.4 (100.0)
1924	8,338.3 (48.7)	3,105.3 (18.1)	535.1 (3.1)	11,978.7 (70.0)	2,481.8 (14.5)	505.5 (3.0)	2,155.0 (12.6)	5,142.3 (30.0)	17,121.1 (100.0)
1925	8,376.4 (45.5)	3,660.9 (19.9)	636.8 (3.5)	12,674.0 (68.9)	2,536.8 (13.8)	594.7 (3.2)	2,599.0 (14.1)	5,730.4 (31.1)	18,404.5 (100.0)
1926	8,655.6 (44.9)	4,036.6 (21.0)	725.5 (3.8)	13,417.7 (69.7)	2,469.3 (12.8)	647.8 (3.4)	2,725.2 (14.1)	5,842.3 (30.3)	19,259.9 (100.0)
1927	8,454.5 (41.6)	4,438.7 (21.8)	1,062.5 (5.2)	13,955.7 (68.6)	2,596.2 (12.8)	743.5 (3.7)	3,053.5 (15.0)	6,393.2 (31.4)	20,348.9 (100.0)
1928	8,745.4 (39.2)	5,113.7 (22.9)	1,285.9 (5.8)	15,145.0 (67.9)	2,891.2 (13.0)	840.5 (3.8)	3,415.8 (15.3)	7,147.4 (32.1)	22,292.4 (100.0)
1929	7,909.3 (37.5)	5,113.8 (24.2)	1,413.0 (6.7)	14,436.1 (68.4)	2,803.9 (13.3)	757.2 (3.6)	3,095.5 (14.7)	6,656.5 (31.6)	21,092.7 (100.0)
1930	7,590.5 (35.4)	5,484.7 (25.6)	1,473.0 (6.9)	14,548.2 (67.9)	2,753.9 (12.9)	792.0 (3.7)	3,342.3 (15.6)	6,888.2 (32.2)	21,436.3 (100.0)
1931	6,787.7 (33.0)	4,537.7 (22.0)	1,585.4 (7.7)	12,910.9 (62.7)	3,256.3 (15.8)	997.2 (4.8)	3,421.3 (16.6)	7,674.8 (37.3)	20,585.7 (100.0)

(注) 貸付と割引の計には，銀行と信託会社向けの貸付額は含まれていない．
(出典) *Annual Report of the Comptroller of the Currency*, various years.

まず第1に，貸付・割引のうち，構成比で特に顕著な減少傾向を示している資産として，商業貸付 (commercial loans) があげられる．商業貸付の構成比は，57.7％と56.3％という高い構成比を示した1920年と1921年の一時期を除けば，1915年の54.5％を起点に，1910年代後半から1920年代を

通じて着実に減少し続け，1928年には初めて40％台を割り込んだ．1929年恐慌以後，その減少傾向はさらに加速され，1931年には33％まで落ち込んでいる．

　第2の特徴的変化として，証券担保貸付の1920年代における増加傾向をあげることができる．増加傾向といっても，その比率は1910年代後半に20％の水準にあったのが，1921年に16.8％へと低下してから上昇に転じ，徐々に増加していくという経過をたどっている．しかし，その比率が1930年に1910年代後半の最高時を上回る25.6％の構成比を占めるまでに至ったのであるから，この証券担保貸付の増加傾向を，1920年代における収益資産構造の特徴的変化の1つとして指摘することができる．

　以上に述べてきた特徴の他に，1920年代における不動産担保貸付とその他証券の構成比の増加という変化もまた，1910年代後半との相違点として指摘することができる．不動産担保貸付の増加は，1920年代に生じた建築ブームによる資金需要の増大による影響であるが，その他証券の増大は，周知のように1920年代の証券ブームを反映したものである．ただし国法銀行は，証券担保貸付に伴って担保として保有する株式を除いて，株式への投資を禁止されているので，その他証券の大部分は，外国債と社債から成っていると考えてよい．

　また証券投資の中で，1918～19年の特異な増大が注目されるが，これは第1次世界大戦中に戦費調達のために発行された自由公債（Liberty Bond）を，国法銀行が大量に引き受けたことの収益資産への反映である．これについては，国法銀行の証券業務との関連で後ほど言及することにしたい．

　ところで，金融中心地のニューヨーク市に所在する大銀行は，コルレス契約により地方に所在する銀行の余剰資金を預金として受け入れ，全国の余剰資金をニューヨークの金融市場に集中する機構を形成していた[1]．ニューヨーク市に所在する国法銀行の総預金は，1928年12月31日の時点で50億4285万4000ドルであったが，そのうち他銀行からの預金（due to banks）は，18億3124万ドルであり，その大きさは預金全体の3分の1強を占めてい

表 3-2 ニューヨーク市所在国法銀行の収益資産構成

(単位：100万ドル，括弧内は構成比で％)

年 (6月末)	貸付と割引				証券投資				貸付・割引と証券投資の合計
	商業貸付	証券担保貸付	不動産担保貸付	貸付と割引の計	政府債	州・地方債	その他証券	証券投資の計	
1923	1,074.4 (41.3)	751.2 (28.9)	1.5 (0.1)	1,827.0 (70.2)	538.8 (20.7)	34.8 (1.3)	200.3 (7.7)	773.9 (29.8)	2,600.9 (100.0)
1924	1,424.8 (49.8)	881.6 (30.8)	4.4 (0.2)	2,009.1 (70.2)	524.0 (18.3)	78.6 (2.7)	251.9 (8.8)	854.5 (29.8)	2,863.6 (100.0)
1925	1,457.0 (33.5)	1,311.4 (37.2)	43.2 (1.1)	2,811.6 (71.7)	654.5 (16.7)	131.7 (3.4)	317.9 (8.1)	1,107.1 (28.3)	3,918.7 (100.0)
1926	1,189.1 (37.4)	1,081.8 (34.0)	3.7 (0.1)	2,274.6 (71.5)	516.6 (16.2)	76.2 (2.4)	314.9 (9.9)	907.6 (28.5)	3,182.3 (100.0)
1927	1,135.6 (34.5)	1,209.4 (36.8)	3.7 (0.1)	2,348.6 (71.5)	524.8 (16.0)	85.5 (2.6)	328.0 (10.0)	938.3 (28.5)	3,286.9 (100.0)
1928	1,399.6 (36.3)	1,373.8 (35.6)	9.4 (0.2)	2,782.8 (72.2)	642.6 (16.7)	76.7 (2.0)	352.6 (9.1)	1,071.9 (27.8)	3,854.7 (100.0)
1929	934.4 (30.3)	1,350.6 (43.7)	16.2 (0.5)	2,301.2 (74.5)	467.1 (15.1)	42.6 (1.4)	276.8 (9.0)	786.5 (25.5)	3,087.8 (100.0)
1930	1,033.4 (27.3)	1,686.3 (44.5)	15.8 (0.4)	2,735.5 (72.2)	605.6 (16.0)	53.3 (1.4)	392.3 (10.4)	1,051.2 (27.8)	3,786.6 (100.0)
1931	1,121.4 (30.2)	1,323.0 (35.7)	14.2 (0.4)	2,458.6 (66.3)	735.7 (19.8)	70.5 (1.9)	443.5 (12.0)	1,249.8 (33.7)	3,708.4 (100.0)

(注) 貸付と割引の計には，銀行と信託会社向けの貸付額は含まれていない．
(出典) *Annual Report of the Comptroller of the Currency*, various years.

た[2]．したがって，このような金融中心地にある商業銀行の収益資産構造は，自ずと地方所在の銀行とは異なったものになると推定される．そこで，ニューヨーク市の国法銀行について，その収益資産を示したものが表3-2である．

この表から分かるように，ニューヨーク市所在の国法銀行は，収益資産の構造において証券担保貸付の占める比重がかなり高いという特徴を持っている．1926年と1928年を除いて，証券担保貸付の構成比は，商業貸付を上回る大きさを示しており，1930年には44.5％という高水準に達した．全国の国法銀行については，1920年代において商業貸付の低下と証券担保貸付の増加という変化が，収益資産の構造に生じたことをすでに指摘しておいたが，その場合でも証券担保貸付が，商業貸付より高い構成比を示すという事態は生じていない．ニューヨーク市の国法銀行の場合には，そのような変化がより発展した顕著な形で現れているといえる．

そこで次に，このような証券担保による貸付が，どのような動機に基づいて形成されるか簡単に示しておこう[3]。

(1) 証券利回りと銀行借入金利との差額を利得するために，銀行借入によって証券を購入し，その証券を銀行借入の担保に供する場合．
(2) 投機目的のための証券購入（主に株式）に銀行借入を利用し，取得した証券を担保に供する場合．
(3) 新規証券を発行する際，引受シンジケート団の参加者が，証券の最終的販売が完了するまでの間，その証券を担保にして銀行借入を行い，証券発行者の資金調達に応ずる場合．
(4) 証券ディーラーが，証券の在庫を維持するための運転資金を，その証券を担保として銀行借入で調達する場合．
(5) 会社支配または価値以外の目的のために，銀行借入で証券保有を行う場合．
(6) 商業・工業・農業・消費目的のために，保有証券を担保にして銀行借入を行う場合．

上記のような動機に基づいて，商業銀行の証券担保貸付が需要されることになるが，その中心的部分は，証券取引に必要な資金を供給するための証券金融である．商業銀行の証券金融は，随時回収可能なディマンド・ローン (demand loan) か，一定期間後に返済されるタイム・ローン (time loan) によって行われた．国法銀行における両者の比率はほぼ半々であったが，ニューヨーク市の国法銀行では，ディマンド・ローン60％，タイム・ローン40％という比率であった[4]．なお，ディマンド・ローンは，一般にはコール・ローンと呼ばれる貸付形態である．

ところで，ニューヨーク市の国法銀行が，全国の国法銀行に比してより高い比率で証券担保貸付を行っているのは，次のような理由によるものである．前述したように，地方の商業銀行は，ニューヨーク市の銀行に余剰資金を預金していたが，この余剰資金は地方銀行にとって預金の支払準備金の一部を形成している．そのため，このような余剰資金は地方銀行の資金過不足に応

じて，ニューヨーク市の銀行から引き揚げられることがある．その場合に備えて，いつでも預金の引き出しに応じることができるように，ニューヨーク市の銀行は，「その資金運用に当たっては，高度の流動性を必要」[5]としていた．しかし「短期の財務省証券や，ロンドン金融市場におけるような非常に発達した手形市場が欠如していたため，上場証券を担保とするコール・ローンは，銀行資産の流動性を維持する手段として恰好の運用先とされていた」[6]．このような理由から，ニューヨーク市の国法銀行は，全国の国法銀行と比較して高い証券担保貸付比率を示すことになったのである．

なお，1913年の連邦準備制度の創設は，上述のような支払準備金を12の連邦準備銀行に集中することを企図したものであるが，実際には「連邦準備制度の制定があったのにもかかわらず，証券金融も，銀行相互間の預金もその重要性が減退しなかった」[7]ばかりか，「経済上および金融上の発展は，証券金融の一層広汎な利用を促し，加盟銀行が法定支払準備金をニューヨーク市の取引先から連邦準備銀行に移すことによる影響を打ち消して，証券金融が，隆盛になる傾向は，決定的」[8]となったのである．

以上，1910年代後半から1920年代を通して，商業銀行の収益資産構造に生じた変化について，いくつかの特徴を列挙してきた．このうち留意すべき重要な変化は，収益資産に占める，①商業貸付比率の低下，②証券担保貸付比率の増大，③証券投資比率の増大である．そして，この3点の中でも，①の商業貸付比率の低下と，②の証券担保貸付比率の増大という変化が，特にニューヨーク市の商業銀行に強く現れていたことに注意を払っておく必要がある．

次に，このような変化を生じさせた要因について，検討することにしよう．

(2) 変化の諸要因

1910年代後半から1920年代にかけて生じた，商業銀行の収益資産構造の変化は，主に商業貸付比率の低下，証券投資と証券担保貸付比率の増大として要約された．そこで，国法銀行全体について，証券投資と証券担保貸付と

を証券関連収益資産項目として一括して考察すれば，その構成比率は，1910年代後半の40数％台から，商業貸付比率の低下を補う形で次第に上昇し，1925年以後は50％を越えて，収益資産全体の中で一大部分を構成するに至っている．ニューヨーク市の国法銀行についても同様な考察を行うと，その構成比は，最高時の1930年には72.3％，最低時の1926年には62.5％を示し，平均すると66.4％であった．したがって，収益資産の3分の2を証券関連資産が占めることになり，ニューヨーク市の国法銀行は，極めて証券関連資産に偏倚した収益資産構造を形成していた．これはまた，ニューヨーク市の商業銀行が，とりわけ証券市場と密接な関係を保持していたことを示すものである．

　商業銀行における，商業貸付の比重低下と証券関連資産項目の比重増大という変化は，商業銀行の性格そのものに関わる重要な変化であった．ハント(Pearson Hunt)は，銀行資産の流動性という観点からこの変化を，アメリカの銀行が資産の流動性の軸点を「自己流動性」(self-liquidation)から証券市場における「転嫁流動性」(shiftability)に移し，ますます証券市場への依存度を高めている事態として把握している[9]．ハントは，商業貸付を指して自己流動性と述べているのであるが，それは商業貸付の典型的形態である，手形割引における貸付資金の還流様式に注目した流動性の区別である．つまり，実際の商品取引に基づいて振り出される商業手形の場合，経済活動が順調に進行する限り，一定期間後に商品の販売代金が回収され，それによって手形代金が決済されることになる．これを流動性の視点から見れば，手形割引は自己流動的性格を備えた貸付ということになる．商業銀行は，従来このような商業手形の割引に代表される短期の自己流動的な貸付を行うことが，最も望ましいと考えられていた[10]．当時の連邦準備法も，連邦準備の再割引適格手形を厳密な商業目的のためになされた貸付に限定していた[11]．

　なお，短期貸付という点では，前述したように証券担保貸付も，多くの部分はコール・ローンであり，1日ごとに更新される極めて流動性の高い貸付である．しかし，これは内容的には証券ブローカーへの貸付，いわゆるブロ

ーカーズ・ローンであるから，その貸付の流動性は，最終的には証券市場における担保証券の流動性に依存することになる．一般に担保証券の市場性は高いので，証券担保貸付が回収不能になった場合でも，担保証券を証券市場で売却することによって貸付額を回収することができた．もちろん，証券価格が暴落しているような状況では，担保証券の価値も低下しており，担保証券の換価処分によって貸付額の回収ができるとは限らない．

では，上述した商業貸付の低下と証券担保貸付・証券投資の増大という変化は，どのような原因によって生じたのであろうか．この点について，カリー (Lauchlin Currie) は次のように述べている[12]．彼は商業貸付が減少した原因を銀行の側ではなく，借り手の側にあると考えた．というのは，銀行が商業貸付の減少を望まず，その増加を願ったという理由からである．そこで，カリーは借り手の側，特に大企業が銀行借入を減少させることになった要因の分析に向かう．

カリーは，企業の銀行借入が減少した理由を説明するために，主として次の3つの説を取り上げ，その当否を論じている．
(1) 輸送手段の改善と在庫ロスをさけるための在庫削減とが，運転資本のための銀行借入を減少させたとする説．
(2) 証券市場で資金を調達できるような大企業の成長が，銀行借入を減少させたとする説．
(3) 金融会社 (finance company) の成長に伴い，企業の「受取勘定」(accounts receivable) のための銀行借入を金融会社が肩代わりするようになったとする説．

カリーはこのうち，(1)説と(3)説とを次のような理由から，商業貸付の減少要因の説明としては不適当であるとした．

(1)説について．表3-3に示されるように，企業の在庫が1922年から1928年の間に10億ドル近く増加したのに対し，支払手形 (notes payable) は，同期間中に約2億5000万ドルの減少を示している．支払手形に対する在庫の比率も，上記期間中に17.1%から8.4%へと減少している．カリーは

表3-3 729社の流動資産,在庫,流動負債,支払手形

(単位：100万ドル)

年	流動資産	在庫	流動負債	支払手形
1922	8,572	3,965	2,265	678
1923	9,130	4,538	2,456	757
1924	9,643	4,539	2,260	576
1925	10,532	4,810	2,437	538
1926	11,101	4,975	2,448	446
1927	10,669	4,877	2,252	464
1928	11,305	5,053	2,461	425

(出典) Lauchlin Currie, "The Decline of the Commercial Loan," *The Quarterly Journal of Economics*, Vol. 45, 1931, p. 699.

この支払手形の大部分を，銀行借入と同一のものとして取り扱うことによって，在庫と銀行借入との対応関係を見ようとしたのである．それによると在庫の増加は，銀行借入の減少となって現れている．したがって，在庫の減少が銀行借入の減少要因であるとする説は，このような事実に相反しており，不適当な説明として退けられることになる．

(2)説について．カリーは，「製造業者は，受取勘定を金融会社で割り引くことはしない．そのような行為は，一般に堅実さではなく，むしろ弱さの兆候と見なされたからである」[13]と述べ，金融会社による受取勘定の肩代わりという説に疑問を呈している．したがって，例外的に自動車産業において，金融会社による受取勘定の肩代わりが見られるものの，全体として商業貸付の減少要因を金融会社の成長に帰することはできないとしている．

そこで，(2)説が商業貸付の減少要因を説明する説として残ることになるが，カリーはこの説について，大企業がなぜ銀行借入よりも社債と株式発行による資金調達方法を採用したか，という問題を明確にしておらず，その点についてさらに検討を要すると指摘している．

つまり，1922年から1928年の期間について見ると，「短期利子率は低かったものの，事業債と銀行貸付の利子率はほぼ同じ高さにあり，したがって企業が短期貸付から長期貸付に転換することによって，直ちにコストを削減しえたとは考えられない」[14]からである．したがって，企業の銀行借入の減少は，社債発行によるものではなく，配当後の留保利潤と新株発行に起因するものとされる[15]．

留保利潤に減価償却引当金を加えた額を内部資金と考え，その内部資金に

第3章　商業銀行による証券・信託業務の展開

よって企業の必要資金が賄われることを自己金融と呼ぶ．アメリカの製造業部門の大企業では，こうした自己金融が1920年代に急速に進展し，1926年から1929年の期間に自己金融比率は，94％にも達している（表3-4参照）．吉冨勝氏は，1920年代に自己金融化が急速に進展した条件について，次のように述べている．

表3-4　大製造会社における内部金融と外部金融の比率

（単位：％）

年	外部金融	純留保利潤
1900-10	43.1	56.9
1913-18	49.7	50.3
1918-20	28.3	71.7
1921-24	37.0	63.0
1923-26	23.9	76.1
1926-29	6.0	94.0

（出典）D.B. Creamer, S.P. Dobrovolsky and I. Borenstein, *Capital in Manufacturing and Mining*, 1960, Table 39, p.117, より作成．

「1920年代のアメリカ経済における巨大な独占企業の発展による莫大な利潤の獲得は，一方では配当を増大させるとともに，他方では自己金融化を促進した．急増していく配当支払と傾向的に増大していく設備投資を，内部留保でまかなうにたる自己金融化を可能にした急速な利潤の獲得は，大量生産方式による急速な生産性の上昇，物価の安定，労賃の微増，資本係数の低下といった諸条件に支えられていた．」[16]

自己金融と並んで，新株発行による企業の資金調達方式も，1920年代に急速な発展を遂げた．そして，この時代には無額面株制度が導入され，発行株式の大部分を無額面株が占めるようになった（表3-5参照）．無額面株であるから当然のことながら，増資の場合には時価発行増資が行われることになる．株式の発行状況については次節で述べるが，こうした株式の時価発行増資という資金調達方式の発展は，必然的に企業の銀行借入への依存度を低下させることになる．

このような自己金融と時価発行増資の発展によって，企業の銀行借入の減少に直面した商業銀行は，新たな資金運用部面を開拓する必要に迫られた．そのため商業銀行は，証券担保貸付，証券投資，不動産担保貸付に資金運用の重点を移すことになり，その結果，これらの収益資産に占める比率が高まることになったのである．その際，1920年代には証券投資の比率はほぼ30

表 3-5 アメリカにおける無額面株の発行状況

年	額面株発行会社数	無額面株発行会社数	無額面株の百分比(%)
1915-17	88	21	19.2
1918-20	49	39	44.3
1921-23	49	68	58.1
1924-26	47	164	77.7
1927-29	21	221	91.3
1930-32	6	35	85.4

(出典) 江口行雄「公募と時価発行の諸問題」証券経済研究所『証券研究』第5巻, 1962年, 55ページ.

％台で安定していたので，商業貸付の低下は，証券担保貸付と不動産担保貸付の増大によって埋められることになった．しかし，ニューヨーク市の商業銀行では，不動産担保貸付の比率はごく僅かにとどまり，証券担保貸付が重要な資金運用部面として登場することになったのである．

さて，以上述べてきたように，商業銀行は商工業への短期貸付と手形割引という本来の短期信用業務から証券金融と証券投資に資金運用の重点を移していった．それは商業銀行と証券市場とを，ますます密接に結びつけることになったが，ニューヨーク市の商業銀行はとりわけその典型を示した．

このように商業銀行が商業業貸付を減少させ，証券関連資産の増大を通して，証券市場との関連を密接にしたという事実は，1910年代後半から1920年代の時期にアメリカの商業銀行が，商業銀行としての性格を大きく変え，兼営銀行として発展していく重要な基盤を形成することになったと考えられる．当時の商業銀行の兼営化は，証券業務と信託業務への参入によって実現されることになった．

そこで次に，商業銀行による証券業務の兼営，あるいは証券子会社の設立による証券業務への進出という問題について，考察の歩を進めることにする．

3. 商業銀行の証券業務

前節では，商業銀行が証券金融と証券投資の拡大によって，証券市場の発展を金融的に支持する役割を果たしたことを指摘した．そこで，簡単に証券市場の状況を見てみよう．

第3章　商業銀行による証券・信託業務の展開　　75

表3-6と図3-1は，1920年代の会社証券の発行状況を示したものである．これによると社債・株式とも1921年以降，次第に発行額が増加している．1921年から1927年までの間は，会社証券の発行は社債が中心であり，株式の発行額は社債に比較して低位にとどまっていた．しかし，1927年から1929年の3年間には，社債発行額が減少したのに対し，株式発行額は急激な拡大を示して社債発行額を上回った．1920年代後半は，いわゆる証券ブームといわれた時代であったが，図3-1から分かるように，1929年恐慌に至る3年間は，証券ブームというより株式ブームといえる状況であった．

表3-6　会社証券の新規発行額
(単位：100万ドル)

年	社債	株式	合計
1920	1,750	1,038	2,788
1921	1,994	275	2,270
1922	2,329	621	2,949
1923	2,430	736	3,165
1924	2,655	865	3,521
1925	2,975	1,247	4,223
1926	3,354	1,220	4,574
1927	4,769	1,738	6,507
1928	3,439	3,491	6,930
1929	2,620	6,757	9,376
1930	3,431	1,526	4,957

(出典) U.S. Bureau of the Census, *Historical Statistics of the United States, Colonial Times to 1970*, Bicentennial Edition, Part 2, 1975, Series X 510-515, p.1006, より作成．

　このような証券市場を経由する企業金融の発展に伴って，商業銀行は新たな利潤機会としての証券業務に進出し始めた．その証券業務の中心は，引受業務（underwriting）と分売業務（distributing）であり，この業務はそれまで主として，投資銀行（investment bank）によって行われていた業務であった．

　国法銀行の場合，証券業務に進出する際の経過はたいてい次のようなものであった．国法銀行は，余剰資金の投資を行う目的で債券部を設置し，その債券部が証券業務進出の出発点となった．債券部が証券を推奨し，コルレス銀行や顧客のために注文を遂行した．次の段階では，債券部に証券の分売活動が付け加わった．その場合，債券部が取り扱った証券は，国債，地方債，社債に限られていた[17]．というのは，1864年の国法銀行法は，明示的に国法銀行の株式取引を禁止していないものの，同法の解釈について，会社株式の取引を行うことはできないとする裁判所の判例が一般的であったからであ

(億ドル)

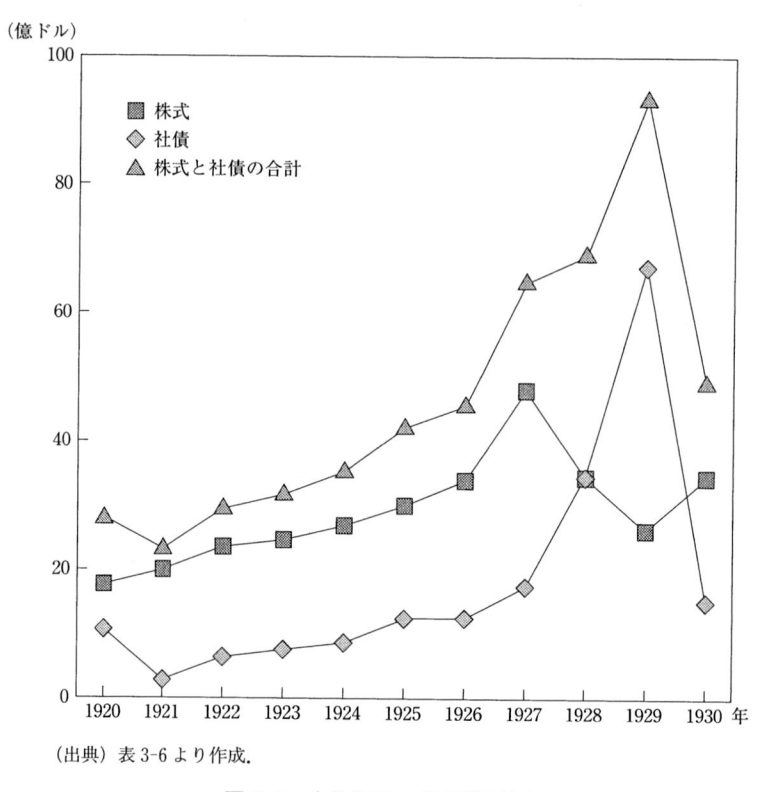

図 3-1　会社証券の新規発行額

凡例：
- ■ 株式
- ◇ 社債
- △ 株式と社債の合計

(出典) 表 3-6 より作成．

る[18]．

　国法銀行の債券部が，株式の取引を行えないという制約は，社債業務を拡大していこうとするとき，重大な障害となった．そしてさらに，「1902 年に通貨監督官は，国法銀行のいくつかの投資活動に対する制限を加え始めた．この制限の決定によって，通貨監督官の監督下にある銀行は，その命令に従うかあるいは投資銀行業務を止めることを強制された」[19]という事情も付け加わった．そのため，本格的な証券業務への進出を図った国法銀行は，このような制約を逃れるために証券子会社を設立し，証券子会社を通して証券業務に従事する事例が増加した．

なお，州法銀行と信託会社については投資銀行業務の規制がなく，両者とも投資銀行業務に従事していた．そのため，国法銀行にも同様な権限を与えるべきだとする動きが起き，1927年にマクファーデン法（McFadden Act of 1927）が制定された．マクファーデン法は，国法銀行に投資銀行業務を含む証券業務の遂行を認めることになったが，その場合でも国法銀行の取り扱える証券は，市場性のある債務証書に限られ，株式は除外されていた[20]．

国法銀行による証券子会社の設立は，主として次の3通りの方法で行われた．

第1の方法は，親銀行の経営者が証券子会社の株式を信託によって保有する議決権信託（voting trust）と呼ばれる方法である．この場合，証券子会社の株式の議決権は，親銀行の経営者によって行使されるが，それ以外の証券子会社の株式に対する権利は，親銀行の株式によって表される．

第2の方法は，証券子会社の株式は親銀行の株主によって所有されるが，親銀行の株主は両方の株式を信託機関に預託し，信託機関が交付する受領証を保有する方法である．この方法では親銀行の株主は，証券子会社の議決権を行使することができ，この点で第1の方法と相違する．

第3の方法は，証券子会社と親銀行の株式が同じ株主によって所有される方法である．それぞれの株式は同一の株券に印刷され，一方の株式が取引される時には，他方の株式も同時に取引されるようになっていた[21]．

国法銀行の証券子会社は，州法に基づいて設立されたが，その定款は様々な金融取引を行えるように幅広く定められた．したがって，国法銀行には禁止されている業務や金融取引も，証券子会社を利用することによって，合法的に行うことが可能になった[22]．

表3-7は証券業務に進出している商業銀行の数を，証券業務に直接従事している場合と，子会社を通じて行っている場合とに分けて示したものである．この表から分かるように，証券業務に進出している商業銀行の数は1920年代に着実に増加し，1922から1929年の間に277行から591行へ2倍以上の増加を見せた．しかし，その数は1929年恐慌以後，急速に減少し，1933年

表 3-7 証券業務に従事する国法銀行と州法銀行の数

年	国法銀行 直接従事	国法銀行 証券子会社	州法銀行 直接従事	州法銀行 証券子会社	合計
1922	62	10	197	8	277
1923	78	17	210	9	314
1924	97	26	236	13	372
1925	112	33	254	14	413
1926	128	45	274	17	464
1927	121	60	290	22	493
1928	150	69	310	32	561
1929	151	84	308	48	591
1930	126	105	260	75	566
1931	123	114	230	58	525
1932	109	104	209	53	475
1933	102	76	169	32	379

(出典) W. Nelson Peach, *The Security Affiliates of National Banks*, 1941, p. 83.

には 1924 年とほぼ同数の 379 行になった．この表 3-7 と表 3-6 とを参照すれば，証券市場の発展動向と軌を一にして，商業銀行が証券業務に参入または撤退している状況を知ることができる．

このように証券業務に進出する商業銀行の数は 1920 年代に増加したが，全体の銀行数と比較すれば，その数は極めて少ないものであった．具体的事例として，証券業務に進出している銀行が最大に達した 1929 年について見てみよう．この年の銀行数は，国法銀行 7,536 行，州法銀行 14,437 行であった[23]．この数字を基に，証券業務に進出している銀行の比率を計算すると，国法銀行 3.1%，州法銀行 2.5%，全体では 2.7% であった．

こうした商業銀行による証券業務への進出は，金融中心地に所在する比較的規模の大きい銀行を中心として展開されたものと推測できる．というのは，証券の引受と分売は，資金と情報の集中する金融中心地において十全に行うことができるからである．

次に，商業銀行あるいは証券子会社による証券業務が，どの程度の位置を占めていたか見てみよう．表 3-8 は債券の分売業務への参加者を，国法銀行の子会社，その他の銀行の子会社，商業銀行と信託会社，個人銀行の 4 つのグループに分類し，それぞれの分売業務に占める比率を示したものである．この表によると，銀行の証券子会社，商業銀行，信託会社の占める比率は，1927 年の 36.8% から 1930 年の 61.2% へ急速に増加している．それに対し，個人銀行の占める比率は同一年について，63.2% から 38.8% へと急速な低

下を示している．このよ
うに僅か3年の間に，分
売業務に占めるシェアは
劇的に変化しており，
1920年代後半における
商業銀行とその証券子会
社による証券業務への進
出が，いかに急激なもの
であったか理解できるで
あろう．

表3-8 債券分売に占める参加者別比率
(単位：％)

年	1927	1928	1929	1930
国法銀行の子会社	12.6	8.9	17.6	33.6
その他銀行の子会社	8.0	11.5	27.2	20.8
商業銀行と信託会社	16.2	11.6	6.3	6.8
小　　計	36.8	32.0	51.1	61.2
個人銀行	63.2	68.0	48.9	38.8
合　　計	100.0	100.0	100.0	100.0

(出典) Peach, *op. cit*., p. 110.

　国法銀行による証券業務への本格的な進出の第一歩は，1916年に行われたNational City Bank of New Yorkの証券子会社National City Company（1911年設立）による投資商会N.W. Halsey and Companyの買収に始まるとされている[24]．これ以後，多くの銀行がその跡を追うことになるのであるが，こうした商業銀行による証券業務への活発な進出を引き起こした要因は何であろうか．この点について，これまでに述べたことも含めて，以下に簡単に整理しておこう．

　第1の要因は，前節で明らかにしたように，1910年代の後半以降，商業銀行の収益資産に占める証券投資と証券担保貸付の比率が増加し，商業銀行と証券市場との関係が密接になったことである．証券投資や証券担保貸付を行うために，商業銀行は専門の職員を擁する債券部を設置し，証券に関する様々な情報を収集・分析する必要があった．この債券部が，証券業務への進出と証券子会社の設立の基礎になったことは，前述したとおりである．一方，金融中心地の大銀行は，投資銀行に対して証券引受のための資金を貸し付けるなど，投資銀行業務と密接な関係を持っていた．金融中心地の大銀行ほど，証券業務に直接従事することから生じる利潤機会は多く，そのため商業銀行による証券業務の兼営化も，大都市の商業銀行を中心にして展開されることになった．

第2の要因は，国法銀行が第1次世界大戦中に行われた大量の自由公債の発行に関与し，その経験を通して証券業務に習熟したことである．国法銀行によって購入された自由公債の一定部分は，自行の投資目的のために保有されたが，その大部分は一般の投資家に売却された．この分売活動によって，国法銀行は何百万人もの投資家の開拓に成功し，本格的な証券業務に参入する基盤を整えた．

　第3の要因は，通常の商業銀行業務から付随的に生じる証券業務との関連である．商業銀行から運転資本のための短期資本を借り入れる事業会社は，固定資本投資に必要な長期資金を証券発行によって調達する．したがって，商業銀行はその証券発行に関与することによって，さらに利潤機会を拡大することができる．そしてその際，通常の商業銀行業務を通して会社の財務状態を把握しうる商業銀行は，会社証券の発行業務においても優位な立場を占めることができる．

　第4の要因は，前述したように1910年代から証券発行額が増加し始め，1920年代には顕著な増加を示したことである．このような著しい証券市場の拡大が，商業銀行にとって債券部あるいは証券子会社を設立して，証券業務に本格的に参入する最も大きな契機を形成したものと考えられる．

　以上，商業銀行による証券業務の兼営について検討してきたが，次節ではもう一方の兼営業務である信託業務について考察することにしよう．

4. 商業銀行の信託業務

　商業銀行の信託業務は，州法銀行と国法銀行によって行われているが，前述したように，州法銀行の信託業務については資料の制約があるので，国法銀行の信託業務に限定して考察する．なお，国法銀行が信託業務に進出するまでの信託会社との対立や，信託業務に関する法制度上の変遷等については，第1章で述べたので，ここでは1920年代に国法銀行の信託業務が，どの程度発展したかという問題に焦点を絞って考察する．

表3-9 国法銀行の連邦準備区別の信託営業状況

連邦準備区	1928年			1929年			1930年		
	信託営業行数 (A)	国法銀行数 (B)	A/B (%)	信託営業行数 (A)	国法銀行数 (B)	A/B (%)	信託営業行数 (A)	国法銀行数 (B)	A/B (%)
Boston	153	372	41.1	166	371	44.7	179	365	49.0
New York	263	771	34.1	274	772	35.5	298	764	39.0
Philadelphia	217	691	31.4	244	686	35.6	258	672	38.4
Cleveland	129	714	18.1	130	704	18.5	136	682	19.9
Richmond	130	506	25.7	146	490	29.8	145	446	32.5
Atlanta	84	378	22.2	96	366	26.2	99	357	27.7
Chicago	238	964	24.7	270	960	28.1	282	900	31.3
St. Louis	89	482	18.5	99	474	20.9	102	450	22.7
Minneapolis	40	665	6.0	48	645	7.4	54	619	8.7
Kansas City	104	920	11.3	107	891	12.0	112	870	12.9
Dallas	47	693	6.8	60	678	8.8	68	640	10.6
San Francisco	91	514	17.7	94	493	19.1	96	482	19.9
合　計*	1,585	7,676	20.6	1,734	7,536	23.0	1,829	7,252	25.2

(注) ＊国法銀行の合計には，連邦準備未加盟のアラスカとハワイの銀行が含まれる．その数は，1928年と1929年が6行，1930年が5行である．
(出典) *Annual Report of the Comptroller of the Currency-1928, 1929, 1930*, より作成．

　1913年の連邦準備法の制定以後，第1章で述べたような経緯を経て，1920年代に信託営業権を取得する国法銀行が増加した．信託営業権を保有している国法銀行の全部が，信託営業権を行使しているわけではないので，実際に信託業務に従事している国法銀行の数は，信託営業権の保有行よりもかなり少ない．とはいえ，信託営業権を取得する国法銀行の増加に伴って，信託営業権を行使する国法銀行も増加した．その結果，信託業務を兼営する国法銀行は，1928年に全体の5分の1であったのが，2年後の1930年には4分の1に増加した（表3-9参照）．ただし，表3-9と表3-10から分かるように，信託業務を兼営している国法銀行の比率には地域的な不均等が見られ，ボストン，ニューヨーク，フィラデルフィアといった東部地域の連邦準備区で，より信託兼営が発展している様子が窺われる．これは信託会社が東部地域でまず発展し，その後全国に広がっていったことと関係があるように思わ

表 3-10 国法銀行の連邦準備区別の信託業務の状況

(1930 年 6 月現在)

連邦準備区	個人信託業務		社債の受託業務	
	個人信託資産 (1,000 ドル)	準備区別構成比 (%)	受託済社債発行残高 (1,000 ドル)	準備区別構成比 (%)
Boston	359,373	8.0	640,814	5.4
New York	1,067,920	23.9	8,794,479	74.5
Philadelphia	227,281	5.1	104,003	0.9
Cleveland	395,856	8.8	166,841	1.4
Richmond	222,314	5.0	87,108	0.7
Atlanta	150,456	3.4	132,862	1.1
Chicago	518,884	11.6	961,442	8.1
St. Louis	54,717	1.2	69,621	0.6
Minneapolis	46,898	1.0	17,437	0.1
Kansas City	326,100	7.3	77,389	0.7
Dallas	71,049	1.6	72,730	0.6
San Francisco	1,032,193	23.1	678,991	5.8
合 計	4,473,041	100.0	11,803,717	100.0

(出典) *Annual Report of the Comptroller of the Currency-1930*, p. 24, より作成.

れる.

　それでは, 国法銀行による信託業務への進出は, どのような規模の銀行によって展開されたのであろうか. 表 3-9 によれば, 1929 年に信託業務を行っている国法銀行は, 国法銀行全体の 23% を占めていた. その資本金の合計額は, 10 億 2868 万 8000 ドルであり, これは国法銀行の総資本金額 16 億 2737 万 5000 ドルの 63.2% に相当する[25]. このことから信託業務の兼営が, 大銀行によって進められたと推定されるが, 信託業務を兼営している銀行を資本金の規模によって区分すると, 中小規模に属する銀行が圧倒的に多く, 資本金 50 万ドル以上の大銀行は 14.3% にすぎない. しかしながら, 信託業務に占める比率を見ると, 銀行数では相対的に少ない資本金 50 万ドル以上の大銀行が, 個人信託では 86.8% を, 社債の受託では実に 95.7% を占めていた (表 3-11 参照). このように信託業務においては, 大銀行への集中度が高く, そのためこの分野で中小銀行の果たす役割は, あまり重要なものでは

表3-11 国法銀行の資本金規模別の信託業務の状況

(調査時点:1929年6月)

資本金規模 (ドル)	信託兼営銀行数	構成比 (%)	資本金総額 (1,000ドル)	構成比 (%)	個人信託資産 (1,000ドル)	構成比 (%)	受託済社債発行残高 (1,000ドル)	構成比 (%)
25,000以下	25	1.4	625	0.1	379	0.0	69	0.0
25,000- 50,000	109	6.3	5,315	0.5	6,819	0.2	3,447	0.1
50,000-100,000	418	24.1	40,690	4.0	40,140	1.0	33,196	0.5
100,000-200,000	529	30.5	88,447	8.6	123,134	2.9	57,562	0.8
200,000-500,000	405	23.4	144,480	14.0	386,096	9.1	219,093	3.0
500,000以上	248	14.3	749,130	72.8	3,681,080	86.8	7,056,788	95.7
合　計	1,734	100.0	1,028,688	100.0	4,237,649	100.0	7,370,154	100.0

(出典) *Annual Report of the Comptroller of the Currency-1929*, p.19, より作成.

なかった.その理由として,大都市に所在する大銀行は,信託部門を兼営しうるだけの収益機会に恵まれているのに対し,地方の中小銀行にはそのような機会が少ないことである.

その好例として,社債の受託業務があげられる.というのは社債発行の際に,証券取引所のある金融中心地の大銀行が,社債担保の受託者として指名されることが多く,社債の発行会社もまた大都市に多く所在しているからである.それは,シカゴやニューヨークの連邦準備区に社債の受託が集中していることからも推測できる.とりわけ,全国の金融中心地であるニューヨーク準備区において,受託された社債の発行額は極めて多く,全体の74.5%を占めていた(表3-10参照).

同様な傾向は,個人信託業務の場合にも見られるが,社債の受託ほど極端な形では現れていない.それは,銀行の信託部門に委託されるような個人財産が,ニューヨーク等の大都市圏に集中する傾向を持ちながら,一方では全国的に広く分布していることの反映である.

信託業務を兼営する国法銀行の増加とともに,その信託部門が管理する個人信託資産や受託済の社債発行残高も着実に増加した(表3-12).個人信託は,1927年から1929年まで毎年10億ドル近い増加を示し,1930年にその

表 3-12　国法銀行の信託業務

(単位：1,000 ドル)

年	個人信託	受託済社債発行残高
1927	2,079,858	6,354,214
1928	3,297,310	6,582,759
1929	4,237,649	7,370,154
1930	4,473,041	11,803,717

(注) 調査時点は，1928 年のみ 10 月で，その他は 6 月．
(出典) 1927 年のみ Annual Report of the Federal Reserve Board-1927，より作成．その他は，Annual Report of the Comptroller of the Currency-1928, 1929, 1930，より作成．

資産額は，44 億 7304 万 1000 ドルに達した．この年の国法銀行の預金総額は，232 億 6888 万 4000 ドルであるから，個人信託資産は，その 5 分の 1 程度の大きさでしかない．しかし，1 行当りの個人信託資産と預金とを比較すると，その状況はかなり異なったものになる．表 3-15 にその計算結果を示したが，それによると 1 行当りの平均で，個人信託資産は 263 万ドル，預金額は 320 万 9000 ドルであった．この場合には，個人信託資産は預金額の 5 分の 4 の大きさとなり，信託部門を兼営する国法銀行は，預金に匹敵する信託資産を保有していることが分かる．なお，個人信託資産の大部分は，株式・社債等の証券投資によって運用されている（表 3-13 参照）．

　国法銀行の信託活動の発展によって，信託部門の収益も次第に増加してきているが，国法銀行全体の収益に占める比率は 1% 台と微々たるものにすぎない（表 3-14 参照）．ただし，信託部門を兼営する銀行について，1 行当りの平均収益とその信託部門の収益とを比較すると，信託部門の収益が占める比率はもう少し高くなり，1930 年には 7.5% を示した（表 3-15 参照）．この計数は平均値であるから，信託部門の収益が大きい大銀行においては，それ以上の高い比率を占めるものと推定される．しかし，信託部門の収益が銀行収益に寄与する度合は，それほど大きいものとはいえない．前述したような信託資産額の大きさから見ても，その比率はかなり低いといわざるをえない．

　このように信託部門収益の低い理由は，少ない信託手数料で信託部門の諸業務が提供されていることによるものである．例えばこの当時，個人信託の年間手数料は，アメリカ銀行協会 (ABA) の標準によると，現金と証券から成る信託資産の場合にはその市場価値の 0.5% であった[26]．この料率によ

って，前述の1行当りの平均個人信託資産262万9654ドルのもたらす信託部門収益を計算すると，約1万3000ドルとなる．表3-15より，1行当り平均信託部門収益は1万4839ドルであるから，個人信託以外の信託業務からの収入を考慮すれば，算出した数値はほぼ妥当な数値だと思われる．

個人信託は，信託口座ごとに分別して管理・運用することが原則であり，しかも証券投資に精通した専門的職員による管理・運用が不可欠である．信託資産を分別せず，それらを1つの基金に集中して運用する「合同運用」は，1962年に通貨監督官規則9（Regulation 9）が制定されるまで認められなかった．信託部門の運営には人件費，事務経費等に多大な費用がかかり，前述のような低い手数料収入では，信託部門の経費を十分に賄うことができないように思われる．そうであるならば，商業銀行の信託兼営が，信託部門からの収益を得るという目的だけで

表3-13　国法銀行の信託資産構成
(単位：1,000ドル，括弧内は構成比で%表示)

	1928年	1929年	1930年
証券投資	2,247,145 (68.2)	3,506,744 (82.8)	3,705,931 (82.9)
貯蓄銀行預金	8,690 (0.3)	8,522 (0.2)	8,693 (0.2)
他行預金	6,456 (0.2)	18,036 (0.4)	15,845 (0.4)
自行預金	167,954 (5.1)	210,542 (5.0)	153,516 (3.4)
その他資産	867,065 (26.3)	493,805 (11.7)	589,055 (13.2)
合計	3,297,310 (100.0)	4,237,649 (100.0)	4,473,041 (100.0)

(出典) *Annual Report of the Comptroller of the Currency-1928, 1929, 1930*，より作成．

表3-14　国法銀行信託部門の収益
(単位：1,000ドル)

年	信託部門の収益 (A)	国法銀行の総収益 (B)	A/B (%)
1927	10,811	1,243,043	0.9
1928	16,165	1,344,406	1.2
1929	20,583	1,424,485	1.4
1930	22,765	1,427,341	1.6

(出典) *Annual Report of the Comptroller of the Currency-1927, 1928, 1929, 1930*，より作成．

表3-15　国法銀行信託部門の平均的な信託資産と収益
(調査時点：1930年6月)

信託部門の収益 (A)	14,839ドル
銀行の総収益 (B)	196,820ドル
信託部門の収益の比率 (A/B)	7.5%
個人信託資産保有額	2,629,654ドル
自行信託部門からの預金額 (C)	90,250ドル
預金総額 (D)	3,209,000ドル
自行信託部門預金の比率 (C/D)	2.8%

(出典) *Annual Report of the Comptroller of the Currency-1930*，より作成．

行われたとは考えにくい．やはり信託兼営化の発展には，それ以外の要因が大きく作用したと見るべきであろう．

そこで次に，商業銀行における銀行業務・証券業務（証券子会社）・信託業務という三業務の相互関連の考察を通して，商業銀行による信託兼営化の意義を明らかにしようと思う．

5. 商業銀行・証券子会社・信託部門の相互関連

商業銀行はこれまで述べてきたように，証券と信託という2つの業務分野での兼営化を発展させた．これらの兼営業務は，それぞれ独立して存在するのではなく，商業銀行のもとで相互に一定の有機的な関連を持って存在している．ここでは，証券業務の遂行をめぐって形成される関係について考察する．

(1) 商業銀行による証券金融

証券子会社にとって，その親銀行が事業会社との間で持っている融資関係は，証券業務を行ううえで重要な要素となる．こうした融資関係がある場合には，証券子会社は親銀行の財務情報を利用して，その事業会社の証券発行計画を作成し，社債や株式の引受業務に主導的に参画することができる．また証券子会社は，証券の引受業務を遂行する際に，自己資金に加えて親銀行の信用供与を容易に利用することができる．通例，投資銀行はアンダーライターとして引き受けた証券額のうち，発行会社への払込期日に不足する金額を証券業務からのデー・ローン（day loan）によって借り入れ，その商業銀行に形成された預金バランスを用いて発行会社に対する引受額の決済を行った．デー・ローンは，商業銀行の1営業日内での一時的な信用供与であり，営業日の終わりには返済されなければならない．デー・ローンのうち未返済の分は，引き受けた証券を担保にした証券担保貸付に切り換えられ，その後の担保証券の売却によって商業銀行に返済されていく[27]．証券子会社の場合

にも，このような手続きによって親銀行からの信用供与を受けるものと考えられる．なお，商業銀行と並んで信託会社も，投資銀行に対する証券金融において重要な役割を果たしていた[28]．

このように商業銀行は，証券子会社の証券業務が円滑に進行するように，資金面で援助を与えると同時に，自行のコルレス網を通じて証券の分売にも協力する．証券子会社は，親銀行の名声とコルレス網を利用して証券の売却を有利に展開することができる．さらに商業銀行は，証券子会社の引き受けた証券が公社債である場合には，収益資産として保有するため子会社からその証券を直接購入することがある．証券子会社が引き受けた証券を直接購入しない場合でも，商業銀行は証券市場へのブローカーズ・ローンの供与と，既発行証券への投資を行うことによって，間接的に引受証券の市場消化を促進する役割を果たす．

(2) 信託部門の証券投資と証券関連業務

第2章で述べたように，信託部門は信託資産を株式・公社債等の証券投資によって運用している．とりわけ，信託部門の株式保有額は，金融機関の中でも群を抜いて多く，この点で信託部門は他の金融機関と際だった対照をなしていた．そのため，商業銀行（銀行部門）の株式投資が禁止されているもとでは，信託部門は証券子会社の引き受けた株式の購入者として，大きな存在意義を持つことになる．もちろん信託部門は，公社債に対する投資も株式と同程度に行っており，信託部門が証券子会社の証券業務にとって，不可欠な安定した長期資金の源泉を形成していることはいうまでもない．しかし，このことは一方で売れ残った証券のはめ込み先として，信託部門を利用しようとする誘惑を証券子会社に絶えずもたらすことになる．そのため，委託者の利益を擁護するために，信託契約で認められている場合を除いて，信託部門（または信託子会社）は，その証券子会社から証券の購入を行わないことを原則にしていた[29]．

しかしながら，商業銀行を中心とした証券子会社と信託子会社のグループ

が形成されている場合には，グループ内で信託義務に違反する取引が行われることがあった．例えば，Detroit Bankers Co. は証券子会社として First Detroit Co. を，信託子会社として Detroit Trust Co. を擁している．信託子会社は，管理している信託勘定のために，グループ内の証券子会社から何回にもわたって証券を購入した．その際，一例をあげれば，証券子会社は 93.5 で取得した社債を 95.759 の価格で信託子会社に売却したが，信託子会社はさらにその社債を 97 または 100 の価格で管理している各信託勘定に売却した．この例では信託子会社は，信託勘定との間の取引で値鞘を得ており，これは明らかに信託義務に違反した行為である[30]．

商業銀行の信託部門とその証券子会社で，このような関係が全くなかったとはいいきれないであろう．これほど極端ではないにしても，信託部門が証券子会社との取引を自由に行うために，そのような取引を信託部門に認める信託契約が，かなり一般的に行われていたものと思われる．

また信託部門は，証券の名義書換代理業務，登録機関業務，社債の受託業務等の証券関連業務を通して，事業会社との結びつきを持っている．このような事業会社との関係は，証券子会社がその会社の証券発行を引き受ける際に有利に働くであろう．

さて以上述べてきたように，証券業務をめぐって商業銀行（銀行部門），証券子会社，信託部門との間で密接な相互関係が形成されたが，これらの兼営業務は，他方で商業銀行にとって追加的な預金源泉を提供するという側面も持っている．そこで次に，この点について考察する．

(3) 兼営業務による預金残高の形成

証券業務と信託業務との兼営によって，商業銀行にもたらされる預金は，どのように形成されるのであろうか．まず証券業務について見てみよう．

ブランダイス (L.D. Brandeis) は，投資銀行の引受業務に伴う預金形成について J.P. Morgan & Co. を例にあげ，次のように述べている．

「J.P. Morgan & Co. は発行証券を買い入れると，その代金を会社に支払

わずにこの会社名義の預金として自らの手許においた．そしてこの預金は会社に資金の必要が生じたときに初めて引き出された．証券は大量に発行されるが，調達された資金がすべて投下されるのはずっと後になることが多いので，銀行の手許に残る預金残高は巨額に達する．このようにしてJ. P. Morgan & Co. は，フィラデルフィアのDrexel & Co. を含めて，1912年11月1日の時点で1億6249万1819.65ドルの預金を保有していた．」[31]

この場合と同様なことは，商業銀行が引受業務を行う際にもいえる．レートリヒ（F. Redlich）は，商業銀行が発行会社から証券を受け取って，その代金を会社に支払うまでの数カ月の間，証券の売却によって得た多額の資金を利払いなしに利用することができると述べている[32]．

上述のことは，商業銀行と証券子会社との関係に即していえば，次のように整理できるだろう．商業銀行は，証券子会社の引受業務に必要な資金を，デー・ローンと証券担保貸付によって証券子会社に供給した．証券子会社は，借り入れた資金によって発行会社に引受証券の代わり金を払い込むが，この間の取引は，商業銀行の預金バランスの振替によって決済されるであろうから，発行会社の受け取った調達資金は，その商業銀行に預金として置かれることになるだろう．この会社の預金は，資金の必要が生じたときか，他の銀行に預け替えするために引き出されない限り，その商業銀行に当分の間，滞留することになる．そしてその間に，証券子会社に貸し付けられた資金は，証券子会社による証券売却とともに次第に返済されていく．

さて，次に信託業務による預金残高の形成について見てみよう．信託業務による預金残高は，信託財産に含まれる現金が投資されるまでの待機期間に，銀行部門に預金として預けられることによって形成される．また，このような預金は信託財産の収益を配分するため，銀行部門に未配分の収益金を置く場合にも生ずる．この種の預金は，その他の銀行に預金される部分もあるが，表3-13から分かるように，大部分が信託部門を保有しているその銀行に預金される．

しかしながら，信託部門による預金には連邦準備制度の規則F（Regulation F) によってかなり厳しい条件がつけられている．それによると，「信託部門によって投資または分配まで保有される資金は，できるだけ早く投資または分配されるべきであり，合理的に考えて必要以上に長く保有されてはならない」[33]とされている．また，信託部門の預金について，銀行部門は預金額に相当する担保を信託部門に引き渡すことを義務付けられていた．このため，商業銀行は信託部門の保有する現金を，必要以上に自行預金の拡大のために利用することはできなかった．

したがって，銀行部門の保有する預金のうち，信託部門からの自行預金額は，1930年には1行当りの平均で9万250ドルとなったが，預金の構成比では2.8％を占めるにすぎなかった（表3-15参照）．信託部門からの預金は，銀行部門全体から見れば，それほど大きなものではないにしても，無視しえないだけの十分な額はあると思われる．

さらに，信託部門による預金残高の形成は，このような直接的な形によるものだけでなく，間接的に生じてくる部分も存在する．例えば，個人信託の取引を契機として，その顧客が銀行部門に預金口座を開設するような場合である．この場合には，信託業務の兼営に伴う相乗効果が働き，信託部門が銀行部門の顧客獲得に寄与したものといえる[34]．こうした間接的効果を含めて考えるならば，信託部門を兼営することによって生じる追加的な預金源泉の形成は，商業銀行にとって相当な意義を持つものと思われる．

6．むすび

本章の課題は，商業銀行による信託兼営化の積極的意義はどこにあるかということであった．そして，この問題にアプローチするための方向性として，信託業務を商業銀行業務と証券業務との関連において考察する視点を提示した．この視点に基づいてこれまでの考察を整理し，商業銀行における信託兼営化の積極的意義を明らかにしよう．

まず，商業銀行において信託部門からの収益は，資産規模の割には小さく，

第3章 商業銀行による証券・信託業務の展開

信託部門自体の収益が，商業銀行の収益面にもたらすメリットは，さほど大きなものではなかった．したがって，商業銀行による信託部門の兼営は，収益以外の目的で行われたと考えられる．

その場合には，信託部門が顧客との関係を強め，他の業務に寄与することによって間接的に商業銀行の収益に貢献するという点に，信託部門の存在意義が認められることになるだろう．信託部門は，個人信託業務や法人に対する業務（名義書換代理，登録機関，社債の受託）を通して，個人および法人との結びつきを強め，追加的な預金残高の形成や証券業務を通じた事業会社との関係強化に重要な役割を果たすことになる．つまり，信託部門を顧客に対する「サービス部門」として位置付ける考え方であり，信託部門の損益は問題にされないことになる[35]．

しかし，より重要と思われるのは，信託部門を商業銀行の証券業務との関連で理解することである．信託部門が個人信託によって保有する信託資産は，安定した長期資金源泉を形成し，この資金によって信託部門は，証券子会社の関与する証券の購入を行うことができる．しかも信託部門は，銀行部門には禁止されている株式投資をも行うことができる．このように信託部門は，商業銀行に長期の安定した資金源泉を与え，証券業務の円滑な遂行を支える重要な役割を担っている．

したがって，1920年代における証券市場の発展は，一方で商業銀行による証券業務への参入を促進するとともに，他方でその証券業務の遂行を支える信託部門の兼営を必然化させたと推測できる．そして，このことが1910年代後半から1920年代を通して，商業銀行が証券・信託兼営銀行として発展していく条件を形成したものと思われる．

このような証券・信託兼営銀行としての商業銀行の発展は，本来の「商業銀行業務と区別される銀行業の新たな態様」[36]であり，1920年代のアメリカ銀行制度における構造変化を意味した．しかしながら，商業銀行による証券業務（証券子会社）と信託業務の兼営は，重大な利益相反問題を引き起こすことになった．そのため，1930年代の金融制度改革において，商業銀行か

ら証券業務と信託業務とを分離することが，重要な課題の1つとして議論された．この問題については，第5章において詳しく検討する．

注
1) Jacob H. Hollander, *Bank Loans and Stock Exchange Speculation*, 1911, p. 24.
2) *Annual Report of the Comptroller of the Currency-1929*, p. 499.
3) この点については，Hollander, *op. cit.*, p. 4, と A. Wilfred May, "Banks and the Securities Market," in H. Parker Willis and John M. Chapman eds., *The Banking Situation*, 1934, p. 618, を参照した．
4) *Annual Report of the Comptroller of the Currency-1928*, pp. 27, 28.
5) ボーゲン，クルース共著，日本証券経済研究所訳「アメリカの証券金融――その経済的機能と規制」日本証券経済研究所『証券研究』第3巻，1962年，4ページ．(Jules I. Bogen and Herman E. Kross, *Security Credit—Its Economic Role and Regulation*, 1960)
6) 同書，4ページ．
7) 同書，10ページ．
8) 同書，10ページ．
9) Pearson Hunt, *Portfolio Policies of Commercial Banks in the United States 1920-1939*, 1940 (reprint 1980), p. 7, 参照．
10) H. Parker Willis, "Basis of Banking," in Willis and Chapman, *op. cit.* p. 30, 参照．
11) Lauchlin Currie, "The Decline of the Commercial Loan," *The Quarterly Journal of Economics*, Vol. 45, 1931, p. 698.
12) *Ibid.*, 参照．
13) *Ibid.*, p. 702.
14) *Ibid.*, p. 702.
15) *Ibid.*, p. 705.
16) 吉冨勝『アメリカの大恐慌』日本評論社，1965年，176ページ．
17) W. Nelson Peach, *The Security Affiliates of National Banks*, 1941, pp. 75, 76, 参照．
18) *Ibid.*, pp. 46, 47, 参照．
19) V.P. カロッソ著，アメリカ資本市場研究会訳「アメリカの投資銀行（上）」日本証券経済研究所『証券研究』第55巻，1978年，149ページ．(Vincent P. Carosso, *Investment Banking in America : A History*, 1970)
20) Peach, *op. cit.*, pp. 38-42, 参照．

第3章　商業銀行による証券・信託業務の展開　　　　　93

21) *Ibid.*, pp. 68-70, 参照. なお, 具体的な事例については, U.S. Congress, Senate, Committee on Banking and Currency, *Stock Exchange Practices : Report*, 1934, pp. 156-163, を参照されたい.
22) Peach, *op. cit.*, p. 52, 参照.
23) それぞれの銀行数は, *Annual Report of the Comptroller of the Currency -1930*, pp. 77, 99, を参照した.
24) Peach, *op. cit.*, pp. 19, 20, 参照.
25) 国法銀行の資本金額の計数は, *Annual Report of the Comptroller of the Currency-1929*, pp. 19, 31, を参照した.
26) Clay Herrick, *Trust Departments in Banks and Trust Companies*, 1925, p. 326, 参照.
27) 投資銀行に対する証券金融の詳細については, U.S. Temporary National Economic Committee, *Investigation of Concentration of Economic Power : Hearings* (31 Parts, 1931-1941), Part 24, pp. 12538-44, 12832-50, を参照されたい.
28) カロッソ, 前掲稿(上), 153ページ, 参照.
29) V.P. カロッソ著, アメリカ資本市場研究会訳「アメリカの投資銀行(下)」日本証券経済研究所『証券研究』第56巻, 1978年, 153ページ, 参照.
30) *Stock Exchange Practices : Report*, pp. 281-284, 参照.
31) Louis D. Brandeis, *Other Peoples' Money and How the Bankers Use It*, 1914, p. 22. ただし訳文は, 最後の文章を除いて, カロッソ, 前掲書(上), 223ページの訳に従った.
32) Fritz Redlich, *The Molding of American Banking: Men and Ideas*, Vol. 2, reprint 1968, p. 333, 参照.
33) 規則Fについては, *Annual Report of the Federal Reserve Board-1927*, p. 286, 参照.
34) Edward S. Herman, "Commercial Bank Trust Departments," in Twentieth Century Fund, *Abuse on Wall Street : Conflicts of Interest in the Securities Markets*, 1980, p. 40, 参照.
35) *Ibid.*, p. 40, 参照.
36) 深町郁彌「管理通貨と金融資本」川合一郎編『現代信用論(下)』有斐閣, 1978年, 145ページ.

第 II 部　1930 年代の証券・金融制度改革と信託業務

第4章　社債のデフォルトと信託機関の機能

1. はじめに

　本章で対象とする1930年代の大不況期は，経済回復のために開始されたニューディール政策によって，様々な改革が行われた時代である．
　1933年3月，銀行恐慌のさなかに大統領に就任したルーズベルト（Theodore Roosevelt）は，緊急銀行法を成立させて銀行恐慌を終息させたのを皮切りに，大不況の克服を目指して一連の法律を制定してニューディール政策を発足させた．ニューディール経済政策の基本的支柱をなしたのは，全国産業復興法と農業調整法であったが，アメリカでは「経済活動に対する連邦政府の規制権は，憲法により厳格に制限されていたので，生産と価格を規制する全国産業復興法と農業調整法は，アメリカにおける経済政策の伝統からみてかなり積極的な国家統制」[1]であった．
　そのため後に，この2つの法律は，連邦政府の権限を逸脱するものとして最高裁判所により違憲の判決を受けたのであるが，こうした紆余曲折を経ながらも，「ニューディールの政策基調は戦後こんにちまで引きつがれて，恒久的な社会制度として定着し，現代アメリカ社会の制度的骨格をなすにいたって」[2]いる．
　周知の通り金融・証券制度に関しても，ニューディール経済政策の一環として抜本的な制度改革が行われ，現代に至る金融・証券制度の大枠が形成された．確かに，ニューディール政策開始から半世紀以上たった1980年代の

アメリカにおいて，金融改革，金融自由化，規制緩和が急速に進展し，1930年代に形成された規制的な金融・証券制度の枠組みが大きく変わったし，また現在も変わりつつあるのは事実である．しかし，証券政策についていえば，1930年代当時の制度改革で論議の的となった，投資家保護，情報開示（ディスクロージャー），利益相反の排除，公正な取引，といった基本的な概念は，現在においてもその有効性を失っていないと思われる．

そこで本章では，まず第1に，こうした1930年代の証券制度改革論議の中でも，社債保有者の保護に密接に関わる社債の受託制度について検討する．そして第2に，この制度が大不況に伴う社債の債務不履行の発生時に，実際に社債保有者の保護という目的に照らして有効に機能したのかどうか，受託者の利益相反関係を中心にして検討する．最後に，この利益相反の排除を始めとして，それまでの社債発行の受託制度に含まれていた諸問題に対する立法措置として制定された，1939年信託証書法（Trust Indenture Act of 1939）について検討する．

2. 1920年代における社債の発行と信託機関

(1) 証券市場の活況と社債発行

1920年代のアメリカ企業金融の特徴は，大企業の調達資金のうち，留保利潤と減価償却資金に基づく内部金融の占める比率が非常に高くなったことである．いわゆる自己金融化という現象であり，大企業における外部資金への依存低下を意味する．例えば，1920年代の後半には内部金融はほとんど100％近くを占め，外部金融は取るに足らないものであった[3]．

しかし，これは全体として1920年代に，株式・社債といった会社証券の発行を減少させるものではなかった．というのは，1920年代の好景気と証券市場ブームの中で，企業の資本蓄積は旺盛であり，企業は内部金融比率を高めながら同時に証券発行による資金調達を増やしたからである．

表4-1によれば，1920年代の会社証券発行額は，1921年から証券恐慌の

表 4-1 会社証券の発行額
(単位：100万ドル)

年	会社証券の発行合計額	社債・ノート	株式 優先株	株式 普通株
1921	2,270	1,994	75	200
1922	2,949	2,329	333	288
1923	3,165	2,430	407	329
1924	3,521	2,655	346	519
1925	4,223	2,975	637	610
1926	4,574	3,354	543	677
1927	6,507	4,769	1,054	684
1928	6,930	3,439	1,397	2,094
1929	9,376	2,620	1,695	5,062
1930	4,957	3,431	421	1,105
1931	2,372	2,028	148	195
1932	644	620	10	13
1933	380	227	15	137
1934	490	456	3	31

(出典) U.S. Department of Commerce, *Historical Statistics of the United States: Colonial Times to 1970*, Part 2, Series X 510-515, p. 1006.

発生した1929年までの9年間に，22億7000万ドルから93億7600万ドルへと4倍以上にも増加した．社債の発行額は，1928年に株式が社債の発行額を追い越すまで，ほぼ毎年，株式の発行額を17億ドル程度上回っていた．社債発行額は，1921年に19億9400万ドルであったものが1927年には47億6900万ドルに達しており，1928-29年の株式投機隆盛の時期を除けば，社債金融は1920年代における企業の外部資金調達において，重要な位置を占めていたということができる．

そこで次に，こうした企業の長期資金の調達方法として重要な役割を果たした社債制度に焦点を当て，アメリカにおける社債制度の特徴を検討することにしたい．

(2) 信託証書に基づく社債発行と信託機関の機能

事業会社が外部から資金調達を行う方法には，株式の発行による自己資本の調達と借入金による他人資本の調達という2つの方法があり，後者の他人資本の調達には，銀行借入と社債の発行という方法がある．こうした他人資本の調達においては，会社は銀行もしくは社債保有者に対して債務を負うことになるのであるが，銀行借入と社債発行とでは同じ債権債務関係の形成であっても，その内容には大きな相違がある．資金を貸す側から見れば，銀行は貸付先の会社と相対で取引するため，担保の設定などにより債権の管理を

比較的容易に行うことができるのに対し，社債保有者は一般に多数の投資家から成っているため，こうした多数の社債保有者がその意思を統一して彼らの債権を有効に管理することは極めて困難である．例えば，社債のデフォルトが発生した場合には，社債保有者は個々別々に自分が投資した資金と利息を回収することは困難であり，社債権者集会などによって社債保有者全体の意思統一が行われない限り，その債権は十分に保全されず，場合によっては社債は全くの紙切れと化す恐れがある．このように社債保有者が，債権の管理という点で不安定な立場に置かれたままであれば，一般の投資家が積極的に社債の発行に応募することは考えられず，事業会社は社債発行による大量の資金調達を行うことが不可能となる．

そこで，こうした事態に対処するために，この当時のアメリカでは担保付社債の発行会社が，社債の担保権を社債保有者のために信託機関に委託し，デフォルトが発生した時には信託機関が担保権を行使して，社債保有者の債権を保護することを目的とした，社債担保権の受託制度が一般に普及していた．また，無担保社債（debenture）の場合には，担保付社債のように担保権を行使して社債債権を回収することはできないが，信託機関が社債保有者の代表者として債権保全のために行動することが通例であった．こうした信託機関の機能は，社債の発行に際して取り交わされる契約書である信託証書（trust indenture または単に indenture と呼ばれる）によって規定されていた．後で述べるように，このような信託証書に関する諸規定は，1933年証券法（Securities Act of 1933）を修正して1939年に制定された，信託証書法によって整備されることになった．

改めていうまでもないが，1939年信託証書法の制定以前であっても，社債発行による資金調達を企図する事業会社は，個々の社債保有者の受託者として行動する信託機関との間で信託契約書を取り交わし，それに基づいて社債の発行を行うという方法はかなり普及していたようである．したがって，社債の担保の有無にかかわらず，公募による社債発行の場合には，信託証書に基づいて社債が発行されるので，一般の投資家はこうした信託証書による

投資家保護措置を信頼して，安心して社債に投資することができたというわけである．

こうした社債発行に関わって信託機関が提供する信託業務を，一般に法人信託（corporate trust）と呼ぶ．この業務では上述したように，社債の債務不履行が発生した場合の受託者の機能に重点が置かれているが，それ以外に債券の認証および交付等の諸手続きに携わることも受託者の果たす大きな役割としてあげておく必要がある．この債券の認証および交付について，受託者は以下に指摘されているように債務不履行時に次ぐ重要な責任を負っている．

「受託者は，その義務のどんな局面においても債券の認証と交付以上の責任に直面することはない．その認証によって受託者は，おそらく何百万ドルにも達する債券が，一定の信託証書の条項に従って発行されたことを事実上，公に宣言したことになる．この条項はおそらく非常に技術的で複雑で，解釈にややむずかしいものとなろう．注意深い訓練，長い経験，高度の熟練がこの特殊義務を満足に遂行する上に要求される．それゆえ，受託者は，債券の認証と交付を含む問題にいくら注意しても注意し過ぎることはない」[4]．

ところで，法人信託と個人向けの信託業務である個人信託（personal trust）とでは，その管理する信託財産に関して次のような大きな相違点がある．

「個人信託と法人信託との間の最大の相違点は，おそらく信託財産が処理される方法にあろう．個人信託においては，受託者は占有と管理についてのすべての属性を保有する．法人信託においては，受託者は財産の管理において，少なくとも債務不履行までは，何の発言権ももたない．そして財産が担保証券でなければ占有さえしない．しかしある種の財産に関する義務が法人信託証書に基づいて受託者に発生する」[5]．

では次に，このような法人信託による投資家保護措置が，大不況期に増大した社債デフォルトに関連して，当初予定されていたような機能を果たした

か検討してみよう．そして，そこにおけるどのような問題が，1939年の信託証書法の制定に結びついたのか併せて検討したい．

3. 社債のデフォルトと信託機関

(1) 大不況下における社債デフォルトの増加

1920年代の証券ブームは，1929年10月の株式市場恐慌をもって終わりを告げた．株式市場の暴落は社債市場にも大きな影響をもたらし，社債の市場価格も低落した．社債価格の低落は，こうした社債を保有している商業銀行の資産内容を悪化させ，その後の商業銀行の倒産を引き起こす原因となった．さらに実体経済における不況の深化とともに，経営が行き詰まり社債の債務不履行（デフォルト）に陥る企業が相次ぐようになった．このため，デフォルトに陥った社債の額面額の合計は，1930年から増加し始め，1933年に入るとその額は急激に増加し，1年間で19億140万ドルにも達した（表4-2および図4-1参照）．

この表4-2でデフォルト社債として集計されているのは，ヒックマン（W. Braddock Hickman）の定義によれば，(1)支払い期限において，契約された利息または元金の全額が支払い不能になった場合，あるいは，(2)社債の交換または契約変更において，新たに交付ないし発行された証券や社債が，額面以下の価値しかないような場合である[6]．(1)の場合は非常に明確な形態のデフォルトであり，通常デフォルトといえばこの場合を指す

表4-2 デフォルト社債の額面合計額
（単位：100万ドル）

年	年間デフォルト額	年	年間デフォルト額
1921	179.5	1931	940.2
1922	213.5	1932	1,352.7
1923	197.1	1933	1,901.4
1924	303.4	1934	710.4
1925	292.3	1935	1,055.9
1926	125.4	1936	288.5
1927	284.0	1937	253.4
1928	57.1	1938	620.2
1929	96.8	1939	698.9
1930	228.1	1940	420.6

(出典) W. Braddock Hickman, *The Volume of Corporate Bond Financing since 1900*, 1953, pp. 346, 347.

(出典) 表4-2より作成.

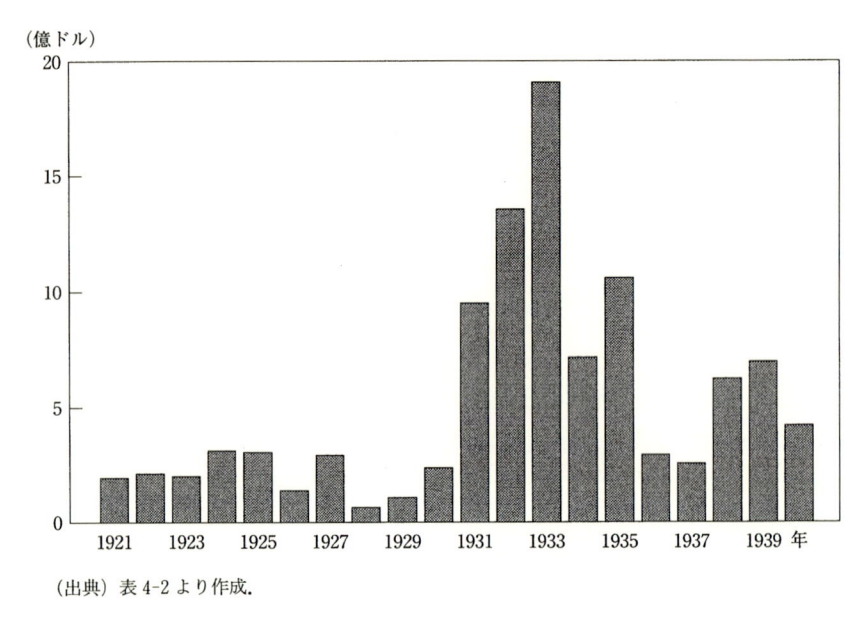

図4-1 デフォルト社債の額面合計額

のであるが，(2)の場合はデフォルトをやや広義に解釈した定義である．つまり(2)の場合には，(1)のような事態の発生に先立って行われた社債の債権者と債務者との間の合意に基づいて，当該社債が別の社債・証券と交換される事態や，金利・期限等を含む契約の変更により当該社債を廃棄し，新たな

表4-3 社債デフォルトの形態別分布

	デフォルト合計	利子のデフォルト					元金のデフォルト			
		利子のデフォルト合計	利払いの回復	社債の消却		1944年までに未清算	元金のデフォルト合計	社債の消却		1944年までに未清算
				現金支払	証券交換			現金支払	証券交換	
全産業	100.0	65.2	5.8	4.7	36.7	18.0	8.3	0.6	5.9	1.8
鉄道	100.0	69.9	5.6	1.7	27.5	35.1	8.1	0.5	5.8	1.8
公益事業	100.0	56.8	7.6	5.7	39.2	4.3	12.3	1.2	8.3	2.8
工業	100.0	67.7	4.0	9.0	50.9	3.8	3.1	0.1	2.7	0.3

(出典) W. Braddock Hickman, *The Volume of Corporate Bond Financing since 1900*, p.183.

社債が発行される事態を想定しているのである．そして，このようにして交換されるか新たに発行された社債・証券の価格が，額面価格を下回るようであれば，こうした社債の交換や契約変更は，事実上のデフォルトであると見なすのである．表4-2で示されている社債のデフォルト額は，このような事実上のデフォルトである社債交換や契約変更をも含んだものである．

表4-3によれば，1900-43年にかけて発生したデフォルト合計額の中で最も多かったデフォルトの形態は，社債利子の支払い不能で全体の65.2％を占めている．その他に，契約外の証券交換というデフォルトが23.8％，社債元本の支払い不能が8.3％という状況であるが，契約外の証券交換がかなり高い比率を占めていることが注目される[7]．

さて次に，こうしたデフォルトに陥った社債について，これらの社債が担保付社債であったか，無担保社債であったかという点に着目して，デフォルトの状況を考察してみよう．

そこでまず，新規に発行された社債のうち，担保付と無担保の比率を見てみることにする．表4-4は，担保の有無とリーエンの優先順位（lien position）[8]の分類に基づいて発行社債の比率を示したものであるが，この表によれば，1900-43年の間に発行された社債総額に占める両者の比率は，担保付社債が72.6％，無担保社債が26.9％であった．両者の比率は年によって変動があるものの，1920年代から30年代の初頭にかけては社債の無担保化がかなり急速に進展し，1928-31年には無担保社債の比率は44.3％にまで高まった．こうした傾向は，1932-35年の大不況期に一時的に逆転したものの，それ以降は着実に社債の無担保化が進展し，周知のように現在のアメリカではほとんどの社債が無担保で発行されている．

さて，それではこうした担保付社債と無担保社債とでは，デフォルトの発生率にどのよ

(1900-43年) (単位：％)

	契約外の証券交換		不明	デフォルト総額 (100万ドル)
	満期以前	満期当日		
	15.7	8.1	2.7	14,915.3
	12.1	8.8	1.1	6,708.0
	17.1	9.5	4.3	4,765.1
	20.8	4.9	3.5	3,442.2

表 4-4　担保の有無とリーエンの優先順位の分類による発行社債の比率（1900-43 年）

(単位：%)

発行年	担保付社債				無担保社債			不明	発行額面合計額
	担保付合計	リーエンの優先順位			無担保合計	リーエンの優先順位			(100万ドル)
		上位	中位	下位		上位	下位		
1900-03	95.7	46.6	14.2	34.9	3.9	0.2	3.7	0.4	4,111.4
1904-07	77.8	37.1	7.4	33.3	21.6	4.4	17.2	0.6	4,499.3
1908-11	82.0	38.9	14.7	28.4	16.7	3.6	13.1	1.3	4,808.8
1912-15	77.6	32.2	16.4	29.0	21.8	7.9	13.9	0.6	4,942.7
1916-19	81.6	35.6	20.2	25.8	17.9	5.6	12.3	0.5	4,552.7
1920-23	72.7	30.8	12.6	29.3	26.9	15.0	11.9	0.4	7,911.0
1924-27	71.6	35.0	11.2	25.4	28.3	15.3	13.0	0.1	11,011.0
1928-31	55.4	27.8	10.9	16.7	44.3	17.1	27.2	0.3	9,963.1
1932-35	80.4	51.0	8.9	20.5	18.4	13.2	5.2	1.2	4,214.2
1936-39	67.5	47.0	6.7	13.8	32.0	24.3	7.7	0.5	9,400.9
1940-43	67.4	48.3	7.7	11.4	32.1	29.3	2.8	0.5	6,128.8
合　計	72.6	38.1	11.4	23.1	26.9	14.3	12.6	0.5	71,543.9

(出典) W. Braddock Hickman, *Corporate Bond Quality and Investor Experience*, 1958, p. 437.

うな相違があったのだろうか．表 4-5 は，1900-43 年に発行された社債総額のうち，表 4-4 と同様に担保付社債と無担保社債のそれぞれについて，デフォルトが発生した社債額面の比率を示したものである．これによると，500万ドル以上の発行社債については，担保付社債のデフォルト率は 18.8%，無担保社債のそれは 13.6% であった．また，500 万ドル未満の発行社債については，担保付社債は 28%，無担保社債は 13.1% であった．すなわち，無担保社債のデフォルト率は，担保付社債よりも明らかに低い水準を示していた．

もともと社債担保の意義は，社債のデフォルトが発生した場合に，担保資産を換価処分して社債保有者の債権を回収することにある．そのため担保付社債は，比較的安全な投資対象と考えられているが，デフォルトの可能性は担保の有無とは直接関係するわけではない．担保付社債は発行会社の支払い能力に問題があって，担保を付けなければ発行できないという不安定な信用状態を反映したものと考えることができるのに対し，無担保社債は，将来の

表 4-5 担保の有無とリーエンの優先順位の分類によるデフォルト社債の比率
（1900-43 年）

(単位：%)

		社債全体	担保付社債				無担保社債			不明
			担保付合計	リーエンの優先順位			無担保合計	リーエンの優先順位		
				上位	中位	下位		上位	下位	
発行額 500 万ドル以上の社債	全産業	17.3	18.8	16.0	29.5	16.0	13.6	9.4	18.2	0.0
	鉄道	28.1	29.2	22.8	40.8	23.6	20.6	29.2	20.6	0.0
	公益事業	10.6	9.6	10.9	9.1	7.8	13.5	11.6	14.7	
	工業	14.8	19.0	21.2	3.7	19.2	11.4	8.4	23.0	
発行額 500 万ドル未満の社債	全産業	24.9	28.0	30.1	20.0	24.0	13.1	10.6	15.6	0.0
	鉄道	20.6	21.0	22.0	13.7	21.9	16.9	59.1	4.1	
	公益事業	20.9	23.0	25.8	21.4	17.4	10.0	0.0	12.0	
	工業	33.7	44.3	42.2	90.9	56.4	14.8	10.0	32.0	0.0

（注） 1900-43 年に発行された社債のうち，1944 年以前にデフォルトになった社債の比率を示す．
（出典） W. Braddock Hickman, *Corporate Bond Quality and Investor Experience*, 1958, pp. 28, 448，より作成．

支払い能力が十分にある健全な信用状態を反映したものと考えることができる．このように考えると，担保付社債よりも無担保社債の方がデフォルト率が低いことは十分理解できることである．

ただし社債の発行会社が，適当な担保資産を保有していないために，やむを得ず無担保社債を発行する場合があることに注意する必要がある．例えば，1920 年代に発展した公益事業持株会社による無担保社債の発行はそうした事例の 1 つである．公益事業持株会社は，株式所有を通じてその傘下にいくつもの公益事業会社を保有し，そこから収益を得ているのであるが，持株会社自体は会社の性格上，社債の担保に供する適格な物的資産を保有していない場合が多い．そこで，公益事業持株会社は，1920 年代後半に無担保社債を大量に発行したのであるが，こうした無担保社債の多くは，1930 年代における傘下の公益事業会社の収益悪化に伴いデフォルトに陥った[9]．

ところで社債の担保は当初，鉄道会社の社債に典型的に見られるように，不動産等の物的資産を担保とするものであり，事業会社はこの物的担保に対する投資家の信頼を拠り所として社債を発行して資本を調達し，事業を拡張

することができたのである．

　公益事業持株会社や鉄道持株会社が担保付社債を発行する場合には，物的担保の代わりに傘下の子会社の株式や社債を担保とする，有価証券担保の社債を発行することが多かった．こうした有価証券の担保価値は，いわゆる擬制資本としての価値であり，別の見方をすれば，担保が物的資産から離れて次第に架空化しつつある状況を示している，と解することができる．そこでさらに，企業を永続的企業，ゴーイング・コンサーン（going concern）として理解する立場に立てば，社債の元本と利払いを保証するのは毎年の会社収益であり，物的資産はこうした収益を生み出す資本として機能する限りにおいて，社債の担保としての価値を持ち得るということになる．これに関して次の指摘が参考となる．

　「恐慌時には製造業のディフォルトについては工場設備の買い手は無く，事業を休止すると担保は無価値となるケースが多発した．したがって，投資家は物的資産による担保を徴求するよりも，企業に対して財務制限条項を付して経営状況を常にウォッチするほうが得策であるとの考え方を取るようになり，特に製造業の社債無担保化が進展することとなった」[10]．

　そして後に述べるように社債のデフォルト発生後，会社更正手続きによる会社再建が認められる場合には，社債保有者の担保権の行使には大きな制約が課されることになる．そうであるならば，もはや社債の担保は実質的な意味を持たなくなるわけである．そこで収益力（earning power）を評価基準として，それが高く評価される会社にあっては，デフォルトの可能性は少ないと判定され，無担保で社債を発行することが可能となるのである[11]．そのため，無担保社債では社債権者保護のための措置として，社債の格付け制度や発行会社の配当制限，担保制限等を規定した財務制限条項が，普及していくことになったのである．

　次に，社債のデフォルトが発生した場合，信託機関が信託証書に基づいて社債保有者の債権を保護する機能を十全に果たしたかどうかという点について考察する．

(2) 社債のデフォルトと社債受託者の機能不全

　一般的には，債務不履行とは，契約にしたがって行動しないことであるといわれるが，法人信託証書では債務不履行の状態を明確に区別する必要がある．そのため，そのような債務不履行の場合を明示する一覧表が作成され，それに基づいて債務不履行の有無が判定される[12]．ここでは，こうした債務不履行の個々の事例を詳細に取り上げて検討することが目的ではないので，債務不履行の定義としては，支払い期限において契約された利息または元金の全額が支払い不能になった場合，という基本的な線で理解しておけば十分であろう．

　さて，信託証書に基づく社債発行において，社債のデフォルトが発生した場合の信託機関の機能は，前述したように社債保有者の債権を保全し，社債保有者の利益を保護することであった．そこで，このような社債発行に伴う信託機関の重要な役割のゆえに，社債の発行者と投資家は受託者として活動する信託機関を高名な金融機関に要請することになる．社債発行の受託者として社会的に信用度の高い金融機関が指名されれば，それだけその社債の信用度も高いと投資家は判断することになる．つまり，一般投資家は証券の購入に当たって，受託者の規模，名声，金融力の影響を受けるのであり，いわば受託者を信頼して証券投資を行うといってもよい[13]．

　しかし，こうした一般投資家の信頼にもかかわらず，実際には受託者は社債保有者を保護するために何の権限も行使していなかったというのが，1930年代当時の実情であったようである．このことは前述した1930年代の大不況期における大量の社債デフォルトの発生に際して，受託者である信託機関が，社債保有者の保護のためにどのように行動したかということを見れば明らかである．

　この当時，会社の債務不履行が発生した場合には次のような手続きがとられるのが一般的であった．まず，会社の債務不履行が切迫した状態になれば，社債保有者はこれらの証券の発行に関与した引受業者とともに，その利益を代表するための保護委員会（protective committee）を組織する[14][15]．そして，

デフォルトが発生した場合には，信託証書に通例記載されている条項——社債発行残高の一定比率以上（例えば25％程度）の社債保有者からの請求により，受託者に対して一定の行動をとることを規定した条項——に基づき，受託者は社債保有者に対して，デフォルトに関する情報を知らせる義務を負う[16]．その後の受託者の義務は，社債の担保を構成している財産を速やかに整理し，極力保全に努めることである．これらの財産は，信託証書の条項に基づいて管理されるか，あるいは裁判所から指名された財産管理人によって管理されることになる[17]．

保護委員会は，当該証券の受託者たる信託機関との間で社債の保管契約を締結し，社債保有者が同委員会に寄託した社債は，信託機関によって保管されることになる．このような社債の保管人としての信託機関は，それ自体として保護委員会の活動に何らかの影響力を行使できる権限を持つわけではない[18]．ただし，この場合に注意すべき点は，信託機関が当該社債の保有者全体のための受託者であると同時に，保護委員会のための社債保管人という二重の立場に立つことである．

通例，保護委員会は，債務不履行会社の再組織を目指して会社更正手続きを行うのであるが，1934年以前において会社を再組織するために用いられた主要な方法は，連邦裁判所によって衡平法上発展させられてきた収益管理人の制度（federal equity receivership）であった[19]．このレシーバーシップのもとでは，担保権者の別除的満足の余地が認められているので[20]，社債担保の受託者は社債保有者の利益のために担保権を行使して，担保物件の換価処分（foreclosure sale）を行うことは可能であった．しかし，実際には受託者は担保権を行使するよりも保護委員会と協力して，会社更正に参加するのが普通であった．このような協力関係は，後に検討するような利益相反の可能性を含むものである．

以上が，社債のデフォルトが発生した場合にとられると考えられていた手続きの概要と，そこにおける受託者の機能であるが，1930年代の社債デフォルトに際して受託者が行った活動は，必ずしもこのようなものではなかっ

た．証券取引委員会（Securities and Exchange Commission, SEC）はこうした問題に注目して，この当時の信託証書に基づく法人受託者の活動実態について調査し，報告書（*Trustees under Indentures*）を公表している．そこで次に，債務不履行時の受託者の活動について，この報告書で指摘されているいくつかの問題点を紹介し，受託者が社債保有者の利益保護のために，その機能を十分に発揮したかどうか検討する．

(A) 債務不履行通知の懈怠

まず，第1の問題点は，受託者が社債保有者に対する社債の債務不履行発生の通知を怠ったことである．前述したように債務不履行が発生した場合には，受託者は速やかに社債保有者に対してその旨を通知するものと考えられていたのであるが，実際にはそうではなかったということである．ではなぜこのようなことが起こったかという点について，同報告書はBaldwin社とHoe社の事例をあげ，2つの事由を明らかにしている．

【Baldwin社の事例】

1つは，Baldwin社の事例[21]に見られるような，信託証書の規定に基づくものである．Baldwin社の社債発行に伴う信託証書の条項には，発行残高の25％以上の債券保有者が受託者に債務不履行を書面で通知しなければ，その会社は債務不履行とはみなされない，という規定があり，これに基づいて受託者は債務不履行の通知を行わなかったということである．これは特別な事例ではなく，発行済債券の一定割合の債券保有者が，債務不履行の発生を受託者に通知しないならば，受託者は債務不履行の発生に目を閉ざすことを信託証書に規定しているのが，当時の標準的な慣行であったようである．SECの調査によれば，調査した信託証書の63％にそのような規定が存在していたということである．

確かにこのような受託者の行動は，信託証書の規定に基づいているという点では適法的なものであろうが，前述した社債保有者の利益保護という受託者のそもそもの機能から見れば，問題があるといわざるを得ない．

【Hoe 社の事例】

　もう1つの事由は，受託者が社債発行会社との間の利害関係を優先して，社債保有者に債務不履行の通知を遅らせることに起因するものである．これは，Hoe 社の事例[22]に見られるのであるが，それによると Hoe 社の債券の受託者であるギャランティ信託会社（Guaranty Trust Company）は，Hoe 社の債務不履行が差し迫っていることを数週間前から知っていたにもかかわらず，社債保有者に債務不履行について助言しなかった，ということである．実際，Hoe 社の取締役会は，1932年3月17日に正式に利払い不能であることを受託者に通告していたのである．

　ギャランティ信託会社がこのような行動をとった理由として，同社が社債の受託者として以外に Hoe 社と次のような深い利害関係を有していたことがあげられる．その利害関係とは，(1)ギャランティ信託会社が Hoe 社の債権者であったこと，(2)同じく当該債券に劣後する証券を保有していたこと，(3)同社の系列証券会社が，Hoe 社発行証券のアンダーライターであったことである．このため，ギャランティ信託会社は，Hoe 社の再建を企図して，保護委員会の設立にとりかかっており，その関係で主導権を掌握する態勢が整うまで，債務不履行の通知が抑えられることなったのである．

　いずれの理由にせよ，受託者が社債保有者に対して債務不履行の通知を遅らせることは，社債保有者の利益保護という社債受託制度の本来の趣旨に反し，制度自体を形骸化するものである．そのため SEC は，債務不履行の通知に関する受託者の義務を免除することは望ましくなく，むしろ積極的に証券保有者に対して債務不履行に関する助言を行うよう義務付けるべき，との提言を行っている．

(B) 受動的な受託者の活動

　次に，社債保有者の利益保護をめぐる第2の問題点は，受託者が信託証書で広範な権限を付与されているにもかかわらず，その権限をほとんど行使しなかったことである[23]．こうした権限とは主に，受託者の名前で訴訟を起こ

すこと，抵当物の受戻権を喪失させること（foreclosure），担保財産に対する信託証書上の権利を行使すること等であるが，受託者は社債保有者によって強制されないならば，そのような活動をすることはまれであった．というのは，発行残高の一定割合を持つ社債保有者の要請がなければ，受託者がこうした活動をする義務はなかったからである．SECの調査によれば，調査対象となった信託証書のうち，93％ がこうした規定を含んでいた．

したがって，受託者を行動させるためには社債の発行残高の一定割合を集めることが必要であるが，そのためには社債保有者保護委員会の結成が必要となるのである．ところが，保護委員会結成のために必要な社債保有者のリストは，その社債のアンダーライターか社債発行会社が独占している．これらのグループは社債保有者と利害が対立するため，保護委員会の結成に当たって，これらのグループの協力を期待することはできないのである．こうした事情は，受託者が社債保有者のために活動することを妨げる大きな要因となっていたのである．

そこで，この問題に関して報告書で紹介されている次の2社の倒産事例に基づき，受託者の実際の活動状況を検討してみよう．この2社とは，Cuban Cane Products 社と公益事業持株会社 Union Power Corporation である．

【Cuban Cane Products 社の事例】

まず，Cuban Cane Products 社の事例[24]は，倒産した同社の再建をめぐり，社債保有者の利益が侵害される恐れが生じた際に，社債保有者保護委員会からの要請があったにもかかわらず，受託者がその権限を行使して社債保有者の利益擁護のために適切な活動を行わなかったことである．それによると1934年1月17日，銀行による第1順位抵当権の行使による同社財産の売却が差し迫っていたため，保護委員会は受託者のマニュファクチャラース信託会社（Manufacturers Trust Co.）に，銀行による売却を遅らせるためにしかるべき行動をとるよう要請した．ところが，売却前日の1月29日に同信託会社は，諸手続きを始める前に必要な資金を24時間以内に提供するよう，社債保有者に要求するという回答を行ったのである．しかし，24時間以内

にこの要求を実行することは不可能であり，これは事実上の拒否回答に等しいものであった．

確かに受託者が社債保有者の利益保護のために訴訟を起こそうとしても，信託手数料だけでその訴訟費用を支弁することは不可能であろう．この点でマニュファクチャラース信託会社が，必要な資金の提供を求めたことは正当な要求として理解できるが，24時間以内という条件を付けたことは，受託者の誠実義務に照らして大いに疑問の余地があるところである．

【公益事業持株会社の事例】

次に，公益事業持株会社 Union Power Corporation（UPC）の倒産[25]に関わる法人受託者の活動の問題点について検討しよう．UPC は，その傘下の子会社として公益事業会社の Federal Public Service Corporation（FPSC）を擁しており，子会社 FPSC の株式は親会社 UPC の主要な資産を構成していた．UPC は1928年に150万ドルの担保付転換社債を発行したが，その社債の担保には子会社 FPSC の株式が充当された．なお，この社債の受託者には Harris Trust & Savings Bank of Chicago が指名され，債券の分売は H.M. Byllesby & Co. が中心となった銀行グループによって行われた．

そして，それから5年後の1932年5月に子会社の FPSC は倒産したのである．ところが，その倒産以前に H.M. Byllesby & Co. は，FPSC の親会社 UPC を支配できる議決権株を取得して，それを同社の系列投資信託である Utilities Industrial Corporation に売却していたのである．そこで，H.M. Byllesby & Co. の代表が，FPSC の再建計画策定のため社債保有者委員会の結成を先導することになった．1933年11月15日，再建計画は破産裁判所によって認められたが，UPC の社債の担保となっている FPSC の普通株の取扱いについては何も規定されていなかった．

その後，1934年1月31日には親会社の UPC も自主的に破産申請を行い，同年2月6日に同社の破産が宣告された．しかし，この間に同社の社債保有者を代表する委員会は設置されず，UPC の破産管財人は，子会社 FPSC の普通株以外の名目資産額を報告しただけであった．社債の信託証書の受託者

もまた，社債保有者のために活動することはなかった．FPSC の破産に伴う UPC の社債保有者からの問い合わせに対して，受託者が行ったことは，H. M. Byllesby & Co. と接触するように勧めることと，受託者には情報を与える権限がないと回答することであった．受託者のこうした対応は，債券保有者が信託証書の規定に基づいて受託者に要請しないならば，受託者は FPSC の再建状況について助言する義務すらない，という弁護士の指導に従ったものであった．事実，UPC の破産申請後，債券保有者からの問い合わせにもかかわらず，受託者は何の行動もとらなかったのである．

そのため，1934 年初頭には社債保有者の有志による独立の社債保有者委員会の設立が呼び掛けられ，それに基づいて社債保有者集会が開催されて委員会の代表が選出された．同委員会は，1934 年 4 月に Harris Trust & Savings Bank of Chicago に対して，UPC の破産申請に関連して社債保有者の権利保護のために迅速な活動を行わないならば，受託者を辞任するよう要求した．しかし，受託者は委員会に協力して，委員会の望む方向で行動しようとはしなかった．このような状況のもとで，UPC の破産管財人は，ほとんど拘束されることなく請求権の整理を進めることができたが，最終的行動がとられる前にようやく H.M. Byllesby & Co. と，UPC の社債保有者を代表する利害関係者との間で和解が成立した．この和解に当たって，法人受託者が何の役割も果たさなかったことはいうまでもない．和解は，破産管財人と社債保有者委員会代表の努力の賜物であった．

ところで，UPC の社債発行に伴う受託者の行動の問題点については，もう一点指摘すべき点がある．それは UPC の社債の担保とされた，FPSC の普通株の担保価値の維持に関わる問題である．というのは，UPC の社債発行に当たって募集案内書（offering circular）には，信託証書の規定により，(1)FPSC の普通株全部が社債の担保に入れられること，(2)追加証券の発行は制限されている，という記載がなされていたが，UPC と受託者はその制限を UPC のみに対する制限と解釈し，UPC の社債発行後に，子会社の FPSC が追加証券を発行したからである．具体的には，次のような追加証券

表 4-6 社債デフォルト時の受託者の行動類型
（括弧内は％表示）

(1) 何の活動もしなかった	116（27.4）
(2) デフォルト発生の通知のみ行った	71（16.7）
(3) 償還期限の繰上げ措置のみ	2（0.4）
(4) 提出された請求権の証明のみ	11（2.7）
(5) 担保物換価処分手続き	46（10.8）
(6) 償還期限の繰上げと担保物換価処分	9（2.1）
(7) 資産の取得	21（5.0）
(8) 資産の取得と担保物換価処分	22（5.2）
(9) 財産管理手続きへの関与	9（2.1）
(10) 資産からの収益の受取りまたはそのための諸措置	9（2.1）
(11) 保護委員会の設置等を要望する証券保有者との交渉	6（1.4）
(12) 上記措置の各組合せ	69（16.3）
(13) 上記以外の様々な行動（証券発行者の帳簿検査，抵当財産の検査，等）	24（5.7）
(14) 回答なし	9（2.1）
合　計	424（100.0）

（出典）SEC, *Trustees under Indentures*, 1936, p. 128.

の発行が行われた．UPCが社債を発行した時点でのFPSCの普通株を除く証券発行残高は，第1順位抵当付社債440万ドル，累積的優先株1万5000株であった．その後，大量の追加証券が発行され，FPSCが破産した時点の証券発行残高は，第1順位抵当付社債1050万ドル，累積的優先株3万5455株，ノート700万ドル，という状況であった．

これらの証券の弁済順位は，UPCの社債の担保となっている普通株の弁済順位よりも上位にあり，したがってFPSCの普通株の担保能力は，UPCの社債発行時点よりも低下しているということができる．換言すれば，社債保有者の利益が侵害されたのであり，社債保有者の利益を擁護すべき受託者がこうした追加証券の発行を認めたことは，受託者として怠慢であるという批判がなされる．

以上，Cuban Cane Products 社と公益事業持株会社 Union Power Corporation の事例に見られるように，倒産時における受託者の行動は，社債保有者の利益のために行動するという受託者の規範とは大きく相違し，実際にはほとんどその機能を果たさなかったということができる．

424の法人受託者を対象としたSECの調査（表 4-6 参照）によれば，社債の債務不履行が発生した時に，何の活動もしなかったと回答した法人受託者は，4分の1を越える116社にのぼっている．この他に債務不履行の発生を通知しただけと回答した法人受託者が，71社も存在しているが，これも

社債保有者の利益保護のために積極的に活動したというわけではなく，非活動的な部類の受託者に分類することができる．この両者を非活動的な受託者とすれば，その数は 187 社となり，全体の 44％ を占めている．したがって，こうした非活動的な受託者は，上述の 2 つの会社にのみ見られた特殊な事例というわけではなく，この時期にかなり広範に存在していたものと考えることができる．

そこで，こうした受託者の機能不全または非活動的状態を改善すべく，報告書は次のような提言を行っている．第 1 点は，法人受託者は彼らに課されている責任に見合う報酬を受け取ることにより，活動的な受託者に転換されるべきであるということ，第 2 点は，社債保有者の保護のため，受託者は発行者のレシーバーシップや倒産手続きに速やかに関与すべきであるということである[26]．もう少し一般化していえば，受託者を律する指針として，受託者には少なくとも自分自身の投資を守るくらいの熱心さと完全さを伴った行動が要求されることになる[27]．

4. 法人信託業務と利益相反

前節では，社債のデフォルトに際して法人受託者が，社債保有者の利益保護のために積極的な行動をとらなかったという問題点を指摘し，その対応措置として，活動的な受託者に転換されるべきである，という SEC の提言を紹介した．しかし，その対応策も法人受託者の利益相反という問題を考慮に入れない限り，不十分といわざるを得ない．例えば，受託者が自分自身の利益と社債保有者の利益とが対立する状況に置かれた時，自分の利益を守るために積極的に活動する事態がないとはいえない．こうした受託者ならばむしろ受動的であった方が，社債保有者の利益のためにはよいということもあり得るからである．そこで本節では，法人受託者の利益相反問題について検討したい．

(1) 法人受託者の兼営業務と利益相反

一般に企業が，複数の業務を兼営している場合には，それぞれの業務毎に異なった利害関係が形成され，時にはこれらの利害が相互に衝突することが起こり得る．このような状態を指して利益相反と呼ぶが，こうした利益相反の状態に置かれた主体が，複数の利益を公正に代表することは極めて困難である．このような利益相反の問題は，受託者の誠実義務が重視されるべき信託業務においてとりわけ深刻である．1930年代当時の法人受託者の実体は，現在でもそうであるように，商業銀行や信託会社の信託部門であり，これらは複数の業務を兼営していた．そのため法人受託者は，利益相反的な利害関係に陥り易い状態に置かれていた．利益相反の内容は，個人信託や法人信託等の信託業務の種類により相違しているが，ここでは社債発行に関わる法人信託業務に伴う利益相反について検討し，個人信託に関する利益相反の問題は，第5章で検討する．

法人信託業務における利益相反の存在は，社債保有者の利益を保護するために誠実に行動すべき受託者の行動に大きな影響を与える．前節で検討した社債デフォルト時における受託者の不誠実な行動も，こうした利益相反の存在に起因するものと考えられる．そこで，こうした場合にどのような利益相反が存在していたのか，具体例に即して検討する．

受託者が保護委員会に参加する場合の利益相反

前述したように，会社の債務不履行が発生した場合には，その会社に債権を有している証券保有者により保護委員会が設立される．しかしながら，証券は多数の投資家によって広く分散して保有されているのが通常であるから，こうした保護委員会にすべての証券保有者の参加を期待することはできない．そのため，保護委員会は，自ずと大口の証券保有者を中心として形成され，その利益を代表して活動することになる．したがって，委員会に参加していない証券保有者の利益は，保護委員会によっては代表されないということ，つまり保護委員会は，当該証券の保有者全体の利益を必ずしも代表するもの

第4章 社債のデフォルトと信託機関の機能

ではないことに留意する必要がある．

　それでは，このような保護委員会に受託者が参加する場合に，どのような問題が引き起こされるのであろうか．受託者が，大口の証券保有者とともに保護委員会の構成メンバーになることは，両者の協力によりその後の諸手続きを，委員会主導のもとで円滑に進めることを可能にするものである．しかし他方では，受託者は当該証券の保有者全体の利益を擁護することをその使命としているのであるから，当該証券について別の保護委員会が結成されるような事態が発生した場合，または保護委員会の弁護士に受託者の弁護士と同一人が指名されるような場合には，注意深い受託者は，利益相反を避けるために委員会から離脱することが必要であるといわれていた[28)29)]．

　しかし，こうした規範は実際にはなかなか守られず，受託者と保護委員会との結び付きはかなり多く見られたようである．SECの調査では，723の保護委員会のうち，265（36％）の保護委員会で受託者がその構成メンバーとなっており，さらに887の事例のうち，143（16％）では保護委員会と受託者双方の弁護士が同一であった，と報告されている[30)]．

　前節で紹介したHoe社の債務不履行における，社債保有者保護委員会と法人受託者ギャランティ信託会社との関係は，こうした利益相反の顕著な事例を示している．そこではまた，利益相反の立場に置かれた法人受託者が，本来擁護すべき社債保有者全体の利益よりも，受託者自身の利益を優先して行動する姿が示されている．

　ギャランティ信託会社は，系列証券会社のギャランティ社（Guaranty Company）を通じて，社債保有者保護委員会に代表を送っており，これによってHoe社は，同信託会社のコントロール下に置かれていたのである．しかも，受託者自身が，保護委員会の活動を主導すると同時に，Hoe社に対する貸付債権や証券を有している，というような利害関係が錯綜した状況のもとでは，ギャランティ信託会社が社債保有者全体の受託者として，保護委員会やHoe社の経営陣に対するチェック機能を果たすよう期待することはほとんど不可能であったし，実際にもそうであった．

法人受託者の多面的利害関係に基づく利益相反

法人受託者が，信託業務以外の業務を直接に併営している場合，あるいは系列会社を通じて間接に他業務を併営している場合には，業務の併営に伴い複数の利害関係が形成される．このような関係がかなり広範に見られる現象であることは，法人受託者が証券発行会社との間でどのような結び付きを持っているか示した，表4-7 からも窺い知ることができる．しかし，こうした利害関係の形成は，受託者としての公正な活動に大きな影響を及ぼすものである．そこでこの点について，先に紹介したギャランティ信託会社と Hoe 社の事例を再度取り上げて検討してみたい．

この両者の間で形成された利害関係は，主に次のようなものである[31]．

(1) 系列証券会社のギャランティ社は，Hoe 社の取締役会に役員を派遣するとともに，株式の取得により同社を支配していた．また，ギャランティ社の2人の役員は，Hoe 社の議決権信託の受託者であった．

(2) 1924年の Hoe 社の社債発行では，ギャランティ社が97％の引受を行い，ギャランティ信託会社がその受託者となるとともに，社債利息の支払代理人となった．

(3) ギャランティ信託会社は，Hoe 社に融資を行うと同時に，Hoe 社の資金の預金先であった．

このように同信託会社

表 4-7　証券発行会社と法人受託者との間の結合関係

(1) 受託者が発行会社の支払代理人である場合	210
(2) 受託者が発行会社の共同支払代理人である場合	39
(3) 受託者が発行会社の預金先である場合	49
(4) 両者間の役員兼任関係がある場合	34
(5) 受託者が発行会社へ銀行貸付を行っている場合	19
(6) 両者が株式を持ち合っている場合	1
(7) 発行会社の取締役が受託者の従業員である場合	1
(8) 受託会社の取締役が発行会社の株式議決権信託の受託者である場合	1
(9) 発行会社の主要株主が受託会社の取締役である場合	1
合　計	355
重　複	61
重複分を除いた結合関係	294
結合関係なし	14
発行件数の総計	308

（出典）SEC, *Trustees under Indentures*, 1936, p. 123.

が，Hoe 社との間に多面的な利害関係を有しているもとでは，同信託会社は，受託者として社債保有者の利益のために行動するというよりも，むしろ自分自身の利益を優先しようとする誘因の方が，はるかに強く働くということは容易に想像できる．例えば Hoe 社の債務不履行に際して，ギャランティ信託会社がとった次のような行動は，その最たるものである[32]．

まず Hoe 社は，1926 年に貸付額とほぼ同額の担保を差し入れる契約により，同信託会社から 170 万ドルを借り入れた．そして，1928 年に担保を貸付額の 120% にするよう契約が修正され，Hoe 社には 120% を越える額の担保を引き出す権利が付与された．その後，1932 年 1 月に Hoe 社の経営困難が表面化したのを契機に，同信託会社は貸付残高を減少させたが，同年 1 月 30 日の時点では，貸付額の 120% を基準にしてなお 28 万 5300 ドル相当の超過担保が存在していた．しかし，貸付契約が再び修正され，Hoe 社はこの担保を引き出す権利を剥奪されることになった．Hoe 社の取締役会は，系列証券会社のギャランティ社によって支配されていたので，3 月 17 日の取締役会は，Hoe 社にとって不利な契約変更を受け入れたのである．そして，同じその日に取締役会は，ギャランティ信託会社が受託者となっている，4 月 1 日に利払いの期限が到来する社債のデフォルトを宣言したのである．

見られるように，ギャランティ信託会社は，信用供与者としての立場から貸付債権の担保を増額して保全することに努力を傾注したが，受託者としての立場から社債保有者に対してデフォルトについて助言しようとはしなかったのである．こうした同信託会社による Hoe 社担保の過剰確保は，本来ならば社債保有者の請求権の支払いに充当し得たかも知れない Hoe 社の資産を減少させることになり，明らかに社債保有者の利益を侵害するものであった．

しかしながら，債務不履行に伴って Hoe 社のレシーバーが指名され，このレシーバーは，同信託会社に過剰な担保を与える上記の貸付契約の修正に異議を唱えた．その結果，1932 年 6 月に同信託会社は過剰な担保を Hoe 社の財産に返却した．

同信託会社の不当な行為はこれにとどまらない．Hoe 社の貸付債権の確保のために，同信託会社は Hoe 社の当座勘定や Hoe 社の社債利子の支払代理人の資格で保有している資金をも充当したのである．同信託会社が社債発行の受託者であるということを考えれば，こうした行為は受託者義務に反する不正行為である．こうした手段により，同信託会社は 1933 年 8 月までに貸付債権の全額を回収したのに対し，同信託会社が支配したレシーバーシップによる会社更正の過程で，社債保有者は大幅な請求権の減額を受け入れざるを得なかったのである．債権を全額回収した後，1932 年 8 月，同信託会社は受託者を辞任した．理由は利害の対立する立場に置かれたからというものであった．

　SEC の報告書では，ギャランティ信託会社に関係した利益相反事例として，上記の Hoe 社以外にキューバ砂糖会社 (Cuba Cane Sugar Corporation) の事例も取り上げているが，これも Hoe 社の場合とほとんど同様な利害関係に基づく利益相反事例であった[33]．

　このように同信託会社の行動において，自己利益の追求は強力な決定動機となっており，たとえ社債発行の受託者として社債保有者に誠実であろうとしても，自己利益の追求という誘惑に打ち勝つことは至難の技である．ただし，実態に即していえば，同信託会社の自己利益にはそれ自身の利益と預金者や株主の利害関係も絡んでくるので，この点を考えると利益相反関係はより錯綜した関係となる．

　このような利益相反を引き起こす要因となる信託業務と銀行業務との併営は，ギャランティ信託会社の他にもかなり広範に見られた現象であり，しかも，同一の会社について社債発行の受託者と短期債権者の両方の地位を占めている銀行は珍しくなかった．SEC の調査では，回答があった 78％（308 のうち 240）の法人受託者は銀行業務を行っており，このうち約 8％（240 のうち 19）は，社債のデフォルトが発生する前 1 年以内に，当該発行会社に短期債権を持っていたということである[34]．

(2) 利益相反の排除と信託証書法の制定

これまでの検討により受託者が利益相反関係に置かれた場合，社債保有者の利益は十分に保護されないことが知られた．したがって，社債保有者の利益保護のためには，受託者が利益相反関係を持たないよう一定の規制措置を導入し，制度改革を行う必要がある．SECの報告書は，こうした制度改革について以下の3点にわたる改革を提言している[35]．

(1) 法人信託制度は商業銀行から分離し，信託業務に特化した信託機関の専一的機能とするか，会社証券の受託者として行動する商業銀行は，受託者の責務に反するような会社経営陣との関係，株式所有，債権者としての立場に立つことを禁止されるべき．

(2) 証券の引受業者と受託者との完全な分離が，証券保有者の保護のために重要である．

(3) 受託者は自らが受託者となっている証券を保有すべきでない．また証券の発行会社は受託者の経営陣に代表を持つべきでない．

さらに，この他にも公益と投資家保護のために，次のような措置を講じるよう勧告を行っている[36]．

(1) 受託者が，受託者義務に反する利益相反関係を持つ場合には，受託者の資格を失うべき．

(2) 受託者は法律が想定しているような注意と勤勉さを行使する能動的受託者に転換されるべき．

(3) 資金の少ない無責任な受託者を防ぐために，受託者はその信託責任に相応した資産を有する州法または連邦法のもとで設立された，銀行または信託会社であること．

その後，これら6点にわたる提言・勧告の大部分は，1939年に制定された信託証書法の諸規定として実現されている[37]．この法律は，「法人信託契約に含まれねばならない条項と，含まれてもよい条項，さらに排除されねばならない条項を規定することによって，投資家を援助するように意図」[38]したものであるが，利益相反については，信託証書の中に次のような趣旨の諸

条項を入れることを要求している．

「もし，受託者が法に定められたような利害の相反を生じた場合，受託者は，速やかにその相反する点を除去するか，受託者を辞任しなければならない．利害の相反を構成するものは，証書の中に定義されている．そして，基本的な考えは，受託者としての信託機関の行動が私利によって影響されることがないか，発行会社またはその引受業者との共同利益によって影響されないか，株式の所有や重役の兼任によって影響を受けていないかということである」[39]．

このように信託証書法は，受託者と社債保有者との利益相反関係の排除を強く規定し，この目的を達成するために同法第310条(b)項において，利害相反関係による受託者の欠格事由を規定している．欠格事由は全部で9号にわたって列挙されているが，これらは限定列挙であり，それ以外の事由は欠格事由とはならないとされている[40]．

しかしながら，ここで注意する必要があるのは，「受託会社が，発行者に対して自己の計算において貸付をなすことを，受託会社の欠格事由としていない」[41]ことである．この点は先に検討した利益相反の事例と前述のSECの提言・勧告を考えると，不徹底な措置という印象を拭い得ない．これは信託証書法の立法過程で，受託者が発行会社に対して貸付債権を持つことを禁止するというSECの勧告に，銀行界が強く抵抗したことによるものである[42]．

とはいえ，こうした貸付から生ずる利益相反は看過できないものであり，受託者による発行会社への貸付を禁止すべき，という意見もまた強く主張された．そこで，いわば両者の折衷案として，信託証書法第311条に優先的弁済受領（preferential collection of claims against obligor）を禁止する規定を置き，貸付による利益相反を防止する措置を講じている[43]．

ただし，「実際には米国においては，発行会社に対して融資関係を有するトラスティは，利益相反の状態が顕在化する段階またはそれ以前に，この問題を回避するため，後継のトラスティをみつけた上で辞任するのが慣例である」[44]といわれている．この点についてSECも，「信託証書法には，やめな

ければいけないという規定はない．ただし，やめないとトラスティは，現実の問題として，デフォルトの後で受託者の権限を行使する場合に，融資先でありかつトラスティであるという役目を二重に担うことになる．そこで，実際の慣行としては，融資関係にある場合に，トラスティは，デフォルトの可能性があるときには辞任をするのが通常である」[45]とその慣行を認めている．

さて，このように信託証書法の制定によって，受託者と社債保有者との利益相反関係はかなりの程度，排除することが保障されたといえる．さらに同法は，債務不履行発生後の受託者の義務と責任について，次の趣旨の文言を信託証書中に書き入れることを規定している．すなわち，受託者は債務不履行発生後，「信託証書によって付与された権利および権限（rights and powers）を行使すること，その行使に当っては思慮分別のある合理人（a prudent man）が，当該状況において自己自身の行為について行使する注意と技量（care and skill）を用いなければならない」[46]という規定である．いわゆる慎重人の原則である．これによって受託者が，社債保有者の利益保護のために積極的に活動するように求めているのである．

5. むすび

以上，社債発行に関わる法人信託制度とその制度下における受託者の活動実態を，社債保有者の保護機能を中心にして論じてきたが，以下に明らかになった点を要約しておこう．

まず第1に，社債発行の受託制度は，社債保有者の保護を目的とした制度であり，その受託者として信託会社や商業銀行が重要な役割を果たしたことである．

第2に，大不況に伴って社債の債務不履行が頻発するようになると，実際にはこの制度が社債保有者の保護のために有効に機能せず，従来の信託証書による受託者の機能規定の不十分さが，明らかになったことである．

第3に，当初想定されていた社債保有者の保護という目的が，受託者によ

って十分に果たされなかった要因として，受託者と社債保有者との間に利益相反関係が存在したことをあげることができる．

第4に，SECはこうした従来の信託証書に基づく社債発行の受託制度の不備を改革するため，利益相反の排除を中心課題とした勧告・提言を行い，それが1939年信託証書法として実現されたことである．この法律は，受託者の自己勘定による発行会社への貸付を禁止しなかったという点で，利益相反の排除について若干の不徹底さを免れないものの，受託者の義務と責任を明確に規定したことにより，投資家保護のための法制度の整備充実に大きく寄与したということができる．

ところで，上述の問題に関連して1930年代における受託者の活動の変化について一言しておきたい．社債権者の利益を代表する受託者の活動は，社債発行会社が債務不履行に陥った場合に，倒産会社として会社財産を清算処分するか，会社更正手続きを経て会社の再組織を行うか，によって大きな影響を受ける．大不況期には債務不履行に際して，景気対策や雇用政策の観点から会社倒産よりもむしろ会社更正の方が望ましいという考えに基づき，会社更正を円滑に行うための法制度が整備されてきた[47]．そのため債務不履行が起きても，受託者は担保権を行使するよりも保護委員会と協力して，会社更正に参加するのが普通であった．しかし，保護委員会は社債保有者全体の利益を代表しているわけではないから，そのことによって利益相反の恐れがあることはすでに述べたところである．とはいえ，こうした事態は，受託者が会社更正において重要な役割を果たすようになったことを示しており，この点でそれは，受託者の活動に一定の変化をもたらすものであったということができる．

会社更正は，いわば自由競争の中で敗退した資本の救済措置という性格を有しており，レッセ・フェール的な資本主義の姿とは異なるものである．したがって，会社更正というのは，ニューディール経済政策の意図した国家による経済過程への介入の一形態であると見ることができる．また，それを通してニューディール経済政策は，受託者の活動に一定の影響を及ぼすことに

なったのである．

注
1) アメリカ経済研究会編『ニューディールの経済政策』慶應通信，1965年，14ページ．
2) 同書，3ページ．
3) Daniel B. Creamer, Sergei P. Dobrovolsky, and I. Borenstein, *Capital in Manufacturing and Mining*, 1960, pp. 142, 143, Table 44，参照．
4) アメリカ銀行協会編，三井信託銀行信託部訳『アメリカの信託業務』東洋経済新報社，1975年，345ページ．
5) 同書，368-369ページ．
6) W. Braddock Hickman, *The Volume of Corporate Bond Financing since 1900*, 1953, p. 182.
7) *Ibid.*, p. 183.
8) 社債に関するリーエンの優先順位（リーエン・ポジション）とは，(1)当該社債が発行会社の財産に対するリーエンによって担保されているか否か，(2)債務者の負債構成に占めている，当該社債の発行会社の財産に対する請求権の順位付け，に基づいた分類基準である（W. Braddock Hickman, *Corporate Bond Quality and Investor Experience*, 1958, pp. 431, 433，参照）．

　なお，リーエンは主に「特定または不特定の債務を，優先的に弁済すべき，債務者または第三者所有の動産または不動産の負担」（鴻常夫，北沢正啓編『英米商事法辞典』商事法務研究会，1986年，463ページ）を指す用語であるが，詳しくは『英米商事法辞典』のlienの項目を参照されたい．
9) W. Braddock Hickman, *Corporate Bond Quality and Investor Experience*, p. 449，参照．
10) 黒沢義孝『債券格付けの実際』東洋経済新報社，1985年，132-133ページ．
11) 社債の担保概念の変化ついては，佐合紘一『企業財務と証券市場』同文舘，1986年，40-42ページ，を参照されたい．また，社債と同様に銀行貸付における担保概念も変化し，収益力の評価に基づく無担保の銀行貸付も行われるようになった．この点については，川波洋一『貨幣資本と現実資本』有斐閣，1995年，133-173ページ，およびArthur S. Dewing, *The Financial Policy of Corporation*, 5th ed., 1953, pp. 708-710，を参照されたい．
12) アメリカ銀行協会編，三井信託銀行信託部訳，前掲書，361-362ページ．
13) Securities and Exchange Commission, *Report on the Study and Investigation of the Work, Activities, Personnel and Functions of Protective and Reorganization Committees*, Part VI, *Trustees under Indentures*, 1936, pp. 3,

4.

14) American Institute of Banking, *Trust Business*, 1934, p. 410.
15) 保護委員会の詳細については，Richard G. Page and Payson G. Gates, *The Work of Corporate Trust Departments*, 1926, pp. 190-193, を参照されたい．
16) Ben W. Utter, "Problems of Trustees under Defaulted Bond Issues," *Trust Companies*, Vol. 56, No. 6, June 1933, p. 653.
17) Albert L. Grutze, "The Trustee's Duties and Liabilities under Corporate Bond Issues after the Bonds Have Been Certified and Delivered," *Trust Companies*, Vol. 41, No. 2, 1925, p. 185.
18) Utter, *op. cit.*, p. 656.
19) 三ヶ月章『会社更正法研究』有斐閣，1970年，3ページ．
　ちなみに，レシーバーシップのもとでの会社更正手続きは，「破産申立を防止し，会社財産を旧債務から自由にしてこれを債権者に売却し，債権者はその財産を新会社に現物出資し，それに代えて，債権者は証券を受領するということを骨子とする」（同書，3-4ページ）ものであった．その際の保護委員会の役割は，次の通りである．「更正会社の債権者は，その有する証券を委員会に寄託する．会社財産が競売において売却されると，委員会がそれを競落とし，自己に寄託を受けた証券を以て支払にあてるのである．従って，寄託をしない債権者の分を払い又優先債権を弁済するだけの現金さえ準備すれば，委員会は会社財産を取得しうるのである」（同書，7ページ）．
　なお，こうした保護委員会の活動に関連した受託者の機能については，Page and Gates, *op. cit.*, pp. 145-148, を参照されたい．
20) 三ヶ月，前掲書，15ページ．
21) SEC, *op. cit.*, pp. 37, 38, 参照．
22) *Ibid.*, pp. 39-42, 参照．
23) *Ibid.*, pp. 42, 43, 参照．
24) *Ibid.*, pp. 45-47, 参照．
25) *Ibid.*, pp. 48-61, 参照．
26) *Ibid.*, p. 47, 参照．
27) *Ibid.*, p. 61, 参照．
28) Page and Gates, *op. cit.*, pp. 190-192, 参照．
29) 保護委員会が，同委員会に証券を寄託しなかった投資家の利益に反して活動する事態は，少なからず発生したようである．この点については，三ヶ月，前掲書，5-7ページ，を参照されたい．
30) SEC, *op. cit.*, p. 80, 参照．
31) *Ibid.*, p. 83, 参照．
32) *Ibid.*, pp. 84-88, 参照．

33) 詳細については，*ibid.*, pp. 88-99，を参照されたい．
34) *Ibid.*, p. 99, 参照．
35) *Ibid.*, p. 107, 参照．
36) *Ibid.*, pp. 110-112, 参照．
37) 信託証書法は，1990年11月に大幅な改正がなされたが，本章では信託証書法制定時の1930年代を考察対象としていることもあり，この改正信託証書法については論及していない．改正内容については，明田川昌幸「米国連邦信託証書法の改正について（上，下）」商事法務研究会『商事法務』No. 1256, 1991年, No. 1257, 1991年, を参照されたい．
38) アメリカ銀行協会編，三井信託銀行信託部訳，前掲書，334ページ．
39) 同書，366ページ．
40) 詳細については，岩原紳作「アメリカ合衆国信託証書法第310条の研究」公社債引受協会『公社債月報』372号，1987年，5-9ページ，を参照されたい．
41) 江頭憲治郎「アメリカ合衆国信託証書法の概説」公社債引受協会『公社債月報』370号，1987年，23ページ．
42) 公社債引受協会『欧米社債制度調査団報告書』1986年，10ページ参照．
43) 第311条の詳細については，木下毅「アメリカ合衆国信託証書法第311条の研究」公社債引受協会『公社債月報』373号，1987年，1-12ページ，を参照されたい．
44) 公社債引受協会『欧米社債制度調査団報告書』，11ページ．
45) 同書，146ページ．
46) 木下毅「アメリカ合衆国信託証書法第315条の研究」公社債引受協会『公社債月報』376号，1987年，6ページ．
47) 三ヶ月，前掲書，12ページ参照．

第5章　商業銀行の信託兼営と証券分離

1. はじめに

　1929年10月のニューヨーク株式市場の株価暴落を契機として始まったアメリカの大恐慌は，実体経済面において深刻な不況を現出させるとともに，貨幣・金融的側面では銀行倒産の激発を引き起こし，最終的には1933年3月に全国的な「銀行休業」という形態をとった銀行恐慌に発展した．大恐慌下で発生したこのような銀行恐慌＝銀行制度の破綻は，アメカの貨幣制度と銀行制度に重要な変革をもたらす契機となった．

　ルーズベルト政権下で制定された1933年銀行法（Banking Act of 1933）と1935年銀行法（Banking Act of 1935）は，こうした銀行改革のための立法措置である．このうち1933年銀行法は，立法提唱議員の名をとって通称グラス・スティーガル法（Glass-Steagall Act, 以下GS法と略記）と呼ばれ，銀行業務と証券業務との分離，預金保険制度の創設，要求払い預金の付利の禁止等を規定した法律である[1]．これ以降GS法は，現在に至るまで長期にわたってアメリカの銀行制度，銀行構造の枠組みを規定する重要な役割を果たすことになったのである．

　ところでGS法制定当時，主要な商業銀行は，証券業務とともに信託業務を兼営する信託兼営銀行としての性格を備えるようになっていた．これは1920年代に，信託部門または信託子会社の設置という形で直接，間接に信託業務に従事する商業銀行が急増したことによるものである．ところが，上

述のように連邦政府は，商業銀行に対して証券業務の分離という業務規制を課したものの，信託業務についてはこうした業務規制を行わず，商業銀行に従来どおり信託業務の兼営を認める政策措置をとった．つまり証券業務，信託業務はともに同じ銀行の兼営業務でありながら，一方は禁止され，他方は認められるという全く対照的な規制政策が，銀行改革において採用されたわけである．

では，なぜこのような対照的な規制政策がとられたのであろうか．本章ではこの点について，以下の順序で考察する．まず第1に，銀行に対する業務規制を行う重要な契機となった1933年の銀行恐慌の要因を分析する．第2に，銀行恐慌との関連において，GS法による銀行の証券業務の禁止措置の妥当性について考察する．そして第3に，銀行の信託兼営に伴う問題点の検討と，最終的に信託兼営の継続が認められた事由について考察する．

2. 1933年の銀行恐慌と銀行休業

(1) 銀行倒産から銀行恐慌へ

1929年10月の株式市場恐慌に端を発したアメリカの大恐慌は，その後の実体経済における不況の深化を反映して，銀行倒産の増大を引き起こした．銀行倒産自体は，大恐慌以前の1920年代の繁栄局面においてもかなり頻繁に発生しており，その数は1921年から29年の9年間に5,714行，年平均では635行という非常に高い倒産件数を示している（表5-1参照）．特に1926年には，976件という極めて高い倒産件数を記録している．このように1920年代の銀行倒産はかなり高水準で推移しており，現在の感覚で見れば，危機的ともいえる状況である．しかし，1920年代におけるこうした高水準の銀行倒産も，銀行制度全体を震撼させる銀行恐慌にまでは発展しなかった．

しかし，1929年の株式市場恐慌を経て1930年に入ると，銀行倒産の件数は1929年の659行から1,352行へと2倍以上にも急増した．それ以後，1931年2,294行，1932年1,456行と銀行閉鎖の激発は続き，1930年から

表5-1 銀行倒産の状況

年	銀行数	倒産銀行数	倒産銀行の預金額 (100万ドル)	倒産銀行1行当りの預金額 (1,000ドル)
1921	30,560	505	172	341
1922	30,158	367	93	254
1923	29,505	646	150	232
1924	28,806	775	210	271
1925	28,257	618	168	271
1926	27,367	976	260	267
1927	26,416	669	199	298
1928	25,576	499	143	286
1929	24,630	659	231	350
1930	22,769	1,352	853	631
1931	19,966	2,294	1,691	737
1932	18,390	1,456	716	492
1933	15,011	4,004	3,599	899
1934	16,042	57	37	648
1935	15,837	34	10	294
1936	15,628	44	11	257

(注) 銀行数は，1921-22年が6月末現在，その他は12月末現在．
(出典) 銀行数は，*Annual Report of the Board of Governors of the Federal Reserve System — 1937*, p.106, より作成．その他は，*Federal Reserve Bulletin*, Vol. 23, No. 9, 1937, pp. 868, 873, 910, より作成．

1932年の3年間で，5,102行の銀行が倒産した．つまり1929年の時点で24,630行あった銀行のうち，この3年の間にほぼその5分の1がなくなったことになる．とはいえ，これらの銀行倒産は，まだ地方的現象にとどまっており，金融中心地の銀行にまでは波及していなかった．

ところが，1933年に入ると銀行倒産はさらに激しさを増し，1月から3月4日までの2カ月で408の銀行が倒産し[2]，信用制度を根底から揺るがす銀行恐慌にまで発展した．こうした銀行恐慌は，銀行取付け＝預金引出しの殺到による預金支払いの停止，銀行閉鎖・銀行倒産[3]の激発という形態をとるのが典型的であった．

では，1929年10月の株式恐慌以後，どのような過程を経て1933年3月の銀行恐慌に至ったのであろうか．銀行恐慌に至る過程を，第1期（1929年10月～31年央），第2期（1931年央～32年1月），第3期（1932年2月～12月），第4期（1933年1月～3月）に区分して概観しておこう[4]．

まず第1期（1929年10月～1931年央）は，1930年末に発生した南部地域の銀行とニューヨーク市のBank of United Statesの倒産が中心である．この銀行倒産の特徴は，株価激落と不動産担保貸付の焦げつきを原因とする

都市銀行の倒産であり，なおそれは地域的性格を持ち，ただちに全国的な銀行取付けへと発展することはなく鎮静化し，その状況は31年央まで続いた[5]．

第2期（1931年央～1932年1月）は，シカゴを中心とする五大湖周辺の工業地域における大規模な銀行倒産が特徴であった．この期の銀行倒産の原因は，不動産担保貸付の焦げつきと債券価格の低下による銀行取付けであった[6]．

第3期（1932年2月～12月）の特徴は，第1に，1932年1月に設立された復興金融公社（Reconstruction Finance Corporation, RFC）により，破綻の危機にある銀行に対する救済融資が開始されたこと，第2に，1932年2月に制定されたグラス・スティーガル法による連邦準備法の改正に基づき，大幅な金融緩和政策が進められたことである[7]．すなわち，この改正で政府証券が連邦準備券の適格担保として認められたことに伴い，連邦準備制度に必要準備を超える自由な金準備が増加し，政府証券の大規模な買いオペの実施等の金融緩和政策が可能となったのである．このような銀行救済融資と金融緩和政策によって銀行倒産は，一時的に鎮静化に向かった[8]．

第4期（1933年1月～3月）は，銀行恐慌の最終局面であり，地方的，孤立的現象にとどまっていた銀行取付けが，金融中心地のニューヨークの大銀行を巻き込み急速に全国に拡大し，全面的な銀行恐慌に発展したことである．1933年1月のRFCの融資先銀行名の公表は，当該銀行の預金者の不安をかきたて，これらの銀行に対する預金取付けを一斉に惹起する結果となった．そして，1339年2月14日，ミシガン州における銀行休業（bank holiday）宣言や，上院銀行通貨委員会の小委員会（委員会の顧問 Ferdinand Pecoraより通称ペコラ委員会と呼ばれる）の公聴会における National City Bank 等の大銀行の不正行為の摘発と相まって，預金者の金融界に対する最後の信頼は打ち砕かれた[9]．預金者によるこのような銀行制度に対する完全な信認の喪失は，金本位制の停止を恐れた人々による預金や通貨の金交換の要求という「旧式の貨幣恐慌」の発生と相まって，連邦準備制度を頂点とするアメ

リカの信用制度を根底から動揺させるものとなったのである[10]。

そのため，銀行取付け騒ぎは全国に拡大し，ミシガン州の銀行休業宣言に続いて，多数の州で銀行休業が宣言された．こうした中で，それまで比較的高い流動性を維持してきた金融中心地のニューヨーク市の銀行も，銀行取付けの嵐に襲われ始めた．この時，ニューヨーク市の銀行は，二重の銀行取付けにさらされることになった．第1の取付けは，地方銀行からの銀行間預金の引出しである．これは，ニューヨーク市の銀行が地方銀行との間にコルレス関係を結び，地方銀行の余剰資金を銀行間預金として受け入れているため，取付けにあった地方銀行がこうした銀行間預金を引き出したことによるものである．そして第2の取付けは，一般の預金者による預金の引出しである[11]。

3月3日，ニューヨーク市の銀行は最悪の銀行取付けに遭遇したが，豊富な流動資産の保有に基づいて営業を継続することができた．しかし他方，ニューヨーク市の銀行にとって流動性の中心軸をなすニューヨーク連銀は，市中銀行からの通貨の引出しと金流出の圧力にさらされ，預金と連邦準備券に対する金準備の比率は40％を下回る状態になっていた．かくして金準備の低下のため，ニューヨーク連銀による連邦準備券の追加発行が不可能となったうえに，翌3月4日にはさらに大きな通貨需要が見込まれるという決定的な状況を迎えたのである[12]。

ニューヨーク連銀自体の支払い能力が危ぶまれるという状況のもとで，3月4日，ニューヨーク州に2日間の銀行休業が宣言され，各連邦準備銀行は市中銀行とともに営業を停止した．他の諸州でも銀行休業が宣言され，同時に全国の証券取引所と商品取引所も閉鎖された[13]．銀行閉鎖は全国に広がり，銀行制度はほとんどその機能を停止した．ここに至って銀行恐慌は，銀行制度の全面的崩壊という最終局面を迎えたわけである．

(2) 全国銀行休業と緊急銀行法

就任早々，銀行恐慌に直面したルーズベルト大統領は，こうした銀行休業を追認する措置として，3月6日に9日までの4日間にわたる全国的銀行休

業を宣言した．大統領命令による全国的銀行休業は，対敵通商法（Trading with the Enemy Act）という1917年制定の法律で規定された大統領権限に基づいている．同法は，大統領に外国為替や金・銀の取引を規制し，金・銀の硬貨および地金と紙券通貨の退蔵を禁止する権限を与えている[14]．

しかし，こうした大統領権限は，戦時下を想定した権限であり，平時においてその有効性に疑念がもたれるものであった．そこで大統領は，この大統領権限の追認を意図して，銀行休業期間中に議会に対し緊急銀行法（Emergency Banking Act）の立法を要請した．3月9日，同法は短時間の審議で成立し，前述の大統領権限は正式に認められた．

緊急銀行法は，銀行休業を引き起こすに至った銀行取付けの再発を防止し，銀行休業終了後に銀行のスムーズな営業再開を意図した立法であった．何よりも信用制度に対する公衆の信認の回復が焦眉の課題であった．そうでなければ銀行の営業再開と同時に，銀行取付けの再発は不可避と考えられたからである．

そこで大統領は同法制定後，銀行休業の期限を延長し，健全な銀行から順次営業再開を認める措置をとり，その認可権限を財務長官に付与した[15]．そして3月10日に大統領は，財務長官の許可を受けない金輸出を禁止する大統領命令を布告した．他方，国内での金支払いの停止と金退蔵の禁止措置は，連邦準備制度と財務省への金と金証券の急速な還流をもたらした[16]．

緊急銀行法は，連邦準備券の発行に際して政府証券を担保とする場合にはその価値額の100%まで，その他の商業手形等を担保とする場合にはその価値額の90%までの発行を認め，これによって発行された準備券に対する金準備の保有を免除した．さらに同法により連邦準備制度は，緊急事態の場合には加盟銀行に対し適格担保によらない貸付を行う権限を認められた[17]．

これらの措置は，事実上の金本位制の停止措置であった．これにより連邦準備制度は，銀行取付けが発生した場合でも金準備に制約されることなく連邦準備券を追加発行でき，加盟銀行に対する緊急融資を実行することができるのである．すなわち，加盟銀行は銀行休業終了後，営業を再開して預金取

付けが発生しても，預金支払いに充当する連邦準備券を入手するために，連邦準備制度に大幅に依存することが可能となったのである．

ところで緊急銀行法による金退蔵の禁止措置は，その後1933年4月5日に出された大統領命令によって，金貨・金地金・金証券の退蔵禁止と，100ドルを越える金および金証券を同年5月1日までに連邦準備銀行に引き渡すよう修正され，その強化が図られた．そして同年12月28日には財務長官は，100ドル以上という例外措置を撤回し，公衆による100ドル以下の金貨保有をも禁止した[18]．この場合には当然のことながら，連邦準備券の金兌換は停止されており，連邦準備券は事実上の不換通貨となっているのである[19]．

なお同法は以上の措置に加えて，預金者を保護し銀行再建を促進するため次の2つの措置を規定した．1つは，国法銀行の資産保全を任務とする資産保全人（conservator）を指名する権限を通貨監督官に付与したこと，もう1つは国法銀行の優先株の発行を認め，その購入をRFCに認めたことである[20]．

さてこうした諸措置を整えた上で，緊急銀行法が制定された3月9日に，ルーズベルトは銀行休業の期間を延長する声明を発表し，翌10日には大統領命令により，健全な銀行から順次，通常業務の再開を認める権限を財務長官と州の銀行監督当局に与えた．そして大統領は12日（日曜日）夜のラジオ放送で，国民に銀行の営業再開の計画を告げ，国民の協力を求めた[21]．

これ以後，銀行は徐々に営業再開を認められていったが，営業を再開した銀行に対する取付けは発生しなかった．その後，営業再開を認められる銀行は増加し，退蔵されていた通貨は，順調に銀行に還流した．その年末には営業再開を認められなかった銀行は，連邦準備加盟の512行と非加盟の1,400行に減少した[22]．とはいえ，1929年の株式恐慌から1933年の銀行恐慌の間に，実に1万近い銀行が倒産または合併によって消滅し，その後の銀行数は1929年の24,630行から1933年末には15,011行へと激減したのである（表5-1参照）．この間の銀行倒産が，いかに過酷なものであったか想像にかたくない．

第5章　商業銀行の信託兼営と証券分離

さて銀行休業終了後，銀行取付けが再発せず，銀行倒産がほぼ完全になくなったことは，銀行制度に対する公衆の信認が回復したことを意味している．それでは銀行休業を契機として，どのような要因が銀行制度に対する公衆の信認回復に作用したのであろうか．この点について，ウィグモア（Barrie A. Wigmore）は次のように指摘している．

「国内での金保有の禁止，金の輸出禁止，外国為替の管理は，すべての預金者を規制することになった即効的な措置であった．この措置により，ニューヨーク連銀の金準備に圧力をかけていた，国内と国外の預金者からの預金引出しに歯止めがかけられたのである．／国内での金所有の禁止と外国為替取引の管理により，アメリカの全預金者の無限の金需要は消滅した．そしてこの措置によって，ルーズベルトは4月18日から6月末にかけて，徐々に金1オンス20.67ドルから約35ドルヘドル価値の切下げを行うことができた．／金と外国為替に対する規制がなければ，この時期に銀行休業前と同じように，金と外国通貨への巨額な投機資金の流入が生じたであろう．／これだけのドル切下げが実施された後では，ドルに対する投機動機は決定的に取り除かれ，外国為替の管理も混乱なしに廃止することができた．」[23]

ウィグモアは，1930年代の銀行改革を検討するうえで留意すべき，重要な問題点を指摘している．この指摘に従えば1930年代の銀行改革が，銀行恐慌をもたらした諸原因に対応する解決策であったのかどうか，という疑問が生じるからである．具体的には，1933年銀行法（GS法）による銀行業務と証券業務の分離規定が，この指摘にあるような公衆の銀行制度に対する信認を回復する措置であったかどうかという疑問である．そこで次に，こうした点を念頭において，GS法による銀行業務と証券業務の分離規定について検討する．

3. 銀行業務と証券業務の分離

(1) グラス・スティーガル法の制定

　GS法において，銀行業務と証券業務の分離を規定した条項は，16, 20, 21, 32の各条項である[24]。

　16条は銀行自身の証券業務に制限を課しており，それによると銀行に認められる証券業務は，顧客の注文に基づいて顧客の勘定で行う証券および株式の売買に限定され，銀行自身の勘定による売買は禁止されている．さらに，銀行による証券および株式の引受も禁止されている．しかし，この規定には重大な例外があり，国債，州または州政府関連機関の一般債券は，上記の規定から除外される．なお，この規定は国法銀行と連邦準備加盟の州法銀行に適用される．

　20条では連邦準備加盟銀行は，主として株式，社債等の有価証券の発行，引受，分売等の証券業務に従事する法人およびその他の団体と系列関係を持つことを禁止されている．つまり，20条は連邦準備加盟銀行による系列証券会社の保有を禁止した条項である．

　21条は，預金を受け入れている場合には，個人，企業，法人，協会，信託会社，またはこれに類する組織は証券業務に従事してはならないと規定している．

　32条は，主として証券引受に従事する個人または組織の上級役職者，取締役，従業員またはパートナーは，同時に連邦準備加盟銀行の上級役職者，取締役，または従業員を兼任することはできないと規定している．

　このようにアメリカの商業銀行は，①会社証券の引受とディーリング業務の禁止，②系列の証券会社の保有禁止という措置により，会社証券に関する証券業務への従事を禁止された．しかし厳密にいえば，これは商業銀行の証券業務を完全に禁止したものではない．実際には商業銀行はGS法のもとでも，①会社証券の私募の援助，②自己勘定による会社証券（株式を除く）の

保有，③顧客の代理人として証券売買を行うこと，④国債，地方債，連邦機関債の引受とディーリング，⑤海外での会社証券の引受とディーリング，といった多様な証券業務を行っている[25]．こうした点に注目するならば，商業銀行に対する証券業務の禁止措置は，株式や社債などの会社証券に関する証券業務に限定された，という意味で首尾一貫性を欠くものであった．あるいは，GS法は世上一般にいわれているように，銀行の証券業務を「禁止」する法律ではなく，証券業務のなかで，銀行の健全性，安全性，預金者保護，一般投資家の保護などの観点から，銀行に取り扱いを認めるのは不都合だと考えられた特定の業務を「分離」し，銀行の証券業務を「制限」したにすぎない，という見方もできる[26]．また，国債・地方債の引受とディーリングが禁止されなかったことは，これらの証券のリスクが会社証券に比べて少ないということもあるが，私的信用よりも公的信用を優先的に確保しようとする財政当局の意図があるように思われる．

とはいえ，GS法が商業銀行の系列証券会社を1年以内に分離することを規定したことは，当時の商業銀行にとって重大な制度変革をもたらすものであった．GS法が制定されたのは，1933年3月の銀行恐慌から3カ月後の6月であり，銀行制度の改革が焦眉の課題となっていた時期である．そのため銀行業務と証券業務との分離も，当然銀行恐慌との関連で問題となったものである．したがって，GS法による銀行業務と証券業務の分離規定が，銀行恐慌に対する対処措置であるという見解が一般に受け入れられてきたのは，それなりの理由がある．

とりわけ前述のペコラ委員会の調査が，銀行の証券業務を禁止する世論を喚起するうえで，非常に大きな役割を果たしたことは間違いない．この調査により1929年の証券恐慌に至る過程で，銀行が系列証券会社を利用して行った不正な証券取引の実態が明るみに出されたわけであるが，折しもこの調査が銀行取付けの広まりと重なったために，銀行制度に対する公衆の不信認を招き，銀行取付けを一層促進する結果となったのは，前節で述べたとおりである．

表 5-2　連邦準備加盟銀行の損益

(単位：1,000 ドル)

年	1929	1930	1931	1932	1933	1934	1935
収　益	2,398,993	2,157,992	1,841,424	1,553,618	1,236,864	1,243,873	1,260,649
費　用	1,683,720	1,604,335	1,335,379	1,143,384	859,300	849,389	832,515
純収益	715,273	553,587	506,045	410,234	377,564	394,484	374,134
損失回復	136,714	118,229	126,672	113,109	124,885	253,950	376,006
損失と減価償却	295,473	365,314	620,456	778,230	858,279	872,944	538,262
貸付の損失	139,588	194,725	295,241	403,272	425,442	451,782	252,374
証券の損失	95,465	109,028	264,170	304,961	344,053	320,496	198,765
減価償却等	60,420	61,561	61,045	69,997	88,784	100,666	87,123
純利益（△は損失）	556,514	306,502	12,261	△254,887	△355,830	△224,501	211,878

(出典) *Annual Report of the Board of Governors of the Federal Reserve System — 1935*, pp. 158, 159, より作成.

　しかし，このことから銀行本体あるいは系列証券会社を通じた銀行の証券業務の兼営が，銀行恐慌を引き起こした要因である，という結論を引き出すことには無理がある．なぜなら，金本位制下の銀行恐慌は，基本的には銀行の支払い能力に対する預金者の疑念と，それに基づいて引き起こされる預金の引出しと通貨および金の退蔵に，銀行制度全体が対応し得ないことに起因するものであったからである．銀行が系列証券会社を利用して不正な証券取引を行っていたことと，銀行恐慌との間には直接的な因果関係があるわけではない．この問題はむしろ，銀行業務と証券業務との間の利益相反の問題として別途議論されるべき課題である．

　もちろん，銀行が証券業務を兼営することによって銀行経営の健全性に全く問題が生じないとはいえない．例えば，証券の引受業務を通じて引き受けた証券が売却不能となり，それに伴う損失によって銀行経営の健全性が脅かされるような場合である．しかしこの当時，こうした証券業務から発生する損失の拡大により，銀行が預金者に対する支払い能力に重大な支障をきたすような事態が実際に発生したわけではない．これは表 5-2 を見ればよく分かる．これによると 1932 年に連邦準備加盟銀行全体の純利益は，それまでの黒字から赤字に転落したが，この最大の原因は貸付と証券投資から発生する

損失の増大であり，その他の損失はとるに足らないものであった．つまり問題となったのは，前節で述べたように，不動産担保貸付の焦げ付きや保有債券の価格下落による銀行資産の悪化であり，それに伴う銀行の支払い能力の低下と預金者の預金引出しの殺到であった．

すなわち，1930年代の銀行倒産は預金者の銀行不信認による取付けに起因しており，銀行の証券業務に起因するものではなかった．したがって，銀行制度の崩壊の原因を銀行業務と証券業務との兼営に求めることは根拠がないのであり，銀行制度に対する公衆の信認の喪失への対応策としては，連邦預金保険，最後の貸し手の存在の方が，証券業務の禁止規定より有効な措置と考えられるのである[27]．

(2) ペコラ委員会調査の与えた社会的影響

以上述べたことより，銀行の証券業務の禁止は必ずしも銀行恐慌への整合的な対処措置とはいえないことが分かる．しかし，それにもかかわらず，銀行業務と証券業務の分離が行われた大きな理由の1つは，ペコラ委員会の調査が社会に与えた影響力の大きさである．

1929年の証券市場恐慌に関するペコラ委員会の調査が進むにつれて，銀行の証券取引に関わる不正行為が次第に明らかになってきた．恐慌で打撃を受けていた民衆は，その怒りの鉾先を銀行に向け始めたが，とりわけペコラ委員会が，ニューヨーク銀行界の二大巨頭であるNational City Bankのチャールズ・ミッチェル（Charles E. Mitchell）とChase National Bankのアルバート・ウィギン（Albert H. Wiggin）の脱税を摘発するに及んで，人々の怒りは頂点に達した．マスコミはこうした銀行の不正行為を大々的に報道し，銀行改革の実施を求める論陣を張った．

このような銀行規制の実施を求める世論が急速に高まる中で，この2つの銀行は，自主的に系列証券会社を銀行から分離するという発表を行い，世論の批判に対応しようとした．そのため当初，銀行の系列証券会社の分離に反対していた銀行界も，もはやそうした反対姿勢を取り続けることは困難とな

った．銀行の証券業務が，銀行恐慌の原因であったかどうかということには関わりなく，高まる世論の非難を前にして，銀行は銀行業務と証券業務の分離規制を受け入れざるを得なくなったのである[28]．

(3) 利益相反と銀行への経済力の集中の排除

さて，ペコラ委員会で明らかにされたような銀行とその系列証券会社との間の不正取引や，銀行業務と証券業務との兼営に伴う利益相反，あるいは銀行の証券業務の兼営に伴う銀行への過度の経済力の集中といった問題は，銀行改革に関わって論議されるべき重要な論点である．そこで次に，GS法との関連でこれらの問題について検討することにしたい．

まず，銀行の系列証券会社を利用した不正行為，利益相反は，主として次のような3つのタイプに類型化される[29]．

第1に，証券業務全般に共通な不正であり，このような不正として投機的な証券の引受と分売，証券発行に伴う情報操作，特定の株式・債券の市場操作があげられる．しかし，これらは銀行の証券業務の兼営とは直接関係ない不正であり，したがってこうした不正の防止については，GS法は適切な解決策ではなく，証券発行に関わる情報の開示を規定した1933年証券法 (Securities Act of 1933) と1934年証券取引法 (Securities Exchange Act of 1934) の制定，証券発行時の市場操作防止のための証券取引委員会 (SEC) による監視の方が適切な措置と考えられる．

第2に，銀行役員の自己取引 (self-dealing) による不正である．この自己取引の一般的な方法は，銀行の系列証券会社がその親銀行の株式・債券の市場操作を行うための投資勘定を設定し，そこに銀行の役員が参加するという形式をとった．銀行の役員は，こうした内部情報を利用した自己取引によって利益を得るばかりでなく，ある場合には銀行役員が，系列証券会社の株式をほとんど所有し，そこから得る収入の方が銀行から受け取る収入を上回る事例すらあった．

しかし，こうした不正の防止については，商業銀行の証券業務を全く禁止

してしまうというような方法でなく，系列証券会社による親銀行の株式取引の禁止や銀行役員のそうした取引への関与の禁止といった方法によっても対処できたものと思われる．

第3に，銀行業務と証券業務との兼営から生じる不正である．銀行業務と証券業務の兼営による不正は数多く生じたが，こうした不正の大部分は銀行の安全性と健全性に関わる利益相反に関連するものであった．ここで利益相反とは，一般に「2つまたはそれ以上の利害が，競合もしくは対立して存在する状態」[30]を指す概念として規定される．

ペコラ委員会はこのような利益相反の事例として，(1)銀行の不良貸付の処分先として系列証券会社を利用，(2)証券のはめ込み先として銀行またはその信託部門を利用，(3)系列証券会社の引き受けた証券の購入資金の貸付，(4)引受金融のための系列証券会社への過剰貸付，(5)長期証券への過剰投資，等をあげている．こうした利益相反を排除しようとすれば，GS法のように銀行の証券業務の兼営と系列証券会社の保有を完全に禁止するのが最も手っ取り早い方法である．しかしこれに対して，それぞれの業務を独立して営むとコストが増加し，それが負担増として顧客に転嫁されるため適切な措置ではないという議論がある．兼営を禁止することによって，顧客の負担するコストがどれだけ増加するか正確に算定することは困難であるが，それでも顧客のコスト負担増が避けられ，なおかつ顧客の利益が十分に擁護されるような保護措置が講じられるならば，GS法のような業務分野規制は不必要と思われる．もちろんこの場合には，インサイダー情報の不正利用を防ぐためにも実効ある業務部門間のファイア・ウォールの構築は必要不可欠である．

次に，銀行による経済力の集中という問題について検討しよう．アメリカは，「集権化された権力に対して懸念と嫌悪の情を示す伝統を持っている」[31]といわれてきた．こうした感情は，1890年のシャーマン反トラスト法（Sherman Antitrust Act）の制定に見られるように，経済的独占についても同様である．当然，銀行についても巨大化による銀行独占の出現を懸念して，こうした立場からの諸規制が行われてきた．例えば，多くの州で銀行の支店

保有の禁止や，州を越えての営業を認めないという州際銀行業務の禁止等の措置がとられているが，これは明示的には表明されていないものの，銀行の大規模化に対する歯止めと考えられる[32]．このような規制のもとでは当然，金融中心地に所在する一部の銀行を除けば大規模化は困難であり，中小の銀行が群生するということになる．それは，銀行恐慌後の1934年でも16,042行という膨大な数の銀行が存在していたことに示されている（表5-1参照）．

さて，それではこうした銀行に対する反独占的な規制という観点からみた場合，GS法による銀行業務と証券業務の分離措置は，どのように位置付けられるであろうか．

GS法の制定以前の商業銀行は，銀行業務と証券業務との兼営あるいは系列証券会社の保有が認められていたため，企業との間で融資関係を持つとともに，他方で証券の引受業務を通じてその会社の株式発行や社債発行に積極的に関与することが可能であった．したがって，銀行と企業との間に持続的な融資関係が存在している場合には，銀行はこの関係を基礎にして，当該企業の証券発行に際し引受シンジケートの幹事の座を占めるなど，他の競争者より有利な位置に立つことができる．すなわち，銀行による証券業務の兼営は，企業の資金調達に銀行が全般的に関与する体制を整えるものであり，銀行業務と相まって，銀行と企業との間の取引関係を強固にするという相乗効果を持っていたものと考えられる．

しかし，これは企業の側から見れば，借入金，証券発行を問わず必要な資金調達に当たって，全面的に銀行に依存することを意味する．そのため，銀行と企業との取引関係において銀行の力が強くなり，貸付金利や引受手数料等で銀行に有利な取引が行われる可能性は否定できない．

GS法は商業銀行による会社債券と株式の引受業務およびディーリング業務の禁止，さらに自己勘定による株式の取得を禁止しており，そのためこうした禁止措置は，前述した銀行と企業との間の取引関係に一定の制約を課すものであった．したがって，この点ではGS法は，銀行が貸付と株式の資金をコントロールすることを恐れる見解によって，銀行の経済的支配力を抑止

する措置として支持されている．しかし他方，銀行が顧客に貸付と並んで証券をパッケージにして資金を供与することが認められたとしても，顧客が資金やサービスを生保，年金基金，投資会社，引受業者等から獲得し得る選択肢を持っている限り，権力の集中という結果にならない，という反論がなされている[33]．

また別の視点から見れば，GS法による業務分野規制は，銀行業務と証券業務をいわば2つの市場に分断する措置であり，これは銀行業界と証券業界との間の競争を制限する働きを持つ．銀行業界と証券業界との間の競争が制限されるということは，それだけ両業界の内部における競争が制限的になること意味する．しかしこの場合であっても，銀行間の競争を促進する政策措置がとられるならば，必ずしも競争制限的な銀行構造が形成されるとは限らない．銀行間の競争が十分に維持されている状況であれば，企業が取引銀行を変更することは容易であり，銀行の企業に対する支配力の行使という懸念はそれほど問題にならないであろう．

なお，1980年代にはGS法の撤廃を求める銀行業界と，それに反対する証券業界との間でGS法の撤廃論争が行われた．銀行業界の主張は，会社証券の引受市場をより競争的にするためGS法を撤廃し，銀行に証券業務を認めるべきというものであり，これに対し証券業界が反論を行った[34]．

さてこのように見てくると，果たしてGS法の銀行・証券分離規定が，銀行の経済力の集中を抑制するという機能を全体として持っていたかどうか疑問に思われる．なお，こうした銀行の経済力の抑制という論点は，GS法制定に際してほとんど議論されなかったようである．その当時の米国議会において主たる関心事項は，先に述べたように利益相反に起因する銀行の不正取引の排除にあったからである．

4. 銀行・信託分離論

前節では商業銀行の兼営業務のうち，証券業務を取り上げ，GS法による

銀行業務と証券業務の分離問題について検討した．本節では，銀行のもう1つの重要な兼営業務である信託業務に焦点を当て，銀行改革の動きの中で信託業務の兼営問題がどのように取り扱われたか検討する．

ところで，前述したようにアメリカでは1920年代に，信託部門を保有し信託業務に進出する商業銀行が急速に増大したが，銀行による信託業務の兼営は連邦準備法や各州法によって認められており，この時期には銀行の信託業務をめぐって特に大きな問題は発生していなかった．しかし，1929年の株式恐慌と1933年の銀行恐慌を経て銀行改革論議が高まる中で，証券業務とともに信託業務もまた銀行の兼営業務としての妥当性が問われることになった．1933年銀行法の制定過程では一時期，証券業務とともに信託業務についても銀行からの分離が検討されていると報道されたことがあった[35]．こうした銀行の信託業務に対する疑問は，ルーズベルト大統領の発言や前述の上院銀行通貨委員会の公聴会等で表明された諸見解に見ることができる．

ルーズベルトは1933年，大統領就任後の記者会見で証券業務と系列証券会社の銀行からの分離について発言すると同時に，信託部門と貯蓄部門の分離についても言及している．この大統領発言の背後には，信託機関や信託財産が何らかの富や特権，金融力と結びついているのではないか，という多くの人々が抱いている素朴な疑問があると考えられる[36]．1930年代初頭に米国議会の銀行通貨委員会で行われた調査は，こうした疑問を全面的に解明するものではなかったが，信託業務に関する具体的な不正取引の一端を明らかにするものであった．そして，こうした不正行為の存在が，銀行による信託業務の兼営を制限すべきとする主張の論拠となったのである．そこでまず始めに，こうした信託業務に関わる不正取引の具体例を，同委員会の公聴会記録や議会報告書を参考にして考察する．なお，本節で主に参照した同委員会の報告書 (*Stock Exchange Practices*) は，1933年5月から1934年の5月にかけて行われた公聴会の内容を収録したものである．

(1) 信託業務に関わる不正取引＝受託者義務違反

　信託業務に関わる不正取引として，まず第1に検討する必要があるのは，信託財産を受託・管理している商業銀行（または信託会社）の受託者義務に違反する行為である．こうした受託者義務に違反する不正取引の事例として，次のような取引があげられる．

　それは，信託業務に従事している商業銀行（または信託会社）が信託財産の資産運用として証券投資を行う場合，その銀行の系列証券会社から優先的に証券購入を行うような事例である．例えば，銀行が信託財産を利用して系列証券会社が引き受けた証券を購入するような事例であるが，ここでは銀行は，受益者の利益を擁護する受託者としての立場と，系列証券会社とともに共通の利益を追求する同一資本グループの一員としての立場，という相対立する2つの立場を代表することになる．ここからいわゆる利益相反に基づく不正取引の可能性が発生するのである．もちろんいかなる場合でも，銀行が信託財産の受託者として受益者の利益のために活動し，そして何にもましてその利益を最優先に擁護すべきであることは，信託法理上の受託者の誠実義務に照らせば疑問の余地はない[37]．

　したがって大部分の場合には，受託者の誠実義務に基づいて信託財産の適正な管理が行われてきたのであるが，一部には信託財産の管理をめぐって，受託者の誠実義務に反する取引が行われたのもまた歴史的事実である．そこで次に，銀行通貨委員会の公聴会で受託者義務違反として追及された，デトロイト信託会社（Detroit Trust Co.）とガーディアン信託会社（Guardian Trust Co.）の不正取引，受託者義務違反の事例について検討する．

【デトロイト信託会社の受託者義務違反】

　デトロイト信託会社[38]は，1900年にミシガン州で設立されたが，1930年にDetroit Bankers Co.によって買収されて以降，その信託子会社として活動していた．ミシガン州では，信託会社の商業銀行業務は禁止されていたので，同信託会社はもっぱら信託業務に従事して，受託者として多くの信託勘定を管理し，所定の信託報酬と手数料収入を信託勘定から受け取っていた．

ところが1930年当時，同信託会社の親会社である Detroit Bankers Co. は，株式所有を通じていくつかの銀行，信託会社，証券会社をその傘下に収め，1つの金融グループを形成していたため，このグループ内に属する証券会社 First Detroit Co. とデトロイト信託会社との間で証券取引が行われる場合があった．そして，同信託会社はこの証券取引を通じて利益を得，これが受託者の誠実義務に反する不正取引として問題視されたのである．

すなわちデトロイト信託会社は，管理する信託基金の証券投資を目的として，各種の証券を系列証券会社 First Detroit Co. から購入し，それを同信託会社の債券部門を通じて信託部門の各信託勘定に売却する取引をしばしば行ったが，この証券取引の各段階でデトロイト信託会社と First Detroit Co. は，それぞれ一定の値鞘を利得していたことが明らかになったのである．例えば，1930年4月に First Detroit Co. は，Watson Realty 社からモーゲージ債券を1単位当り93.5の価格で取得し，それをデトロイト信託会社に95.759で譲渡し，そして次に，同信託会社は管理しているいくつかの信託勘定に97か額面の100で売却した．Rex Clark 社のゴールド・ノート (gold note) についても同様の取引が行われた．この場合には，First Detroit Co. はそのゴールド・ノートを95の価格で取得し，次にデトロイト信託会社に99.5で譲渡した．そして，同信託会社は額面価格にして4000ドル分を99.5の価格で信託勘定に売却したが，9万6000ドル分については100の価格で売却した．ここにあげた取引以外にも，この種の取引が何回にもわたって行われたことは，銀行通貨委員会に提出された資料から知ることができる（表5-3参照）．なお，同社副社長ストーン (Ralph Stone) の証言によれば，こうした取引は同社設立以来，30年にわたって行われてきたということである[39]．

ところで，上述の信託会社とその管理する信託勘定との間の証券取引は，信託契約によって認められた特定の信託勘定についてのみ行われたものであり，そうした特別な契約がない信託勘定では，信託会社に利益をもたらさない価格で取引されたということである[40]．なお，デトロイト信託会社におい

表5-3 デトロイト信託会社による債券取引

債券発行会社	取引額面 (1,000ドル)	Firstの Detroit の 購入単価	デトロイト 信託会社の 購入単価	信託顧客の 取引額面 (1,000ドル)	信託顧客の 購入単価
H.P. Trust Company	5	98.5	100	5	100
Chiloquin Lumber Co.	1	99	100	1	100
Hamtramck Lumber Co.	7	99	100	7	100
H.V. Mutter	6	98	100	4	100
				2	101
Realty Investment, Inc.	5	100	100.5	4	100
				1	100.5
Tidewater Mill Co.	2	99	100	2	100
W.J. Walker & R.H. Hovey	20	99	100	17	100
Southfield Co.	1	97	100	1	100
Capital Theater Bldg	4	95.3745	97.468	4	97.5
Kinzue Lumber Co	25	96	100	25	100
Edw. Hines Western Pine Co.	50	96.025	99.5	18	100
				32	99.5
Cleveland Heights	15	100.14	100.5212	…	…
Winston-Salem	7	103.226	103.134	…	…
Detroit & Security Tr. Co.(Ser. Z)	1	97.5	98	1	98
Detroit & Security Tr. Co. (Ser. D-2)	2	100	100	2	101
Detroit & Security Tr. Co.(Ser. B)	1	100	100	…	…
Detroit & Security Tr. Co. (Ser. D-2)	10	100	100	不明	100
				不明	101
Northern Redwood Lmbr	8	98.5	97.5	…	…
Detroit Trust(Ser. H)	1	99.5	100	1	100
Mead Corp.	50	93.375	97	23	97
				1	95
Davies Investment Co.	0.5	98.5	99	0.5	100
California Door	0.5	98.25	99	0.5	100
Detroit Trust(Ser. G)	1	99.5	100	1	101
S.S. Kresge	25	96.585	98.25	25	98.5
Rex B. Clark	3	95	99.5	2	100
				1	99.5
Sanitary Dist. Chicago	10	100.715	100.83	…	…
Rex Clark Coll. Gold Notes	100	95	99.5	96	100
				4	99.5
M.J. Gallagher Gold Notes	50	97.25	99	31	100
				19	99
Michigan State College	50	97	99.25	30	100
				20	99.25
Detroit Trust(Ser. J)	10	99	99	1	99
				1	100
Portland General Elec.	100	93.5	93.625	13	93.625
				87	93.75
Toledo Light & Power	60	98.375	99.375	60	99.5
Illinois Power & Light	25	93.5	95.25	12	95.5
				8	95.25
S.S. Kresge	150	97.75	99.5	47	99.5
				103	99.75
Kern Realty Corp.	10	95	96.44	10	100
S.S. Kresge	160	96.1	97.5	31.5	97.5
				0.5	97.55
				4.5	97.75
				1.5	98.25
				162	98.5

(出典) U.S. Congress, Senate, Committee on Banking and Currency, *Stock Exchange Practices : Hearings*, Part 11, 1934, pp. 5315-17, より作成.

ては，こうした特別な信託契約は，「受託者による信託基金の投資と再投資に当たって，当該受託者は，デトロイト信託会社からその保有する投資証券を，一般的な市場価格で購入する資格を与えられる」[41]という文言によって規定されていた．

　もちろん，こうした特別の信託契約があったとしても，上述の証券取引を正当化することはできない．上述の証券取引には，信託関係からみて看過しえない重大な問題点が存在するからである．その1つは，信託投資に伴う証券取引に際して，金融グループ内部の証券会社との取引が優先されていることである．もう1つは，信託会社の内部において信託部門の各信託勘定と債券部門との間で，いわゆる自己取引が行われていることである．こうした金融グループ内における証券会社と信託会社間の証券取引や，信託会社内部における自己取引では，客観的かつ公正な証券価格で取引される保証は全くない．とりわけ，取引される証券が非上場証券である場合には客観的市場価格は存在せず，かなり恣意的な価格で取引される恐れが十分にある．さらに，信託顧客に対するディスクロージャーが完全になされない状況下では，ますますもって公正な取引は期待できそうにない．そこでは信託財産の受益者の利益よりも，系列証券会社と信託会社自身の利益が優先されることになり，信託における受託者の誠実義務は全く形骸化したものとなる．特に，信託会社内部の自己取引の場合には，受託者の誠実義務違反は明白である．なぜならこの場合に信託会社は，信託部門の信託勘定と債券部門との間の自己取引によって一定の利益を取得することになり，したがって，これは信託財産を犠牲にして受託者が利得することを禁じた，受託者の誠実義務に違反する行為となるからである[42]．

　なお，デトロイト信託会社は，以上に述べた不正な証券取引の他にも，次のような問題ある取引を行っている．同信託会社は，1927年1月から1931年4月にかけて，いくつかのモーゲージをまとめて1つにする，いわゆるモーゲージ・プールを設定し，この一連のモーゲージ・プールへの投資を表す参加証券（mortgage-participation certificates）を発行した．この参加証券は，

同信託会社によって一般の投資家に売り出されたが，かなりの部分は同信託会社の管理している信託勘定によって購入された．これは自ら設定したモーゲージ・プールへの参加証券を自分自身の管理する信託勘定に売却するという，自己取引の見本ともいえる事例である．

そして問題はこれにとどまらない．「多くの事例では，参加証券が信託財産に売却された時点で，その参加証券の裏付けとなっているモーゲージにデフォルトが発生していた．すなわち，額面価格で425万ドルにのぼる6本の参加証券のうち，150万8900ドル分が受託者としてのデトロイト信託会社によって購入されたが，こうした信託勘定による購入の時点で，参加証券の基礎となっているモーゲージのうち，すでに14万1960.78ドル相当額について元本と利息の両方にデフォルトが発生していた」[43]のである．

なお同信託会社が，この参加証券を自ら管理する信託勘定に売却する際に，1％の投資手数料を信託勘定から徴収していたことも明らかになった[44]．信託会社が所定の信託報酬と手数料に加えて，さらに投資手数料を信託勘定から徴収するというような行為は，およそ受託者として誠意ある行為とはいえないであろう．このようにデトロイト信託会社ではモーゲージ・プール参加証券をめぐって，二重，三重に受託者の誠実義務に反する行為が行われていたのである．

【ガーディアン信託会社の受託者義務違反】

ガーディアン信託会社[45]は，オハイオ州クリーブランドに所在し，信託業務とともに銀行業務を兼営していた．ただし，1932年における同信託会社全体の収益は，86.95％が貸付利息と投資収益であり，信託部門からの収益は6.72％に過ぎなかった[46]．したがって，同信託会社は実際には銀行業務を主業務とし，信託業務を併営業務とする商業銀行と考えるのが適切である．

さて，同信託会社における受託者義務違反も，デトロイト信託会社のそれと基本的に同じであった．すなわち，管理している信託勘定の中で投資裁量権を持っている信託勘定と債券部門との間で証券の自己取引を行い，その取引によって一定の値鞘を利得するというものである．表5-4にこうした一連

表5-4 信託勘定への債券売却によるガーディアン信託会社の利益

債券発行会社 (　)内は発行年月日	売却が行 われた年	信託勘定へ の売却額 (ドル)	信託会社 の売却益 (ドル)
Fairmount Development (1926.2.1)	1926-27	39,000	2,571.25
Fairmount Development (1927.11.1)	1927-28	85,000	4,256.60
H.A. Stahl Properties	1926	66,000	4,680.00
Erie Prospect Co.	1926	33,000	1,152.50
H.F. Neighbors Realty Co.	1925-26	73,000	2,392.60

(出典) *Stock Exchange Practices : Hearings*, Part 19, pp. 8577-79, より作成.

の証券取引を掲載しておいたので参照されたい．なお，これらの証券取引の中で，K.L. Grennan Realty Trust Co. の債券取引に関しては，ガーディアン信託会社の債券部門が，自社の取締役から単位当り5ポイントの利益をもたらす価格で大量の同債券を購入し，その後，信託勘定に売却するという，二重の自己取引が行われた[47]．こうした自己取引が，受託者の誠実義務に違反し，信託財産を侵害する不正な取引であることはいうまでもない．

さらに，同信託会社における受託者義務違反として，信託勘定の未投資現金残高の取扱いに関する問題があげられる．1933年2月20日の時点で，信託勘定の未投資現金残高は514万6004.57ドル存在しており，それは同信託会社の銀行部門に信託部門名義の預金として計上されていた．そして，同年2月25日に同信託会社が閉鎖されたとき，その信託部門名義の預金残高は501万6536.91ドルであった．その後，同信託会社の第1次清算で20%の清算配当金が債権者に支払われたが，信託顧客は他の一般債権者と同等に扱われ，この清算配当額から債権持分比率に相当する分が支払われただけである[48]．

この場合，信託顧客を他の一般債権者と同等に取り扱うことは，はなはだ不公平であるといわざるをえない．なぜなら，この預金は信託顧客自らの意志でなされた預金ではなく，同信託会社が受託者としての判断に基づき，その銀行部門との間で自己取引により行われた預金だからである．したがって当然，同信託会社は信託顧客に対する預金債務を，他の債務に優先して支払

うべき責任を負っているのである．そこで，こうした不公平を是正するために，1933年6月にオハイオ州議会は，信託財産の分別管理と信託会社（または銀行）倒産時における信託顧客の優先請求権を規定した法律を制定した[49]．

なお，1946年頃までにはほとんどすべての州で，こうした立法措置が行われたようである．これらの州法の規定では，おおよそ次の2つの方法により銀行部門に預金された信託資金の保護を図っている．1つは州法に基づいて設立された信託会社，銀行に対して，信託部門預金を一般債権者の請求権に劣位しない「特別預金」として扱うよう規定したこと，もう1つは同じくこれらに対して，信託部門預金と同額の所定の証券をその信託部門に預託するよう規定したことである[50]．後者の措置は，預金支払いが不能になった場合に，預託された証券によって信託財産の損失を防ごうとするものである．

ちなみに，連邦法に基づいて設立された国法銀行の信託部門預金については，1913年に制定された連邦準備法の第11条k項（1918年に修正）によって，すでに次のような保護措置が規定されていた．それは，第1に，銀行の信託勘定に預託または保持されている未投資の資金は，別個の分離勘定で保管されるべきであること，第2に，銀行が合衆国債券または連邦準備理事会で承認されたその他の証券を信託部門に別途預託しない場合には，その資金は銀行の事業遂行のために利用されてはならないこと，第3に，銀行破綻が生じた場合，信託資金の所有者は銀行の財産に対する請求権に加えて，これらの証券に対する先取特権を有すること，である[51]．

(2) 利益相反と銀行・信託分離論

さて，上述したように信託業務についても，証券業務で見られたような利益相反に基づく不正取引が認められたのであるが，こうした信託業務をめぐる利益相反とそれに基づく受託者義務違反の存在を論拠として，証券業務と同様，銀行による信託業務の兼営をも禁止すべきとする主張がなされた．

こうした見解は，銀行通貨委員会の委員であるカズンズ（James Couzens）

上院議員によって，同委員会の公聴会での発言や質問の中で表明されている．同議員は，公聴会の証人として喚問された Chase National Bank のアルドリッチ（Winthrop W. Aldrich）頭取との質疑応答の中で，小さな町以外では商業銀行が受託者の資格で活動するのは反対である，と述べている[52]．ここには，信託業務をめぐる利益相反を完全に排除するためには，商業銀行による信託業務の兼営を禁止することが最も確実な措置である，という証券業務の兼営を禁止したのと同じ考え方が表明されている．

そして，こうした銀行通貨委員会での銀行・信託分離論議からおよそ2年後の1936年には，法人信託業務，とりわけ社債の受託業務に起因する銀行業務と信託業務との利益相反を理由として，SEC による銀行・信託分離提案がなされ，再度，銀行・信託分離問題がクローズアップされた[53]．

しかし，信託業務の場合には証券業務の場合とは異なり，最終的には商業銀行による信託兼営が引き続き認められる，という対照的措置がとられることになった．これにはいくつかの要因が考えられるが，①信託業務については利益相反の排除のため従来からすでに一定の規制があったこと，②また上述の事例を契機にして新たに監督当局による規制措置がとられたこと，③信託業務をめぐる不正取引が一部の銀行・信託会社にとどまったこと，④GS法による銀行業務と証券業務の分離によって，信託勘定の証券投資をめぐる自己取引の可能性が少なくなったこと，⑤商業銀行と信託業務を完全に分離することにより信託経営上の困難が予想されること，等が考慮されたものと思われる．そこで，以下これらの点について検討する．

①利益相反に対する従来の規制措置

この問題を検討するに当たって，前述のデトロイト信託会社とガーディアン信託会社における利益相反と，それに基づく受託者義務違反の事例を簡単に整理しておこう．両信託会社の受託者義務違反の事例に共通して見られる問題は，証券の自己取引に基づく利益相反に起因するものである．つまり，信託会社は買い手としては信託勘定を代表し，売り手としては会社自身を代

第5章　商業銀行の信託兼営と証券分離　　　153

表するのであるから，ここには非常にはっきりとした形での利益相反が見られる．

　信託法理では，所定の信託報酬以外に受託者が信託財産から利益を得ることは禁じられており，かつ法人受託者にあっては，その各部門と信託財産との間の取引は，受益者に対する誠実義務に違反する行為であるとされている．したがって，上述の取引は当然，受託者義務違反として監督当局の指導のもとで適切な改善が行われるべき性格のものである．それにもかかわらず，こうした受託者義務違反がかなり長期にわたって続けられてきたのは，監督当局の検査・指導が不十分であったからだと推定される．そのため，監督当局の信託業務に対する検査・指導の徹底により，かなりの程度，受託者義務違反の発生は防止できるものと考えられる．

　②利益相反に対する新たな規制措置
　上述の自己取引に基づく受託者義務違反の実態が明らかにされてから，国法銀行の信託活動を規制する連邦準備制度のレギュレーションＦが1936年に改正され，新たに自己取引を禁止する規定が第11条に置かれた．従前のレギュレーションＦには，明示的に自己取引を禁止する規定が置かれていなかったが，この改正により受託者としての国法銀行は，信託財産をその銀行自身あるいはその銀行の取締役，上級役職員，従業員，これらの利害関係者，またはその銀行の系列会社との間で取引することは明確に禁止されることになった．

　さらにこの改正では第8条で，通貨監督官または連邦準備制度理事会の指名した検査官による監査に加えて，新たに銀行内部の監査委員会による年1回の監査の実施と取締役会への報告書の提出，およびそれに基づく改善を義務付け，信託部門の検査を強化する措置が講じられた[54]．

　従来の規制措置に加えて，これらの新たな規制措置の制定は，利益相反に基づく受託者義務違反を防止するうえでかなり有効である．

③一部にとどまった受託者義務違反

　信託業務が証券業務と異なり，商業銀行から完全に分離されなかったのは，信託業務をめぐる不正取引が，証券業務で行われた不正取引ほど全般的なものではなく，ごく一部の信託会社・銀行にとどまったことである．事実，銀行通貨委員会の調査で受託者義務違反として問題になったのは，前述のデトロイト信託会社とガーディアン信託会社の2つの事例に過ぎなかった．

　これはある意味で当然のことである．受益者に対する受託者の誠実義務は，それなくして信託関係が成り立たないのであるから，受託者義務違反が起こらないことが当り前なのである．そして，そうでなければ信託会社・銀行は信託顧客の信頼を失うことになるであろう．それゆえ，信託業務に従事する信託会社・銀行は，こうした受託者義務違反につながる自己取引に一定の制約を課した内部規定を定めている．

　例えば，National City Bank 頭取ミッチェルは，National City Bank の系列信託会社である City Bank Farmers Trust Co. の内部規定について，下院銀行通貨委員会の公聴会（1930年6月開催）で次のように証言している[55]．この証言によると，ある特定の信託契約において，信託設定者が系列証券会社である National City Co. から証券を購入する要望を表明した場合を除いて，同信託会社は National City Co. からいかなる証券をも購入しない，と定められていたということである．

　ただしこの証言に関連してある委員より，この信託会社と証券会社の株主は同じであるから信託会社の従業員は，National City Co. からの証券購入を認める信託契約を，信託顧客に勧める誘惑があるのではないか，という趣旨の質問がなされた．それに対して同氏は，信託顧客は全く自由に信託契約を選択できるが，信託顧客の利益のためにそのような契約を勧めることがあると述べ，質問で指摘された問題点を認めている．前述のデトロイト信託会社の事例も，系列証券会社との取引を認めた信託勘定について起こっているので，このような内部規定の実効性には若干疑問を感じるものの，受託者義務違反の事例はごく一部にとどまり，他の大部分の信託会社・銀行において

第5章　商業銀行の信託兼営と証券分離

は全体として，誠実な信託活動が行われていたと推定できる．

④銀行・証券分離による信託業務をめぐる利益相反の減少

前述の2つの信託会社の事例に見られる受託者義務違反は，基本的には信託会社とその系列証券会社との間の証券取引に関わる利益相反に由来するものであった．ところが前節で述べたように，GS法の制定により商業銀行は証券業務を禁止され，系列証券会社は，資本的にも人的にも完全に商業銀行から分離されることになったのである．すなわち，これによって信託業務に関わる利益相反を引き起こす，重要な要因の1つが取り除かれたということができる．

そこで，このような状況変化に基づいて，商業銀行による信託業務の兼営禁止論に対する反論がなされた．前出のChase National Bank頭取アルドリッチは，1933年に開催された銀行通貨委員会の公聴会で，信託業務の分離に反対して11月と12月の二度にわたり，以下の陳述を行った．

11月の証言では，「以前から信託業務に向けられてきた批判は，信託部門が系列証券会社から証券を購入する恐れがあるという批判であった．今日では，商業銀行の系列証券会社は分離されて存在しないのであるから，こうした危険性は完全に取り除かれたといえる．実際のところ今では，商業銀行は政府債を除いて証券業務に従事することを禁止されており，不正取引の危険性はなくなった」[56]と述べている．

そして12月の証言では，「国法銀行の信託営業権は連邦法によって直接付与されたものであり，系列証券会社が行っている業務への参入は，連邦政府によって国法銀行に付与されたものではない．国法銀行による証券業務への参入は，株式結合やその他の方法によって国法銀行が証券会社を系列化することによって行われたものである．国法銀行は，州法銀行と競争し得るように，銀行自身の機能の一部として信託営業権を付与されたのである．現時点で，その機能を国法銀行から分離するとすれば，国法銀行の連邦制度からの脱退の恐れがあるばかりでなく，連邦政府によって制度化されてきた政策の

変更にもつながる.すなわち,その政策に基づいて,国法銀行は1919年以来,信託業務に参入し,業務遂行のために信託部門を創設し発展させてきたのである.国法銀行の系列証券会社が発行に関与した証券を,その国法銀行の信託勘定に売却していた,と見られるような雰囲気が支配していた時期があったが,その時期でも多くの銀行は,系列証券会社が発行に関与した証券の信託部門による購入を禁じた規則を定めていた.しかし,こうした危険性は,1933年銀行法(GS法)制定によって取り除かれ,これまで批判されてきた状況が生じる可能性はもはや存在しない」[57]と述べ,商業銀行から信託業務を分離することに反対する意見表明を行った.

確かに,アルドリッチのいうように,GS法の制定によって銀行業務と証券業務とが分離された状況のもとでは,信託勘定との間の証券の自己取引による利益相反の可能性はほとんど取り除かれたといってよい.銀行・信託分離論の主張の根拠は,こうした自己取引に伴う利益相反の排除にあったのであるから,その可能性がほとんどなくなった状況のもとで,1933年当時に主張された銀行・信託分離論は次第に姿を消していった.この意味では,GS法の制定による銀行業務と証券業務との分離は,この措置の当否は別として,銀行が信託業務の兼営を継続するうえで,非常に有利に作用したということができる.あるいは,結果的に銀行は証券業務を犠牲にして,信託業務を救ったといえるかもしれない.

⑤銀行・信託分離に伴う信託経営上の困難

銀行業務と信託業務の兼営による利益相反を完全に排除するためには,両業務の兼営を禁止し,それぞれの業務を全く別個の会社によって遂行すればよい.銀行・信託分離論はまさにこの法人分離の立場に立っている.しかし,この方法は他方でまた別の問題を引き起こすことになる.というのは,信託業務を銀行から分離独立させた場合,信託業務を専業とする信託会社の経営が成り立つかどうかということが問題となるからである.

例えば前述したように,ガーディアン信託会社は,信託業務とともに銀行

第5章 商業銀行の信託兼営と証券分離　　157

業務を兼営していたが，1932年の同信託会社の全収益のうち，86.95%が貸付利息と投資収益であり，信託部門の収益は6.72%に過ぎなかった．恐らくこうした傾向は他の銀行，信託会社でもそれほど変わらないものと思われる．銀行部門と信託部門別に損益計算が行われていないので，この数字だけでは信託部門の収益性を評価できないが，ある会計士の調査によれば平均して12の信託部門につき11の信託部門が赤字であったということである[58]．

また，1933年のアメリカ銀行協会信託部会の調査によれば，回答のあった1,000以上の銀行・信託会社のうち，95%は独立の信託部門を維持するには収益が不十分であると回答し，残りの5%のうち，半数は維持するに足る収益が十分であっても，新たに信託会社を設立するために必要な資本が調達できないと回答した．次に，このような信託部門を独立して経営できると回答した，銀行・信託会社の全体に占める比率を資本規模別に分類すると，資本金10万ドル以下では8%，同10〜50万ドル以下では30%，同50万ドル以上では62%であった．これは大銀行の信託部門のみが独立の信託会社として存続し得ることを意味しており，ひいては信託業務の集中度が上昇するという好ましくない結果をもたらすことになる[59]．

したがって，かりに銀行業務と信託業務とが別法人として分離されるとすれば，信託業務のみを行う大部分の信託会社は経営困難に陥ると予想され，その結果，大都市部を除く多くの地域において信託サービスが提供されなくなるか，分離によるコストの増加が信託顧客に転嫁される，というような新たな問題が起こってくることが懸念される[60]．そこで，銀行・信託分離に反対する論者の多くは，こうした観点から分離に伴うメリットよりもデメリットの方が大きいことを強調して，銀行の信託兼営の継続を求める論陣を張り，最終的に銀行・信託の分離を阻止することに成功したのである[61]．

5. むすび

さて，以上のように本章では，1930年代における商業銀行の改革問題，

とりわけ当時の商業銀行の主要な兼営業務である証券業務と信託業務の分離問題に焦点を当て，検討を行ってきた．そこで以下に，この検討を通じて明らかになった点を簡潔に要約しておこう．

第1点．1933年の銀行恐慌の要因は，主として不動産担保貸付の回収不能と債券価格の下落による銀行資産の悪化に起因する銀行倒産の発生が預金者の銀行制度への信認を動揺させ，銀行取付けが全国的規模にまで拡大したことによるものであった．連邦準備制度は金準備の制約のため，こうした急激な銀行取付けに対応し得るだけの連邦準備券を発行することが不可能な状況に追い込まれており，この危機的状況を打開する緊急避難措置として実行されたのが，ルーズベルト大統領による全国的銀行休業宣言であった．そして，銀行休業の間に緊急銀行法が制定され，金支払いの停止，金退蔵の禁止といった事実上の金本位制の停止措置と，金準備に制約されない連邦準備券の発行を認める措置がとられた．前者の措置は，連邦準備制度への金の還流をもたらすとともに，銀行制度の金準備に対する国内的圧迫要因を除去し，銀行制度の安定性を強化する措置であった．そして後者の措置は，金準備に制約されることなく，連邦準備制度による加盟銀行に対する緊急融資を可能とする措置であった．

これらの措置により，預金者の銀行制度に対する信認は回復し，銀行休業終了後に再度，銀行取付けが発生する事態は回避することができたのである．

第2点．1933年に制定されたGS法は，こうした銀行恐慌を通じて露呈したアメリカ銀行制度の欠陥の改革を目的とした銀行改革立法であったが，同法による銀行・証券の分離措置は，銀行恐慌の原因との関連では整合的な対応措置とはいえないものであった．というのは，商業銀行が証券業務を兼営していたことが，銀行恐慌の発生原因ではなかったからである．しかし，1929年の証券恐慌当時，商業銀行が証券子会社を利用して証券の不正取引を行っていた事実が，銀行通貨委員会の公聴会で明らかにされたことから，商業銀行は世論の批判の矢面に立たされた．そのため商業銀行は証券子会社を分離し，証券業務から撤退することを余儀なくされるとともに，GS法に

よる分離措置を受け入れざるを得なくなったのである．

　第3点．当時の商業銀行は，兼営業務として上記の証券業務の他に信託業務にも従事していたが，証券業務と同様，信託業務についても商業銀行から分離すべきとする銀行改革論議が高まった．しかし，証券業務の分離措置とは対照的に信託業務については，従来通り商業銀行の兼営業務として営業することが認められた．すなわち，証券業務と信託業務とでは全く対照的な規制政策が取られたわけである．信託業務の兼営継続が認められた理由はいくつかあるが，信託業務をめぐる主たる不正取引が，信託部門とその関連証券会社との間の証券取引に関わって発生していたという事実があり，そのため証券業務が銀行から分離された後では，もはやこうした不正取引が起こりにくいと判断されたことや，不正行為を防ぐための新たな規制措置が取られたことが大きかったものと考えられる．また，銀行・信託の分離により，大都市以外の地域では，経営的に信託業務の営業が成り立たず，信託サービスの大幅な低下が生じるという反論が，銀行サイドから提起されたことも大きな要因であった．

　1929年の株式恐慌と1933年の銀行恐慌を契機として，1930年代初頭に行われた銀行の業務分野規制をめぐる改革では，GS法によって銀行に対する証券業務の規制が行われる一方で，信託業務については従来通り，兼営業務として営業することが認められることになった．この結果，現在のアメリカ商業銀行の特色をなす証券分離と信託兼営という枠組みが確立されたのである．

注
1) 1933年銀行法の内容については，Glenn G. Munn and F.L. Garcia, *Encyclopedia of Banking and Finance*, 8th ed., 1983, p. 93, 参照．
2) *Federal Reserve Bulletin*, Vol. 23, No. 9, 1937, p. 867.
3) ここでいう銀行倒産は，銀行が預金者の払い戻し請求を満たす能力を失って，営業日に開店しない状態をさす（カーター・H．ゴレムベ，デイヴィッド・S．ホーランド著，馬淵紀壽訳『アメリカの銀行制度』日本経済新聞社，1982年，76ページ．Carter H. Golembe and David S. Holland, *Federal Regulation of*

Banking, 1981).
4) 銀行恐慌の過程と時期区分については，平田喜彦『アメリカの銀行恐慌』御茶の水書房，1969年，第1章，を参照した．
5) 同書，13ページ参照．
6) 同書，21-28ページ参照．
7) この1932年グラス・スティーガル法は，1933年銀行法の別称であるグラス・スティーガル法とは全く別の法律であることに注意されたい．

なお1932年グラス・スティーガル法による連邦準備法の主な修正内容は，(1)連邦準備銀行が，公開市場で購入した政府証券を適格手形とみなす権限を準備銀行に認めたこと，(2)連邦準備制度加盟銀行への貸付条件を緩和したこと，である．

連邦準備法は，16条で連邦準備券の発行残高の40％以上の金準備を維持することを規定し，残りの部分は適格手形（eligible paper）によって保証されるよう規定していた．したがって，適格手形によって保証されていないすべての連邦準備券は，金による100％の保証が義務付けられていた．しかし上記の修正によって，適格な手形が不足した場合でも，それに見合う政府証券を保有すれば発券残高の40％を超える金を保有する必要なくなる．そのため連邦準備制度は，かなりの程度金準備の制約から解放され，金融緩和政策を遂行することができたのである（Marcus Nadler and Jules I. Bogen, *The Banking Crisis*, 1933, pp. 113-17, 参照）．

8) 平田喜彦，前掲書，29-34ページ．
9) Nadler and Bogen, *op. cit.*, pp. 142-46, 参照．
10) *Ibid.*, pp. 152-54, 参照．
11) 平田喜彦，前掲書，54-55ページ．
12) Nadler and Bogen, *op. cit.*, p. 159.

連邦準備法の規定によって連邦準備銀行は，連邦準備券の発行残高と預金残高に対し，それぞれ最低40％と最低35％の金準備の保有を義務付けられている．しかし，3月3日の時点でニューヨーク連銀の金準備は，こうした条件を満たして追加の連邦準備券を発行するにはほとんど不可能な水準にまで低下していたのである．

なお，この時期おけるニューヨーク連銀の金準備の変動については，Barrie A. Wigmore, "Was the Bank Holiday of 1933 Caused by a Run on the Dollar?" *The Journal of Economic History*, Vol. 47, No. 3, 1987, pp. 739-755, を参照されたい．

13) Nadler and Bogen, *op. cit.*, pp. 159, 160.
14) Annual *Report of the Federal Reserve Board-1933*, p. 10.
15) *Ibid.*, p. 14.

第5章　商業銀行の信託兼営と証券分離　　161

16) *Ibid.*, p. 12.
17) *Ibid.*, pp. 13, 14.
18) *Ibid.*, p. 27.
19) 1934年1月に制定された金準備法（Gold Reserve Act of 1934）は，第6条でアメリカ合衆国のいかなる通貨も金に兌換されないと規定した（*Federal Reserve Bulletin*, Vol. 20, No. 2, 1934, p. 65）．この規定により連邦準備券は，最終的に金との兌換が停止された不換通貨となったのである．なお，流通から引き上げられた金貨は，財務省において金地金の形態で集中保管された．
20) *Annual Report of the Federal Reserve Board-1933*, p. 13.
21) *Ibid.*, p. 14.
22) *Ibid.*, p. 22.
23) Wigmore, *op. cit.*, pp. 753-54.
　　なお，この論文においてウィグモアは，銀行休業に至るまで激発した銀行倒産が，銀行休業後には完全に鎮静化した理由について，(1)銀行休業による心理的カタルシス作用，(2)ルーズベルトの人格的魅力と信頼感，(3)連邦預金保険の創設，(4)連邦政府による銀行検査の強化，(5) RFCによる銀行への資金援助，という主として国内的要因を重視する従来の見解に対し，(1)国内での金保有の禁止，(2)金の輸出禁止，(3)外国為替の管理，という金と外国為替に関する諸措置を重視する見解を提示している．
24) GS法のこれらの条項については，Federal Deposit Insurance Corporation, *Mandate for Change : Restructuring the Banking Industry*, preliminary draft, 1987, pp. 52-54，および川口恭弘『米国金融規制法の研究―銀行・証券分離規制の展開』東洋経済新報社，1989年，55-58ページ，を参照した．
25) FDIC, *op. cit.*, p. 54.
26) 高月昭年『米銀―90年代への戦略』日本経済新聞社，1989年，2ページ．
27) FDIC, *op. cit.*, pp. 56, 57.
28) GS法制定に反対する銀行界の動きについては，Helen M. Burns, *The American Banking Community and New Deal Banking Reforms : 1933-1935*, 1975, pp. 77-93，を参照した．
29) この点については，FDIC, *op. cit.*, pp. 59-67，を参照した．
30) Roy A. Schotland, "Introduction," in Twentieth Century Fund, *Abuse on Wall Street : Conflicts of Interest in the Securities Markets*, 1980, p. 4.
31) George J. Benston, "Federal Regulation of Banking: Historical Overview," in George G. Kaufman and Roger C. Kormendi eds., *Deregulating Financial Services*, 1986, p. 6.
32) 支店の規制は州によって相違しており，1932年には支店保有を禁止している州は18州，支店保有を許可している州は9州，支店設置地域を限定して支

店保有を許可している州は14州，支店保有に関する法律がない州は7州であった（*Federal Reserve Bulletin*, Vol. 18, No. 7, 1932, p. 455, 参照）．

33) Benston, *op. cit*., pp. 9, 10.
34) この点に関するGS法撤廃論の見解については，J.P. Morgan & Co. Inc., *Rethinking Glass-Steagall*, 1984, pp. 30-42, および Thomas A. Pugel and Lawrence J. White, "An Analysis of the Competitive Effects of Allowing Commercial Bank Affiliates to Underwrite Corporate Securities," in Ingo Walter ed., *Deregulating Wall Street*, 1985, pp. 93-139, を，これに対する証券界の反論については，Securities Industry Association, *Questioning Expanded Bank Powers*, 1985, pp. 24-29, を参照されたい．
35) Robertson Griswold, "Divorcement of Trust Functions from Commercial Banks," *Trust Companies*, Vol. 63, No. 3, 1936, p. 293.
36) John W. Remington, *Trust Business in the Future : Its Association with Banking*, 1938, p. 17.
37) 受託者の誠実義務は，受託者が受益者に対して負っている最も基本的な義務であり，この義務は信託の条項中の規定によるものではなくて，信託関係の本質そのものから，必然的に受託者に負わされるものであると考えられる．したがって，これに基づいて以下のことを受託者は遵守する必要がある．受託者は決して私的利益のいかなる動機にも動かされないこと，受託者は決して受託者の地位を利用していかなる私的便益をも受け取らないこと，受託者は，個人または法人としての自分自身と，受託者としての資格における自分自身との間の取引を許さないこと，および受託者は与えられた特定の役割に対する正当な報酬以外は，直接，間接を問わず信託から利益，あるいは金銭上の給付を受け取らないこと，である（アメリカ銀行協会編，三井信託銀行信託部訳『アメリカの信託業務』東洋経済新報社，1975年，187ページ，参照）．
38) デトロイト信託会社の不正取引については，U.S. Congress, Senate, Committee on Banking and Currency, *Stock Exchange Practices : Report*, 1934, pp. 281-84, および *Stock Exchange Practices : Hearings*, Part 11, 1934, pp. 5288-378, を参照した．
39) *Stock Exchange Practices : Hearings*, Part 11, p. 5301, の証言参照．
40) *Ibid*., p. 5296.
41) *Ibid*., p. 5297.
42) 受託者の誠実義務を規定した信託法リステイトメント第170条の解説では，こうした取引事例を以下のように明確に信託違反としている．「Aは信託会社で，Bの受託者である．Aは，その会社の証券部から受託者として社債を買った．Aの行為は信託違反である」(American Law Institute, *Restatement of the Law Second, Trusts*, Vol. 1, 1959, p. 368. 慶応義塾大学信託法研究会訳「米

第5章　商業銀行の信託兼営と証券分離　　　163

国信託法リステイトメント (16)」信託協会『信託』107号，1976年，53ページ).
43) *Stock Exchange Practices : Report*, p. 284.
44) *Stock Exchange Practices : Hearings*, Part 11, p. 5323.
45) ガーディアン信託会社の不正取引については，*Stock Exchange Practices : Report*, pp. 317, 318, および *Stock Exchange Practices : Hearings*, Part 18, 1934, pp. 8063-68, を参照した．
46) *Stock Exchange Practices : Hearings*, Part 19, p. 8279.
47) *Stock Exchange Practices : Report*, p. 318, および *Stock Exchange Practices : Hearings*, Part 18, p. 8063, 参照．
48) *Stock Exchange Practices : Hearings*, Part 18, p. 8068, 参照．
49) *Ibid.*, pp. 8068, 8069, 参照．
50) *American Institute of Banking, Trust Business : Trust II*, 1946, p. 393, 参照．
51) *Annual Report of the Federal Reserve Board-1918*, pp. 262, 263, 参照．
52) *Stock Exchange Practices : Hearings*, Part 8, pp. 3995, 3996, のカズンズ議員の発言参照．
53) SECによる信託分離提案の概要については，Remington, *op. cit.*, pp. 51-62, を参照されたい．
54) レギュレーションFの改正については，*Federal Reserve Bulletin*, Vol. 22, No. 5, 1936, pp. 327-32, 参照．
55) U.S. Congress, House, Committee on Banking and Currency, *Branch, Chain and Group Banking : Hearings*, Part 15, 1930, pp. 1971-76, 参照．
56) *Stock Exchange Practices : Hearings*, Part 8, p. 3996.
57) *Ibid.*, pp. 4109, 4110.
58) *United States Investor*, Vol. 48, No. 10, 1937, p. 1.
59) Griswold, *op. cit.*, pp. 297, 298, 参照．
60) Remington, *op. cit.*, pp. 82, 83, 参照．
61) 銀行・信託分離に反対し，銀行の信託兼営を主張する論稿としては，すでにあげた Remington, *op. cit.* と Griswold, *op. cit.* の他に，以下の文献を参照した．
　　[1] Gilbert Stephenson, "Preserving Association of Banking and Trust Business," *Trust Companies*, Vol. 64, No. 2, 1937, pp. 209-212.
　　[2] Blane B. Coles, "Banking and Trust Business Association," *Trust Companies*, Vol. 64, No. 3, 1937, pp. 322-26.
　　[3] Richard G. Stockton, "Preserving Banking and Trust Association," *Trust Companies*, Vol. 64, No. 3, 1937, pp. 327, 328.

第 III 部　機関投資家としての信託機関の発展

第6章　私的年金制度の発展と信託機関

1. はじめに

　現在のアメリカの信託機関は，信託および代理業務を通じて受け入れた巨額の資産を保有している．こうした信託資産は，主として個人の財産や私的年金基金を源泉としているが，後者の私的年金基金は後述するように，戦後における私的年金制度（private pension plan）の普及・発展によって拡大し，個人財産と並んで信託機関の重要な受託資産の源泉となった．

　そこで，本章では私的年金制度に焦点を当て，信託機関と私的年金制度との関係が，どのような歴史的経緯を経て形成されてきたかという問題について検討する．そのため，まず第1に，発展段階初期の私的年金制度の設立状況を考察するとともに，その当時の年金制度の管理・運営，年金財源の調達方式の問題点について検討する．第2に，こうした初期の私的年金制度が1930年代の大不況によって，どのような影響を受けることになったかという問題について，鉄道会社の年金制度を中心に検討する．第3に，第2次世界大戦後に私的年金制度は，急速な発展・普及の段階に入ったが，この時期の私的年金制度の発展要因と年金基金の成長について考察する．そして第4に，これらの考察を通じて信託制度と信託機関が，私的年金制度の普及・発展とどのように関わっていたかということを明らかにする．

2. 初期の私的年金制度の発展

アメリカにおける私的年金制度の歴史は，1870年代に鉄道業とその関連会社を中心として設立された制度に遡る．これは，当時において年金制度を設立できるまでに大規模化した産業は，鉄道会社が最初であったことによることが大きい．そしてさらに，鉄道に関わる作業が危険であったため，保険会社が鉄道従業員の保険取扱いを回避しようとしたこと，そしてそのために1860年代末に従業員相互の協力により労働災害に備えた互助組織が形成されていたことも，鉄道会社において年金制度が設立されていった背景の1つである．つまりこうした互助組織の存在が，鉄道会社による年金制度の導入を促進する基礎となったのである[1]．

アメリカにおける最初の私的年金制度は，1875年にアメリカン・エクスプレス社（American Express Company）によって設立された年金制度である．この会社は鉄道会社ではなかったが，鉄道と密接に関連した事業を行っており，上述のような事情を背景として同社の年金制度は設立された[2]．

ところで年金制度は，年金基金への拠出金の負担の仕方によって，非拠出型制度（noncontributory plan），拠出型制度（contributory plan），複合型制度（composite plan）の3つのタイプに分けることができる．非拠出型制度は，雇用者のみが年金制度への拠出金を負担し，従業員は拠出しないタイプの制度である．拠出型制度は，雇用者と従業員の双方が拠出金を負担するタイプの年金制度である．複合型制度は，会社が一定額の年金に見合う必要なコストをすべて負担するとともに，従業員に加給年金の選択機会を与える制度である．この加給年金を選択した従業員は，年金の追加給付部分について拠出金を負担することになる[3]．

アメリカン・エクスプレス社の年金制度は，非拠出型の年金制度として設立されたのであるが，この年金制度では同社に少なくとも20年以上勤務して，60歳を越えて退職した従業員が年金給付の対象者となった．1年間の年

表 6-1 鉄道業における年金制度の発展

年	鉄道会社の総従業員数	年金制度に加入している従業員数	同左比率(%)
1890	749,301	21,722	2.9
1891	784,285	21,587	2.8
1892	821,415	21,865	2.7
1893	873,602	21,551	2.5
1894	779,608	18,254	2.3
1895	785,034	18,824	2.4
1896	826,620	20,063	2.4
1897	823,476	22,892	2.8
1898	874,558	22,238	2.5
1899	928,924	24,295	2.6
1900	1,017,653	112,295	11.0
1901	1,071,169	251,008	23.4
1902	1,189,315	315,190	26.5
1903	1,312,537	420,866	32.1
1904	1,296,121	446,659	34.5
1905	1,382,196	488,750	35.4
1906	1,521,355	535,317	35.2
1907	1,672,074	618,228	37.0
1908	1,426,934	560,867	39.3
1909	1,490,442	591,641	39.7
1910	1,681,907	831,920	49.5
1911	1,654,649	842,620	50.9
1912	1,700,228	840,725	49.4
1913	1,796,737	946,540	52.7
1914	1,692,764	889,029	52.5
1915	1,647,081	876,802	53.2
1916	1,682,572	1,121,310	66.6
1917	1,712,932	1,288,739	75.2
1918	1,815,445	1,399,449	77.1
1919	1,893,924	1,435,977	75.8
1920	2,003,710	1,516,375	75.7
1921	1,642,794	1,255,348	76.4
1922	1,610,925	1,353,762	84.0
1923	1,837,217	1,504,757	81.9
1924	1,732,453	1,434,038	82.8
1925	1,725,334	1,442,054	83.6
1926	1,760,257	1,472,430	83.6
1927	1,716,217	1,414,477	82.4

(注) 1890-1915年は6月末, 1916年以降は12月末現在.
(出典) Murray W. Latimer, *Industrial Pension Systems in the United States and Canada*, Vol. 1, pp. 26, 27.

金の給付額は, 退職前10年間の平均報酬額の2分の1で, 500ドルを上限としていた[4]。

最初の私的年金制度の設立から5年たった1880年に, ようやく2番目の私的年金制度が, 鉄道会社のボルティモア・オハイオ鉄道 (Baltimore and Ohio Railroad Company) によって設立された. この年金制度は, アメリカで最初の拠出型の年金制度であり, 年金基金に拠出してきた従業員は, 65歳に達すると年金の受給資格が与えられた[5]。

これ以降, こうした鉄道会社を中心とした大企業により, 私的年金制度が設立されていくことになったのであるが, その動きが定着するにはまだまだ時間が必要であった. 実際, 1880年から20世紀に至る20年間の時期には, 鉄道会社において年金制度を新たに設立する動きは見られなかった. 年金制度によってカバーされる鉄道従業員の比率も, 全鉄道従業員の5%以下という低い水準にとどまっており, こうした年金制度の停滞の時期は1899年まで続いたのである (表6-1参照).

20世紀に入ると, こうした状況は次第に変化し始めた. まず, 1900年

第6章 私的年金制度の発展と信託機関

にペンシルベニア鉄道 (Pennsylvania Lines) が，ボルティモア・オハイオ鉄道に次いで年金制度を導入した．これにより，この2つの年金制度によってカバーされる鉄道従業員の比率は，全鉄道従業員の11%になった．そして1905年までに12の年金制度が設立されており，全鉄道従業員の35.4%がこれらの年金制度によってカバーされるようになった[6]．

表6-2 年金制度の設立状況

設立時期(年)	設立数	1927年以前に廃止された年金制度	1927-29年に廃止された年金制度	1929年時点で運営中の年金制度
1874-1900	12	4	…	8
1901-1905	24	1	…	23
1906-1910	30	1	…	29
1911-1915	101	2	…	99
1916-1920	120	8	2	112
1921-1925	72	3	1	69
1926-1929	59	2	1	57
設立年不明	3	3	…	…
合計	421	24	4	397

（注）1929年時点で運営中の年金制度には，集計上の都合により1927-29年に廃止された4つの年金制度が含まれている．
（出典）Latimer, *op. cit.*, p. 42.

こうして表6-1に示されるように，年金制度は急速に鉄道会社の間に普及し始め，1911年には鉄道従業員の過半数をカバーするまでに成長し，その後も増勢は衰えなかった．そして，1910年代を通じて年金制度のカバーする鉄道従業員の比率は増加の一途をたどり，1920年代初頭には80%という高い水準に到達するなど，私的年金制度はめざましい普及・発展を遂げた．

全産業分野について年金制度の設立状況を見ると，1875年から1929年までに421の年金制度が設立され，このうち397の制度が1929年の時点で実際に運営されていた（表6-2参照）．そして，これらの年金制度の加入人員は，約375万人と推定されていた（表6-3参照）．なお，年金の受給者数は，推計によれば1932年1月には14万人を越えない人数であり，年金の支払額も1931年には9700万ドルを越えなかったと見積もられている[7]．

初期の私的年金制度の特徴は，第1に非拠出型の制度が多いという点である．1920年代以前に設立された年金制度では，86.7%が非拠出型であり，このタイプの年金制度に加入している従業員の比率は97.6%と圧倒的であ

表 6-3 年金制度の産業別・タイプ別設立状況 (1874-1929 年の合計)

産業区分	非拠出型制度				拠出型と複合型制度				計	
	会社数	比率(%)	従業員数	比率(%)	会社数	比率(%)	従業員数	比率(%)	会社数	従業員数
製造業	139	82.7	1,227,494	95.7	29	17.3	55,723	4.3	168	1,283,217
銀行業	19	42.2	14,592	40.8	26	57.8	21,199	59.2	45	35,791
保険業	15	60.0	57,057	68.0	10	40.0	26,808	32.0	25	83,865
鉄道業	47	97.9	1,562,128	99.3	1	2.1	10,500	0.7	48	1,572,628
公益事業	64	86.5	666,186	95.6	10	13.5	30,789	4.4	74	696,975
鉱業	8	88.8	28,181	79.0	1	11.2	7,491	21.0	9	35,672
商業	9	60.0	26,007	81.9	6	40.0	5,778	18.1	15	31,855
運輸・倉庫業	4	66.7	3,377	…	2	33.3	…	…	6	3,377
その他	2	28.6	400	19.6	5	71.4	1,638	80.4	7	2,038
全産業合計	307	77.3	3,585,492	95.7	90	22.7	159,926	4.3	397	3,745,418

(出典) Latimer, *op. cit.*, p. 47.

った[8]．ただし，1920 年代に入ると，非拠出型の年金制度の設立比率は 57.1％に，その従業員の比率も 84.1％へとそれぞれ低下した．これに対し，拠出型及び複合型の年金制度の設立比率は 42.9％へ，その従業員比率も 15.9％へとそれぞれ増加した[9]．この結果，1874 年から 1929 年までに設立された年金制度の全体について見ると，非拠出型の比率は 77.3％，その加入従業員の比率は 95.7％であった（表 6-3 参照）．このように新規に設立された年金制度に占める非拠出型制度の比率が次第に低下し，拠出型および複合型制度の比率が増加したものの，加入従業員比率では，非拠出型が圧倒的であった．これはいうまでもなく，従業員数が多い大企業において非拠出型の年金制度が採用されていたことを反映するものであった．

 第 2 にあげられる特徴点は，年金給付に必要な資金を事前に積み立てない非積立方式が大勢を占めていたことである．表 6-3 に示されている 307 の非拠出型の年金制度のうち，59.4％ の制度は経常収益から年金給付を行っていた．そして 24.4％ の制度は，会社のバランスシートに年金の準備金を積み立てており，残りの 16.2％ の制度は，年金財源のための信託基金を設置するか，保険会社と年金契約を行っていた[10]．このように 1920 年代の末には，

毎年の企業収益から年金が支払われる賦課方式が多かったが，こうした非積立方式の制度は，企業の業績次第では年金財源が不足することもあり，年金制度を長期にわたって維持・運営していくうえで，かなり問題がある制度であった．年金制度の資金運営の健全性から見ると，積立方式が望ましいことはいうまでもない．なお，この時期における年金基金の状況は，表6-4に見られるように着実に増加している．表6-4に示されている会社の年金基金は，全体の年金基金額の約3分の2を占めているので，これによりほぼ全体の年金基金の動向を推定することができる[11]．後述するように，信託機関はこうした年金基金の資産運用をめぐって，保険会社とともに大きな役割を果たすことになる．

表6-4 年金基金の積立動向

年	会社数	基金額または年金準備金(ドル)
1919	10	20,815,021
1920	10	22,164,141
1921	11	24,654,917
1922	12	38,118,252
1923	12	43,362,598
1924	12	51,775,716
1925	13	63,381,345
1926	13	83,294,247
1927	16	114,995,300
1928	17	149,409,890
1929	16	220,421,987

（注）この表は，非拠出型年金制度を採用している会社から抽出した17社について，その信託基金額と会社のバランスシート上の年金準備金の合計額を示したものである．
（出典）Latimer, *op. cit.*, p.593.

　第3にあげられる特徴点は，年金制度の設立と運営に当たって雇用者側が主導権を握っており，将来の状況次第では年金給付を履行しない旨の条項を付すなど，従業員の年金受給権を明確に保証しないタイプの制度が多かったことである．これは主として前述した非拠出型の制度に多く見られる特徴であるが，拠出型または複合型の年金制度においても多かれ少なかれ年金受給者の受給権に一定の制限を課していた[12]．

　前述したように，初期の段階で多数の企業が非拠出型の年金制度の設立を選択したのは，制度の運営に対する従業員の関与を排し，企業の主導による年金制度の運営を意図したことによるものと考えられる．企業は，従業員が年金制度に関与することに伴う労働組合との関係を回避し，退職や受給資格に関する決定権を保持し，さらには従業員の良好な勤務態度の醸成およびストライキを抑制する効果を期待するなど，年金制度を労務対策の一環として

位置付けていたということができる[13]．いわば，初期の私的年金制度は現在の制度と違い，長期勤続者に対して功労報酬として年金を給付する恩恵的なものであった．

しかしながら，こうした初期の私的年金制度は，大不況の発生によってその制度上の欠陥を露呈することになった．

3. 1930年代の大不況と私的年金制度

私的年金制度の目的は，退職後の従業員の所得を保障することであったが，1930年代の大不況は，こうした年金制度の運営に深刻な打撃を与えた．鉄道業では他の産業分野と比較してかなり私的年金制度が発展していたが，これらの鉄道会社の年金制度のほとんどは，年金給付に必要な資金を年々の経常収益からまかなう賦課方式をとっていた．年金給付に必要な財源を年金基金として別途積み立てていた鉄道会社は，ごくわずかな例外を除いて存在しなかった[14]．

こうした鉄道会社の年金資金の調達方式は，鉄道事業が順調に推移し収益が拡大している時にはうまく機能するが，不況により収益が低下し始めると年金給付の財源が確保できないという弱点を持っている．これはすでに前節で指摘した問題点であるが，大不況下において鉄道会社の年金制度はまさにこうした弱点を露呈した．それは，不況の深化とともに鉄道会社の収益が急激に減少する一方で，他方では同じ時に高齢等により退職を希望する労働者の人数が増加したことである．増大する年金給付をまかなう基金も存在せず，鉄道会社は赤字経営に陥るという最悪の状態の発生である．こうした状態を改善するため，各鉄道会社とも賃金カットや年金給付額の大幅な引下げ，さらには退職年齢の引上げまたは強制退職の廃止等の緊急措置をとった．これによりある鉄道会社では，3年間にわたって1人の退職者も出なかったといわれている[15]．

ところで，周知のようにアメリカでは雇用慣行としてシニオリティ制度

(seniority system) がとられているため，勤続年数の短い労働者が最初にレイオフされ，勤続年数の長い労働者が雇用を継続される．1929 年から 1933 年の間に約 80 万人の若年労働者がレイオフされ，その結果，鉄道労働者の約 25％（25 万人）は 65 歳か，または 4 年以内にその年齢に達する高齢者によって占められることになった．しかし，鉄道会社の経営悪化により退職者は年金を受け取る見込みはなく，このため高齢者の雇用は継続され，レイオフされた若年者の再雇用はますます困難となる．こうした悪循環を断ち切るためには，鉄道会社の年金制度を立て直して高齢の従業員の退職を可能にし，若年者の再雇用を促進することが必要であった．こうした鉄道会社をめぐる雇用問題は，1930 年代初期に鉄道会社の私的年金制度に関する立法措置をとる圧力として作用した[16]．

このため，高齢の従業員の退職を促し若年者の雇用機会を拡大することを目的として，1934 年に鉄道従業員退職法（Railroad Employees' Retirement Act of 1935）が制定された．これにより鉄道会社の私的年金制度は，連邦政府の管理する拠出型の準公的退職制度として再編されることになった．しかし，この法律は 1935 年に違憲と宣言されたため，米国議会はこの 1934 年法に代えて 1935 年に 2 つの法律を制定したが，このうちの 1 つは再び違憲と宣言された．そこで議会は 1937 年に，1935 年鉄道法（Railroad Act of 1935）を修正して，1937 年鉄道退職法（Railroad Retirement Act of 1937）を制定した．

この法律は，鉄道とその関連事業に従事するすべての従業員や労働組合の役員等に適用され，これらの人々は連邦政府管掌の年金制度によってカバーされることになった．この年金制度では，通常の退職年齢は 65 歳であったが，60 歳で 30 年以上の勤続年数を経過した従業員は，年金の受給資格を与えられた．なお，年金の拠出金は，内国歳入局（Bureau of Internal Revenue）によって年金加入者から税金として徴収され，財務省の一般歳入に組み込まれた．年金給付は，財務省の管理する鉄道退職会計（Railroad Retirement Account）から支払われたが，この年金給付に必要な資金は，鉄道退職

会計予算として米国議会によって毎年適切な金額が決定された[17]．

しかし，鉄道業以外の会社の私的年金制度に加入している従業員は，鉄道労働者ほど恵まれていなかった．これらの会社の中には，不況の深刻化とともに退職者に対する年金給付額の削減や給付の停止，あるいは制度自体の廃止に追い込まれる会社すらあった．不況の深化とともに失業問題は深刻さを増していった．1933年までに失業者の数は，1300万人にも達しようという勢いであった．そのため所得と貯蓄を失い，生活困難に陥った労働者の救済が大きな社会問題となった．このような中で，連邦政府の主導による救済措置として1935年に社会保障法（Social Security Act of 1935）が制定され，老齢年金保険，失業保険，公的扶助，といった社会保障制度が整備されることになった[18]．

従来こうした連邦政府による社会保障制度の設立には，個人主義を尊重するアメリカ社会の伝統的価値観に背くものとして強い反対があった．しかし，大不況下において苦しんでいる人々を救済するために，政府が社会保障制度を整備・拡充することには国民の大きな支持があった．

4．私的年金制度の飛躍的発展とその要因

(1) 第2次世界大戦期における私的年金制度の発展

前述のように，1930年代の大不況期に私的年金制度は後退を余儀なくされ，それに代わって連邦政府による社会保障制度が一定の進展を見せた．私的年金制度にとって，1930年代はいわば停滞の時期であった．

その後，第2次世界大戦が始まると私的年金制度の設立が急速に増え始めた．戦時下の1942年9月から1944年12月の2年余の間に，内国歳入局は71万5000人の従業員を含む，4,208件の私的年金制度の設立を新たに認可した．これに対し，それ以前の12年間に同局が設立を認可した私的年金制度は1,360件であり，その加入人員は98万人であった[19]．

これに伴い1940年から1945年の終戦までの時期に，私的年金制度の加入

者と拠出金の額も拡大した．加入人員は1940年の410万人から1945年の640万人に増加し，雇用者による年金の拠出金も，1940年の1億8000万ドルから1945年の8億3000万ドルへと急増した．なお，従業員の拠出金は各年について，それぞれ1億3000万ドルと1億6000万ドルであったので，雇用者と従業員の拠出金の合計は，1940年には3億1000万ドル，1945年には9億9000万ドルとなった[20]．

このように私的年金制度は，戦時下において急激な増加を示したが，この時期の私的年金制度の特徴は，年金制度の規模がそれ以前に比べて小さいことである．前述の計数によれば，戦時下の1942年9月から1944年12月に設立された，私的年金制度の平均従業員数が170人であったのに対し，それ以前の12年間に設立された年金制度の平均従業員数は720人であった．これは戦時下には，より規模の小さい企業を中心にして年金制度が設立され，普及していったことを示している．

ところで，戦時下のアメリカで私的年金制度がこのように急速に発展したのは，主として次の2つの要因に基づくものである．第1の要因は，戦時中の賃金統制下において企業が従業員の確保のために，賃金の付加給付として年金制度を採用したことであり，第2の要因は，私的年金制度に対する税制上の優遇措置が適用されたことである．そこで，この2つの要因についてもう少し詳しく検討しよう．

第1の要因である賃金の付加給付としての年金制度は，戦時中の労働需要の増加のもとで，経済安定を図るためにとられた物価および賃金の統制政策と関わっていた．こうした労働需要の増加と賃金統制という状況下において，企業が必要な労働者の雇用を確保するためには，賃金以外の面で他企業よりもよい雇用条件を提示しなければならない．こうした状況に対応して，戦時労働局（War Labor Board）は賃金上昇を抑制するために，企業が年金制度，有給休暇，保険，等の多様な付加給付を行うことを認めた．こうして企業は，労働者の雇用に際して付加給付面の条件を強調することになり，多くの企業が年金制度の設立を競うことになったのである[21]．

第2の要因としてあげた私的年金制度に対する税制上の優遇措置は，1942年に修正された内国歳入法（Internal Revenue Code）の適用に関わる問題である．この内国歳入法の修正内容は，年金制度に伴って設置される年金信託（pension trust）への雇用者の拠出金を税額控除の対象とするとともに，年金信託基金の投資収益を非課税とするものであった．年金信託への雇用者の拠出金は，1926年以後，経費として総収益からの税額控除を認められており，1942年の修正はこうした非課税措置を継続するとともに，非課税措置を適用する適格な年金信託の条件と課税所得控除の制約条件を具体的に規定した．そして他方，戦時下において法人所得に対する高税率による課税や超過利潤税（excess profits tax）が導入されたことは，年金制度に関する税制上の優遇措置を利用しようとする企業の誘因を高めることになった．このように年金制度に関する税制上の優遇措置は，賃金統制下で付加給付を年金制度で与えようとする企業間の競争と相まって，企業の積極的な私的年金制度の設立を促進する大きな誘因となったのである[22]．

(2) 戦後における私的年金制度の発展

　戦後に賃金統制が撤廃されると，労働者の関心は年金制度による付加給付よりも直接的な賃金引上げに向けられた．このため年金制度の設立は，戦後しばらく停滞傾向を示した．

　しかし，1950年代に入ると年金制度の設立は再び増大し始めた．この時期の急速な年金制度設立の状況は，後にペンション・ドライブ（pension drive）の時期と呼ばれるほど急速な動きであった．この時期に私的年金制度の数は，1951年の1万4671から4万9027増え1960年には6万3698に達した（表6-5参照）．私的年金制度は，この10年間の間に実に4倍以上の成長を遂げたが，その後もその成長は衰えず，60年代以降の更なる普及・発展につながっていった．

　ところで，これ以前の時期に設立された年金制度は，経営者が従業員に恩恵を与えるという考えに基づき，企業が一方的に設立する場合が多かった．

第6章 私的年金制度の発展と信託機関

企業は、年金制度の設立を通じて労働者の企業に対する忠誠心を強め、労働者の意識を労働組合から企業に向けさせようとする意図を持っていた。このように従来の年金制度は、どちらかというと労働者対策あるいは労働組合対策としての側面がかなり強かったということができる。

しかし、こうした経営者の恩恵による年金制度の設立という時代は、1940年代をもって終わりを告げた。これ以降の時期の私的年金制度の普及・発展には、従来の経営者の主導力に代わって労働組合が大きな影響力を発揮することになった。こうした変化は、年金制度に関する労働組合の方針や政府の政策が転換されたことによるものであったが、その主な要因として次の3点をあげることができる。

第1に、企業の年金および福祉制度について、雇用者は労働者と交渉すべき法的義務を負っていることが、裁判により確認されたことである。第2に、主要な労働組合が、福祉制度の中でも年金制度に優先順位をおいて団体交渉を行い始めたことである。第3に、鉄鋼産業に関する大統領の諮問委員会（President's Steel Industry Board）が、

表6-5 内国歳入庁の認定による適格私的年金制度の数

年	運営中の年金制度数	1年間の認可件数	1年間の解散件数
1939	659	NA	NA
1942	1,947	NA	NA
1944	7,786	NA	NA
1946	9,370	1,584	NA
1948	11,258	2,372	NA
1949	12,154	1,123	227
1950	NA	1,034	NA
1951	14,671	2,000	NA
1952	17,018	2,390	146
1953	20,675	3,780	123
1954	24,879	4,395	191
1955	29,938	5,479	420
1956	34,882	5,247	303
1957	40,956	6,425	351
1958	47,507	6,954	403
1959	54,299	7,266	474
1960	63,698	9,957	558
1961	72,350	9,387	735
1962	81,709	10,218	859
1963	91,959	11,144	894
1964	102,626	11,708	1,041
1965	115,122	13,532	1,036
1966	132,095	18,183	1,210
1967	151,309	20,521	1,307
1968	173,648	23,782	1,443
1969	199,994	28,075	1,729
1970	225,899	32,574	2,306
1971	263,228	40,664	3,335
1972	309,043	49,335	3,560
1973	364,518	59,605	4,130
1974	419,119	59,385	4,784
1975	441,050	30,039	8,108
1976	444,544	28,124	24,630
1977	464,145	35,416	15,815
1978	514,534	65,684	15,286
1979	560,579	56,877	10,841
1980	616,642	69,342	13,279

(出典) Laurence J. Kotlikoff and Daniel E. Smith, *Pensions in the American Economy*, 1983, p. 165.

労働者の全般的な福祉のための経営者の責任について,経済と社会の新しい理論を提起したことである[23]. そこで,以上の要因について次に検討する.

まず第1の点について. 1935年に制定されたワグナー法 (Wagner Act) は,労働組合が雇用者との団体交渉で取り上げることができる交渉事項を,「賃金,労働時間,およびその他の雇用条件」と規定していた. 問題は,こうした組合との団体交渉において,企業の私的年金制度にかんする条件が交渉議題となりうるかどうかということであった. この問題は,ワグナー法が制定されて以降ほとんど争点になることはなかった. しかし,1946年にインランド・スティール (Inland Steel Company) が,年金制度について労働組合との団体交渉を拒否したことに対し,これを不満とする労働組合が全国労働関係委員会 (National Labor Relations Board, NLRB) に調停を提訴したことから,この問題は労使間の大きな争点となった.

この提訴案件について1948年に全国労働関係委員会は,年金制度は全体的な賃金体系に大きな影響を及ぼす重要な構成要素としての「雇用条件」を形成するという見解を示し,年金制度は団体交渉における強制的な交渉事項であるという裁定を下した. そして,1949年に上訴裁判所もまた若干の留保つきながら,こうした全国労働関係委員会の見解を支持する判決を下した. これにより雇用者は年金制度の諸条件について労働組合と交渉する法的義務を負うことになり,それ以前のように雇用者の恣意的な判断で年金制度を設立したり,制度を変更することはできなくなった. こうして1949年をもって経営者が主導する年金制度の設立は終わりを告げ,これ以後,労働組合との団体交渉を通じて企業の私的年金制度が設立される時代へと大きく変わることになったのである[24].

そこで第2に,この第1の点に関連して労働組合の年金制度に関する運動方針の変更を検討する[25]. 戦後の当初,労働組合は賃金の大幅な引上げを運動方針の最重要課題とした. これは戦時下の賃金統制によって労働者の賃金が抑制されてきたため,戦後に賃金統制が撤廃されると,労働者の関心が年金制度のような付加給付ではなく,手取り賃金の増加に向けられたことによ

るものであった．しかし，1949年頃に経済停滞により大幅な賃金引上げが見込めなくなると，組合の指導部は一般労働者の支持を失わないために，企業福祉の充実を要求する方向に組合の運動方針を転換するようになった．これは，当時の労働組合の全国組織の1つであった，産業別労働組合会議(Congress of Industrial Organizations, CIO)の策定した福祉計画に典型的に見られる．この福祉計画では，労働組合が年金運動に取り組む際の基本姿勢として「適切な社会保障は基本的人権」である，という考え方が明確に示された．当時の公的社会保障は，退職後の労働者が生活していくうえで不十分な水準にとどまっており，こうした不十分な社会保障を改革する立法措置が問題となっていた．このため労働運動は，企業に対してこうした社会保障の改革立法に反対しないことや，さらには社会保障の不備を補うため企業が私的年金制度を設立し，その運営に労働組合を関与させるよう要求した．こうして労働組合は，団体交渉を通じて年金運動を展開したが，前述のように年金制度に関する交渉が企業の法的義務とされたことは，労働組合にとって絶好の追い風となった．そして，これにより多数の私的年金制度が設立されることになったのである．

最後に，私的年金制度の発展をもたらした第3の要因として，前述の大統領諮問委員会の提言について検討しよう[26]．この委員会は，労使の間で対立が激化していた鉄鋼産業の賃金，社会保障，年金制度の問題について調査するために，大統領が1949年6月に任命した諮問委員会である．同委員会は調査の結果，鉄鋼産業の賃金上昇率は他の産業と比べて遜色ないとして，鉄鋼産業の労働組合による賃上げ要求を支持しなかったが，社会保障や年金制度については，他の主要な基幹産業に立ち遅れていると指摘した．そして，労働者に年金制度のような保障を与えることは，経営者の基本的な社会的責任であり，こうした年金制度に関わる費用は，従業員の拠出なしに全面的に雇用者によって負担されるべきである，という考えを示した．

見られるように委員会の提言は，賃上げについては経営者の見解を支持し，年金制度については労働者の見解を支持するという，きわめて便宜的・妥協

的な性格を有するものであった．したがって，こうした勧告に満足しない労働組合と企業との対立はますます先鋭化し，労働組合がストライキを決行するなど，委員会は期待されていた労使紛争の調停に失敗した．しかし，同委員会が年金制度の設立を企業の責任としたことは，ある意味で連邦政府が労働組合による年金制度の設立運動に正当性を与えたということができ，その後の私的年金制度の普及・発展に大きな影響を及ぼすことになった．

さてそれ以後，私的年金制度は表6-5に見られるように，全産業に急速に普及することになったが，それに伴い私的年金制度の欠陥や法的不備を整備する必要が生じてきた．そこで，1974年に従業員退職所得保障法（Employee Retirement Income Security Act of 1974, ERISA）が制定され，年金に関する諸基準の規定や雇用者の法的責任の明確化が図られるとともに，年金給付保証公社（Pension Benefit Guaranty Corporation, PBGC）も設立された．

5. 年金信託と信託機関

本節では前述したような私的年金制度の発展に関連して，信託制度および信託機関がどのような役割を果たしてきたか，1920年代当時の私的年金制度について検討することにしたい．そして，そのためにはまず当時の私的年金制度において，年金財源がどのように調達されていたか見ておく必要がある．年金財源については，初期の私的年金制度の特徴を論じた箇所ですでに部分的に論及した点であるが，ここでもう一度全体的に整理しておくことにする．

(1) 初期の私的年金制度における年金財源の調達方式

当時の私的年金制度において年金財源の調達方式は，基本的に次の4つの方式に区分することができる[27]．

第1の方式は，最もよく採用されていた方式であるが，企業がある年に必要な年金費用をその年の企業の経常収益から支出し，将来の支出の増加に備

えて特別の準備基金を保有しない方式である．したがって，ある年に年金費用が増加すれば，企業は年金の拠出金を増額することによって対処した．しかし，この方式を採用している年金制度では，雇用企業の年金拠出金に上限を設定している場合が多く，年金費用が増加してくると単位当りの年金支給額は切り下げられることになった．そして，前述したように不況期において企業収益が低下すると，企業は年金の拠出金を削減したり，最悪の場合には年金制度を停止することもあった．

　第2の方式は，年金制度の設立に際して最初に設定した基本基金の運用収益を年金財源とする方式である．しかし，この方式は実際にはあまり採用されなかった．というのは，基金の運用収益だけでは十分に年金財源を満たすことができなかったからである．したがって，この方式が採用される場合でも第1の方式との組合せにより，雇用企業が経常費用から年金経費として不足額を年金財源に拠出することが多かった．確かにこの後者の方式によれば，基金の運用収益の分だけ企業の負担は少なくなるが，それは程度の問題であり，年金費用が増大する場合には，遅かれ早かれ第1の方式と同じ問題が発生することは避けられない．

　第3の方式は，年金数理に基づいて年金基金を個々の従業員別に就職時から退職時まで積み立てる方式である．この方式では年金給付額を一定とすれば，年金基金への毎年の拠出金を雇用企業と従業員とがどのような比率で負担しても，年金基金の積立に必要な拠出金の大きさは，年金数理上の算定基礎（basis of an actuarial calculation）によって決定される．この方式では最終的な年金支払額と積み立てられた基金の大きさは，その他の条件が等しければ賃金と勤続年数の長さに依存している．こうした年金支払いに備えて準備基金を積み立てる方式は，将来の年金支払いを保証する最も確実で信頼できる方式である．

　第4の方式は，年金数理に基づく債務評価（actuarial valuation of liabilities）という方式である．この方式は，年金債務の大きさを体系的に評価することによって，第3の年金数理方式をより精緻化しようとしたものである．

しかし,実際にはこうした債務評価を正確に行うことは困難である.年金制度の構成員となる従業員数や従業員の年齢別・性別構成等に始まり,将来の労働者の回転率と増加率,定年前の死亡率や定年時の生存確率等の諸要因を正確に考慮し,将来を予測することは実に困難な作業である.とはいえ,こうした年金数理に基づく評価は,適正な拠出金の大きさを算定するうえで必要不可欠であり,財政的に健全な年金制度を維持していくためには,上述の諸要因の変化を一定期間ごとに点検し調整を行う必要がある.

(2) 年金基金の形成と信託機関

現在の信託機関は,受託者または代理人の資格において年金基金の管理・運用に関与している.信託機関が,管理・運用している年金基金の資金額は巨額にのぼっており,この意味で信託機関は,私的年金制度の財政面に深く関与するという非常に重要な役割を果している.しかし信託機関は,私的年金制度の草創期から現在のように年金基金の管理・運用に密接に関わっていたわけではない.私的年金制度が次第に普及し始めた18世紀後半から20世紀初頭の時代には,前述したように年金財源の調達方式において,年金給付のために必要な資金をその年度毎に企業が拠出する方式が主流を占めていた.この方式を採用していた鉄道会社の私的年金制度の多くが,不況期の企業収益の減少により年金財源の不足に直面し,年金制度の破綻を余儀なくされたことはすでに指摘したとおりである.

これに対し,年金基金を積み立てる方式が増加し始めたのは,1920年代以降の時期であり,それに伴って年金基金の資産額も着実に増加した(表6-4参照).これ以前の時期には私的年金制度の大部分は,設立会社によって管理運営がなされていたので,年金基金への資金の拠出も会社によってのみ行われていた.また,年金給付によって基金が枯渇するごとに基金の補充がなされていたため,年金給付額と基金の資金との間に直接的な関係は存在しなかった.その結果,1910年代までは私的年金制度の総資産額は取るに足らない額であり,この時期において信託機関が年金基金の管理・運用に果た

第6章 私的年金制度の発展と信託機関

した役割は，さほど重要なものではなかったということができる[28]．

つまり私的年金制度の普及当初は，年金基金の資産額はそれほど大きくなく，この点で信託機関が私的年金制度に関与する余地はそれほどなかったといってよい．他方，年金制度の運営に保険会社を利用する私的年金制度が設立され始め，1916年から1929年にかけて40の保険型年金制度が設立された．そして保険会社を利用しない非保険型の年金制度も，次第に設立件数が増加し始めた．この非保険型の私的年金制度は保険型を上回る発展を見せ，年金制度の準備基金の大部分を非保険型が占めるようになった[29]．こうして実際に私的年金制度において信託機関の役割が増大してきたのは，年金基金の着実な資産増加が見られた，1920年代から1930年代にかけての時期であったということができる．

この点について次の指摘が参考になる．「当初，大部分の会社は年金基金を自分で管理するか，保険会社に基金の管理をまかせていた．しかし近年，投資のために法人受託者に基金が委託されるようになってきた．例えば典型的な事例として，ATT (American Telephone and Telegraph Company) の年金基金は1913年に設立されたが，14年後に信託機関を受託者とする年金信託に転換された」[30]．つまり，ここで典型的な事例として言及されているATTの私的年金制度の場合には，その年金基金が信託機関によって管理・運用されるようになったのは1927年からということになる．したがって，全体的に信託機関が，私的年金制度との関連で重要な位置を占めるようになってきたのは，ほぼ1920年代頃からといってよいであろう．また表6-4によっても，1920年代に信託基金額と会社のバランスシート上の年金準備金の合計額が，着実に増加していることが確認でき，この時期に信託機関が，年金基金の管理・運用を行う年金信託業務に重点を置き始めたと推測できる．なお，現在アメリカの信託資産の保有額で上位の信託機関であるバンカース・トラスト (Bankers Trust Company) は，1938年に初めて年金信託部を創設している[31]．

非保険型の年金制度は，現在では個々の年金制度が独立して資産運用を行

表 6-6　私的年金基金の資産額と資産構成比

(単位：100 万ドル，括弧内は構成比で％)

年	現金	会社証券			連邦政府債	総資産額
		社債	株式	その他		
1922	4(4.4)	55(61.1)	18(20.0)	4(4.4)	9(10.0)	90(100.0)
1929	25(5.0)	300(60.0)	100(20.0)	25(5.0)	50(10.0)	500(100.0)
1933	35(5.0)	420(60.0)	140(20.0)	35(5.0)	70(10.0)	700(100.0)
1939	52(5.0)	578(55.0)	210(20.0)	52(5.0)	158(15.0)	1,050(100.0)
1945	87(3.0)	1,045(36.0)	347(12.0)	116(4.0)	1,305(45.0)	2,900(100.0)
1949	180(3.0)	2,790(46.5)	750(12.5)	180(3.0)	2,100(35.0)	6,000(100.0)
1952	180(2.0)	4,500(50.0)	1,800(20.0)	270(3.0)	2,250(25.0)	9,000(100.0)

(出典)　Raymond W. Goldsmith, *Financial Intermediaries in the American Economy since 1900*, pp. 371, 372.

う自己管理型と資産運用を信託機関に委託する信託型，および投資顧問業者を利用するタイプに区分することができる．ただし，年金制度が投資顧問業者を利用するようになったのは比較的近年のことであり，年金制度の普及期に当たる 1920 年代から 30 年代の時期には，非保険型の私的年金制度の大部分は信託型と自己管理型の年金制度であった．

　しかし，この時期の信託型の年金制度においては，信託機関だけでなく個人や会社自身あるいは年金の運営理事会が，基金の管理・運用を行う受託者に指名される事例が多く見られた[32]．信託型の年金制度では年金基金の受託者は，受益者である年金受給者に対して信託法上の誠実義務を負うことになる．つまり，年金受給者を信託法上の受益者として位置付けることにより，長期にわたって年金受給者の利益を保護していくことが可能となる．また，こうした長期の年金信託については，個人よりも法人の方が長期的・継続的に信託サービスを提供することができるメリットがある．このため年金基金の受託者には信託機関が指名される事例が次第に増え，信託機関は保険会社を上回る年金資金の管理・運用を行うようになった．

　このように信託機関を主とする非保険型の年金基金の資産額は，表 6-6 に見られるように着実に増大してきた．これによると非保険型の年金基金の資産額は，1922 年の 9000 万ドルから 1929 年の 5 億ドル，1939 年の 10 億

5000万ドル，1949年の60億ドルへと急速に増加し，1952年には90億ドルに達した．なお，これらの年金資産額の大部分は，1920年代から30年代の時期には株式や社債に投資され，その資産比率は80〜85%を占めていた．一方，連邦政府債への投資は10〜15%程度にとどまっていた．しかし，第2次大戦の開始により年金基金の資産運用において，株式や社債への投資が減少し，連邦政府債への投資が増加した．これにより1945年に株式と社債の比率は52%に低下し，連邦政府債の比率は45%へと上昇した．戦後になると再び株式と社債の比率は増加に向かい，連邦政府債の比率は低下し始めた．

このような戦後における年金基金の資金規模の拡大は，資本市場の構造に大きな変化をもたらすことになった．つまり年金基金が，国債・社債・株式の大口投資家として，証券市場に大きな影響を与えるようになったことである．そして，こうした年金基金の多くは，信託機関によって管理・運用がなされており，信託機関は証券市場において，機関投資家として重要な位置を占めるようになってきた．

6. むすび

本章では，アメリカの初期の私的年金制度について考察を行うとともに，20世紀初頭から第2次大戦後に至る私的年金制度の発展について概観してきた．そして，私的年金制度と信託機関との関係が，どのように形成されてきたか検討してきた．この検討結果から，私的年金制度と信託機関との関連は，次のようにまとめることができる．

初期の私的年金制度は，非拠出型の制度が主流であり，将来の年金給付のために基金を積み立てる積立方式は少なかった．したがって，この時期には信託機関が，私的年金制度の管理・運営に関与することはほとんどなかった．しかし，こうした初期の私的年金制度の財源調達方式は，1930年代の大不況期にその欠陥を露呈し，その後次第に年金基金を設置する私的年金制度が

主流を占めるようになっていった．

　こうして将来の年金給付のために，年金基金を安全かつ有利に運用することは，積立方式の年金制度を維持・運営するうえで考慮すべき重要な関心事となった．信託機関は，信託制度上の受託者として受益者の利益のために，誠実に財産の管理運用を行う信託法上の誠実義務を負っている．こうした信託機関の特質は，長期にわたって基金を積み立てる年金制度とうまく合致し，私的年金制度の発展とともに，信託機関は年金基金の受託者として私的年金制度への関与を深めていくことになったのである．

　第2次大戦後における私的年金制度の普及・発展に伴う年金基金の成長は，その基金の多くを管理・運用する信託機関および保険会社の保有資産の拡大をもたらした．これは，年金基金の資金運用を通じた信託機関，保険会社等よる資金仲介機能の拡張を意味している．こうした年金基金に起因する金融仲介機能の拡張は，第2次大戦後の金融市場とりわけ証券市場の構造に大きな影響を与えることになった．

　　注
1) Murray W. Latimer, *Industrial Pension Systems in the United States and Canada*, Vol. 1, 1932, p. 20, 参照．
2) *Ibid.*, p. 21, 参照．
3) *Ibid.*, pp. 44, 48, 参照．
4) *Ibid.*, p. 21, 参照．
5) *Ibid.*, p. 22, 参照．
6) *Ibid.*, pp. 24-26, 参照．
7) *Ibid.*, p. 867, 参照．
8) *Ibid.*, p. 45, 参照．
9) *Ibid.*, p. 46, 参照．
10) *Ibid.*, p. 572, 参照．
11) *Ibid.*, p. 593, 参照．
12) *Ibid.*, pp. 707, 708, 参照．
13) *Ibid.*, p. 40, 参照．
14) Charles L. Dearing, *Industrial Pensions*, 1954, pp. 23, 24, 参照．
15) *Ibid.*, p. 24, 参照．

16) *Ibid.*, pp. 24, 25, 参照.
17) *Ibid.*, pp. 25, 26, 参照.
18) Alicia H. Munnel, *The Economics of Private Pensions*, 1982, p. 10, 参照.
19) Dearing, *op. cit.*, p. 37, 参照.
20) Munnel, *op. cit.*, p. 11, 参照.
21) Dearing, *op. cit.*, p. 37, 参照.
22) *Ibid.*, pp. 36, 285-305, 参照.
23) *Ibid.*, p. 42, 参照.
24) *Ibid.*, pp. 43-45, 参照.
25) 労働組合の年金運動については, *ibid.*, pp. 45-57, を参照した.
26) 諮問委員会の提言については, *ibid.*, pp. 57-65, を参照した.
27) 年金財源の調達方式については, National Industrial Conference Board, *Industrial Pensions in the United States*, 1925, pp. 107-122, を参照した.
28) William C. Greenough and Francis P. King, *Pension Plans and Public Policy*, 1976, pp. 136, 137, 参照.
29) *Ibid.*, p. 137, 参照.
30) American Institute of Banking, *Trust Business*, 1934, p. 448.
31) 信託協会編『アメリカの信託業務-第1次信託視察団報告書』日本生産性本部, 1964年, 283ページ, 参照.
32) Latimer, *op. cit.*, pp. 665, 666, 参照.

第7章 信託機関の資産増加と証券投資
―1970年代から1980年代前半にかけて―

1. はじめに

　序章で指摘したように，アメリカでは1960年代後半以降，証券取引委員会（SEC）や米国議会によって，金融機関の証券投資とそれに伴う経済的影響力に関する調査・研究が行われた．特に，商業銀行の信託部門については，1968年に下院銀行通貨委員会（委員長 Wright Patman）によって，『パットマン委員会報告』が公表された．この報告書は，商業銀行がその信託部門を通じて巨額の信託資産を保有し，その信託資産の大部分が，証券投資によって運用されているという事実を明らかにした．とりわけ，信託部門による株式の保有状況が，会社支配との関連という視点から詳細に分析されている．
　『パットマン委員会報告』以後，1971年には SEC の *Institutional Investor Study Report* において，商業銀行信託部門の株式保有が調査・分析の対象とされている．また1970年代から1980年代にかけて，アメリカの主要企業について株式所有と支配に関するいくつかの議会報告書（その委員長名から『メトカーフ委員会報告』，『リビコフ委員会報告』等と呼ばれている）が公表され，商業銀行信託部門が主要企業の大株主として，重要な位置を占めていることが改めて指摘されている．
　そこで本章では，こうした銀行信託部門を中心とするアメリカの信託機関について，特に1970年代の信託資産の拡大が，どのようにして可能になったかということを，信託機関の業務，信託資産の源泉（個人信託，年金基金

等）の分析を通じて明らかにする．

　次に，このような拡大した信託資産が，どのような部面で資産運用されているかという点に論及する．その際，信託機関の資産運用の基準についても検討したい．

　信託機関は信託資産の運用の結果，証券市場において重要な機関投資家としての位置を占めることになるが，とりわけその株式投資額は機関投資家（投資会社，生命保険会社等）の中で最大である．そこで次に，信託部門の保有する株式がどのような性格を有する株式であるかという問題と，信託機関が株式市場においてどのような位置を占めているかという問題に論及する．

　そして最後に，以上の考察を通じて商業銀行と信託部門との関連，信託部門の経済的機能について論及し，信託部門が現代アメリカ経済において果たしている役割の一端を明らかにしたい．

　なお，時期区分を1970年代から1980年代前半としたのは，信託統計の集計方法が1985年から大きく変更されたため，比較する統計データの連続性が失われたことによる．1984年までは信託機関が投資裁量権を行使できる一任勘定の信託資産（discretionary assets）のみが公表されてきたのに対し，1985年からはその計数に加えて，投資裁量権を持っていない非一任勘定の信託資産（nondiscretionary assets）の計数が公表されるようになったのである．

2. 信託機関の業務と受託資産

　信託機関の業務は多岐にわたっているが，何らかの資産の受託につながる業務としては，信託業務と代理業務と遺産処理業務があげられる．このうち，委託者からの信託財産に基づく信託機関の保有資産は，信託統計上では次のように区分される．

　第1に，個人信託（personal trust）に基づく資産である．これは信託機関による個人に対する信託業務である．

第2に，従業員給付信託（employee benefit trust）に基づく資産である．この信託は，企業がその従業員の福利のために，利潤分配，退職年金，従業員の貯蓄，従業員の株式保有などを目的として設定される信託である．信託機関は，こうした目的のために設定された信託基金の受託者として，その資産の管理・運用にあたるのである．この信託の中で中心を占めるのは，従業員の退職後に年金を支給するために設定された年金信託業務である．

第3に，個人信託，従業員給付信託以外のその他信託に基づく資産である．

以上，信託機関の信託業務に基づく資産について簡単に紹介したが，次に信託資産統計で遺産処理（estate）として一括されている資産項目について検討しよう．

この項目には遺言執行人（executor），遺産管理人（administrator），後見人（guardian）と呼ばれる各業務によって受け入れられた資産が含められる．このうち遺言執行人とは「遺言において指名され，裁判所によって遺言者の遺言を処理すべく指名された個人もしくは信託機関」[1]を指す用語である．また，遺産管理人とは「有効な遺言を残さずに死亡した人の遺産を処分すべく，裁判所によって指名された個人もしくは信託機関」[2]を指す用語である．

このように遺言執行人と遺産管理人とは，死亡した人が遺言を残しているか否か，あるいは遺言があっても有効か否か，という点を基準にして区別されるが，信託機関がこの業務に基づいて管理保有する資産は，個人の多様な遺産（例えば不動産，各種動産類，等）から成っており，こうした遺産は，いずれ相続人に対する遺産分与の完了とともに消滅する性格のものである．

後見人とは，「何らかの特異な事情，すなわち年齢や理解力や自己統制力に不足があることから自分自身を保護したり自分自身の問題を管理することができないと思われる他人について，その人を保護し，またはその財産を管理する（あるいは両方とも）権限を法律上与えられ，またそうする義務を法律上課せられる人」[3]もしくは機関である．

信託機関はこのような後見人として，被後見人の福祉のために財産を管理使用する義務を負うわけであるが，この業務に基づく信託機関の保有資産が

どの程度であるか，ということは信託資産統計からは推定できない．恐らく遺産処理勘定の中に占める比率は，業務の性格から見てそれほど大きなものではないと思われる．

次に，信託機関の代理業務について見ていこう．この業務において，信託機関は前述のような信託制度上の法人受託者という資格ではなく，ある人物の代理人という資格において活動することになる．信託と代理とは，財産の管理運用を行うという点で類似した業務であるが，その法律上の地位は全く異なったものである．信託の場合には，信託機関が受託した財産に対する所有権は法律上，信託機関に移転されるが，代理の場合には，信託機関はあくまでも本人の指示に従う代理人として行動するのであり，したがって預託された財産に対する法律上の所有権は，信託のように信託機関に移転せず，相変わらず本人のもとに帰属したままである．

前述したような従業員給付基金は，この代理勘定においても受け入れられ，代理業務の中核部分を形成している．信託統計では代理業務に基づく資産は，従業員給付勘定とその他の個人および法人向けの勘定項目とに二分されている．

さて，これまで述べてきたことから分かるように，信託機関の保有資産は基本的に信託業務，遺産処理業務，代理業務という法的関係を異にする三様の業務に由来するものであった．信託機関は，上述の業務の他にも社債の受託業務や証券代理業務など各種の多様な業務を展開しているが，これらの業務においては通常何らかの資産を受け入れ，それを管理・運用するという事態は生じない．したがって信託機関の保有資産を考察する場合，上記三業務を考察対象とすれば十分である．

3. 信託資産の拡大とその性格

1968年のパットマン委員会による調査および報告が行われるまで，アメリカの信託資産統計は，全国的には未整備の状態であった．それ以前には，

国法銀行に関する信託統計のみが利用可能であり，信託機関として無視できない勢力を持つ州法銀行に関する信託統計は，ほとんど利用不可能であった．そのような統計上の不備もあって，それまで商業銀行信託部門の活動は，世間の注目を集めることはなかった．そのため，パットマン委員会報告が，商業銀行信託部門に初めて本格的なメスを入れ，信託部門の巨額の株式保有を明らかにしたことは，信託機関の研究にとって大きな意義を持つものであった．

ここでは，その後に公表されるようになった信託統計に依拠して，信託機関の保有信託資産額の動向を考察していくことにする．

(1) 受託資産の分類

表7-1は，1971年から1984年までの14年にわたる，銀行と信託会社の保有信託資産を示している表である．この表では，信託資産の種別は，大きく「信託・遺産処理」と「代理勘定」項目とに二分されている．そして「信託・遺産処理」項目は，「従業員給付」勘定と「個人信託・遺産処理」勘定に細分類され，「代理勘定」項目は，「従業員給付」勘定と「その他」勘定に細分類されている．

信託統計書 Trust Assets of Financial Institutions-1995 の勘定区分の解説によると，個人信託と代理勘定の「その他」項目には，個人資産の他に私的財団 (private foundation) からの受託資産や従業員給付以外の受託資産が含まれている．ただし，この統計書では信託資産を，個人勘定 (personal accounts) と従業員給付勘定 (employee benefit accounts) の2つに区分した統計表も掲載しており，個人勘定は「信託・遺産処理」と代理勘定の「その他」から，従業員給付勘定は従業員給付信託と従業員給付の代理勘定から構成されている[4]．そこで，この区分方法にしたがって「個人信託・遺産処理」と代理勘定の「その他」を合わせて「個人資産」とし，信託勘定と代理勘定の従業員給付を合わせて「従業員給付資産」とする．信託資産に占める両者の構成比は，1971年には個人資産64.0％，従業員給付資産36.0％であ

表 7-1 金融機関の信託資産

(単位：100万ドル，括弧内は％で勘定別の資産構成比を示す)

年	信託・遺産処理		代理勘定		合計	報告した金融機関の銀行部門総資産	報告した金融機関数
	従業員給付	個人信託遺産処理	従業員給付	その他			
1971	110,554 (32.2)	159,677 (46.5)	13,129 (3.8)	59,941 (17.5)	343,300 (100.0)	517,961	3,624
1972	134,547 (33.3)	183,103 (45.1)	16,003 (4.0)	69,930 (17.3)	403,583 (100.0)	602,495	3,804
1973	123,270 (32.6)	170,640 (45.1)	20,198 (5.3)	63,964 (16.9)	378,073 (100.0)	681,061	3,914
1974	107,426 (33.0)	142,615 (43.8)	19,260 (5.9)	56,028 (17.2)	325,328 (100.0)	749,337	3,999
1975	140,721 (35.4)	164,861 (41.5)	23,804 (6.0)	67,832 (17.1)	397,218 (100.0)	770,943	4,049
1976	180,217 (37.0)	192,749 (39.6)	33,468 (6.9)	80,169 (16.5)	486,604 (100.0)	831,223	4,079
1977	195,162 (38.8)	189,576 (37.7)	36,656 (7.3)	81,320 (16.2)	502,715 (100.0)	934,566	4,156
1978	143,434 (32.5)	179,325 (40.6)	38,786 (8.8)	80,256 (18.2)	441,801 (100.0)	1,020,907	4,108
1979	155,924 (31.0)	200,563 (39.9)	48,855 (9.7)	97,644 (19.4)	502,986 (100.0)	1,131,190	4,074
1980	175,243 (30.7)	228,992 (40.1)	53,749 (9.4)	113,230 (19.8)	571,194 (100.0)	1,228,261	4,054
1981	177,026 (30.2)	229,748 (39.2)	63,838 (10.9)	115,177 (19.7)	585,788 (100.0)	1,339,373	4,021
1982	209,460 (30.4)	256,952 (37.3)	81,540 (11.8)	141,087 (20.5)	689,040 (100.0)	1,489,756	4,041
1983	217,953 (28.6)	281,724 (36.9)	117,274 (15.4)	145,849 (19.1)	762,800 (100.0)	1,590,631	3,936
1984	230,861 (28.8)	295,529 (36.9)	116,799 (14.6)	158,472 (19.8)	801,661 (100.0)	2,013,985	3,888

(出典) FFIEC, *Trust Assets of Insured Commercial Banks*; *Trust Assets of Banks and Trust Companies*; *Trust Assets of Financial Institutions*, various years, より作成.

った．しかしその後，次第に個人資産の比率が低下し，従業員給付資産の比率が上昇する傾向を示した．1984年の構成比は，個人資産56.6％，従業員給付資産43.4％となったが，1980年代にはこの構成比は比較的安定しており，それほど大きな変化は見られない．

　上記の信託資産の合計額は，1971年から1984年までの13年間に，3433億ドルから8016億6100万ドルへと，4583億6100万ドルの増加を示した．これを増加率で見ると，13年間で133.5％，つまり2倍以上に信託機関の保

有資産が拡大したことになるが，年平均の増加率では6.7%程度である．ただし1973年，1974年，1978年についてはその資産合計額は前年を下回っているが，これは主として，信託機関から監督当局への報告に際して，資産額を市場価格ベースで評価することを義務付けられていることに起因している．つまり，後述するように信託資産の構成において，株式がかなりの部分を占めているため，株式市場での株価の変動が信託資産額に敏感に反映することになるからである．実際に，信託資産の減少した1973年，1974年，1978年は株式市場の低迷期であり，時期的に照応している．

このように部分的な例外はあるものの，信託資産は全体として1970年代を通して，年々着実に拡大傾向を示してきたということができる．では，この信託資産の拡大において，前述した資産項目のうち，どの項目が資産拡大の中心を担ってきたのであろうか．

同期間中の信託資産合計の増加額は，4583億6100万ドルであったが，このうち各資産項目別の増加分は，信託勘定の従業員給付1203億700万ドル，個人信託・遺産処理1358億5200万ドル，代理勘定の従業員給付1036億7000万ドル，その他985億3100万ドルであった．

そこで，全体の増加額に対する各資産項目別の増加寄与度を計算すると，信託勘定の従業員給付26.2%，個人信託・遺産処理29.6%，代理勘定の従業員給付22.6%，その他21.5%となる．信託勘定と代理勘定の従業員給付を合わせれば，その増加寄与度は48.8%となり，信託資産の増加額の半分近くは，従業員給付基金の受託増によるものであった．他方，代理勘定のその他項目には従業員給付以外のすべての代理勘定が含まれるが，その多くは個人のための代理勘定と思われる．そのため，個人資産の全信託資産に対する増加寄与度は，個人信託・遺産処理とその他項目との合計による51.1%を若干下回るものと推定される．したがって，個人資産と従業員給付資産の増加寄与度はほぼ同程度となり，このことから分かるように，1970年代における信託機関の保有資産の増大は，個人資産と従業員給付資産の成長によってもたらされたということができる．

表7-2 各信託資産の平均増加率
(単位：%)

	従業員給付勘定 (信託と代理勘定)	個人信託 遺産処理	代理勘定 のその他	資産全体
1971-1976年	11.6	3.8	6.0	7.2
1976-1981年	2.4	3.6	7.5	3.8
1981-1984年	9.3	8.8	11.2	11.0
1971-1984年	6.7	4.8	7.8	6.7

(出典) FFIEC, *Trust Assets of Insured Commercial Banks*; *Trust Assets of Banks and Trust Companies*; *Trust Assets of Financial Institutions*, various years, より作成.

ただし表7-2に見られるように，各信託資産の平均増加率は時期によって変動しており，70年代前半は従業員給付資産の増加率が11.6％と最も高かったが，1970年代後半は代理勘定のその他が7.5％の伸びを示した．1980年代においても引き続き，代理勘定のその他は11.2％と高い伸びを示したが，従業員給付資産も再び9.3％という高い増加率を示した．13年間の平均増加率では，信託資産全体が6.7％，代理勘定のその他7.8％，従業員給付資産6.7％，個人信託・遺産処理4.8％という順序であった．そこで，このような従業員給付資産の拡大をもたらした背景について，簡単に考察しておこう．

(2) 企業年金の普及と信託機関

前述したように，信託および代理業務の従業員給付勘定の資産の中心は，企業の年金基金の受託によるものであった．したがって，信託機関の保有資産の拡大は，このような年金基金の拡大と表裏一体の関係をなすものとして把握する必要がある．

企業年金制度は，雇用者と従業員とが毎年一定額の掛金を退職時まで積み立て，従業員が退職すると，それまでに積み立てた基金を原資として年金給付を行うというものである．このような企業の私的年金は，その積立基金の運用主体によって，保険会社によって運営される保険型年金とそれ以外の非保険型年金とに分類することができる．非保険型年金については，一般に信

表7-3 年金基金の資産額

(単位：億ドル)

年	1972	1973	1974	1975	1976	1977	1978	1979	1980	1981	1982	1983
保険型年金基金	521	561	604	723	887	1,032	1,216	1,435	1,720	1,998	2,429	2,864
非保険型年金基金	1,604	1,466	1,386	1,866	2,116	2,251	2,574	3,186	4,127	4,340	5,181	6,078
（株式資産額）	1,197	975	706	1,021	1,160	1,113	1,169	1,466	2,095	1,956	2,484	3,062
年金資産計	2,125	2,027	1,906	2,589	3,003	3,283	3,790	4,621	5,847	6,308	7,610	8,942

(出典) 厚生年金基金連合会『アメリカの企業年金の資産運用の実態』1985年，42ページ．

託機関と投資顧問会社が，基金の管理・運用者として指名される．前述のように，信託機関に委託された年金基金は，信託勘定または代理勘定で運用されることになる．表7-3から分かるように，1983年には年金基金の資産額の32％が保険型，68％が非保険型であった．1976年まで保険型の比率は30％以下であったが，1977年以降30％以上となった．それ以後その構成比は，ほぼ保険型3分の1，非保険型3分の2という一定の割合で推移した．

年金基金の総資産額は，1972年から1983年までの11年間に2125億ドルから6817億ドル増加し，8942億ドルに達した．実に320.8％，4倍強の増加率であり，年平均では14.0％の増加率となる．特に1975年以降の時期には，それ以前の低迷状態を脱し急速な資産額の成長が見られた．1974年の1906億円を基準とすると，この時期の年金資産額の平均成長率は，18.7％という驚くべきものである．

こうした私的年金基金の資産額の増加は，民間企業における年金制度の広範な普及によるものである．企業年金の加入者は，1950年に企業の全従業員の23.79％（980万人）であったのが，1960年には39.58％（1870万人），1970年には，44.87％（2610万人），1979年には48.57％（3520万人）となり，企業年金は全従業員の約半数を組織するまでに成長を遂げた[5]．

このような年金制度の拡充に伴って増大した年金基金は，信託機関の信託勘定と代理勘定で受け入れられ，従業員給付資産の増加をもたらしたのである．しかし信託機関は年金市場の拡大に十分対応して，その保有資産を拡大したわけではない．表7-3から分かるように，年金基金の運用において保険

会社は1972年から1977年まで次第にシェアを高め，1977年以降はほぼ31～32％のシェアを維持している．それに対し，信託機関の従業員給付勘定に基づく資産（年金基金以外の各種従業員給付プランを含むが，資産額の大半は年金基金と思われる）は，年金基金の総額に占める比率を1972年の70.8％から1983年の37.5％へと急速に減少させている（表7-2と表7-3より算出）．信託機関が年金基金の受託競争において，その市場シェアを急速に低下させてきたのは，競争相手である保険会社と投資顧問会社によってそのシェアを奪われてきたからにほかならない．保険会社が77年以降，そのシェアを維持していることを見ると，信託機関のシェアの減少は投資顧問会社のシェア拡大の結果ということができる[6]．

ただし，ここで注意しておく必要があるのは，商業銀行による年金基金の運用業務は信託部門だけでなく，投資顧問部門または銀行の子会社として設立された投資顧問会社によっても行われていることである[7]．そのため，商業銀行の信託資産として統計上把握されない年金基金も，かなりの部分，実際には商業銀行の管理下にあると推定することができる．

以上述べたように信託機関の従業員給付勘定の資産増大は，年金資産の拡大と完全に歩調を合わせてきたわけではないが，信託機関にとってその保有資産を拡大するうえで，年金基金の受託は極めて重要な位置を占めていた．

(3) 信託資産の性格

では次に，信託機関に委託されている資産の性格を知るために，信託資産勘定の1口座当りの資産規模について検討することにしよう．

表7-4では，信託機関の保有資産規模にしたがって全体の信託機関が5つに区分され，それぞれについて勘定項目別に1口座当りの平均資産額が表示されている．これによると，信託機関の保有資産額が大きくなるにつれて，その信託機関に委託される1口座当りの平均的な信託資産規模も増大する傾向が見られる．この傾向は，従業員給付信託，個人信託，遺産処理，従業員給付代理，その他代理の各勘定項目について共通に見られるものである．資

表7-4 信託口座の平均資産額　　　　(単位：1,000ドル)

信託資産保有額による信託機関の分類	信託および遺産処理			代理勘定	
	従業員給付	個人信託	遺産処理	従業員給付	その他
1000万ドル未満	41.3	65.7	102.0	58.4	70.5
1000～2500万ドル未満	96.0	124.7	125.3	90.2	144.0
2500万～1億ドル未満	147.7	162.7	139.1	264.0	249.3
1～5億ドル未満	260.3	222.2	179.4	635.6	474.4
5～10億ドル未満	505.8	312.5	199.8	1,479.1	710.8
10億ドル以上	1,078.1	464.2	356.2	16,499.7	1,957.6
全信託部門	640.0	322.5	225.0	5,009.4	1,078.3

(出典) FFIEC, *Trust Assets of Financial Institutions-1984*, p. 18.

産規模による区分のうち，5～10億ドルに属する信託機関と10億ドル以上に属する信託機関とでは，1口座当りの平均資産規模に極めて大きな格差が存在する．とりわけ従業員給付の信託と代理の両資産項目において，その格差は顕著である．

この10億ドル以上のクラスに属する信託機関について，その1口座当りの平均資産額は，従業員給付の信託勘定107万8100ドル，同代理勘定1649万9700ドル，個人信託46万4200ドルである．これを当時（1984年12月）の為替レート，1ドル＝248円で邦貨換算すると，それぞれ2億6737万円，40億9193万円，1億1512万円になる．見られるように従業員給付の1口座当りの資産規模は，代理勘定の方が信託勘定よりも15倍ほど大きい．これは，基金規模の大きい大企業の年金基金には独自運用型が多く，そのため信託勘定ではなく代理勘定で運用されることに起因するものと思われる．

このように，大口の年金基金や個人資産は，大手商業銀行の信託部門に集中的に委託される傾向にあるということができる．これは，資産規模の大きい企業年金は恐らく大企業のそれと推定できるので，こうした大企業が融資等を通じて取引関係のある大手商業銀行に，その企業年金の運用を委託することによるものと思われる[8]．

また，個人信託の1口座当りの平均資産額が，邦貨換算で1億円以上という巨額なものであるが，このことから富裕階層・財閥家族の財産が，大銀行

表7-5 富裕階層に保有する主要な金融資産

(1982年と1983年の抽出調査)

金融資産	年収15万ドル以上28万ドル未満		年収28万ドル以上		金融資産の集中度(%)	
	保有家計の比率(%)	平均資産額(千ドル)	保有家計の比率(%)	平均資産額(千ドル)	a)所得分布の上位10%	b)所得分布の上位0.5%
CD	33	47.4	37	199.3	32	8
地方債	25	115.5	50	456.7	92	56
各種債券	22	92.9	30	312.0	72	43
株式	75	364.1	90	1,046.6	85	43
ミューチュアル・ファンド	46	51.7	46	168.3	80	31
信託勘定	28	362.9	25	3,363.4	88	69

(注) a)は年収5万ドル以上の所得階層
b)は年収28万ドル以上の所得階層
(出典) *Federal Reserve Bulletin*, March 1986, pp. 170, 171, より作成.

における個人信託の形態で保有されていることの一端を窺い知ることができる．そこでこれに関連して，富裕階層の資産構成の中で信託資産の占める大きさについて簡単に見ておこう．

表7-5は富裕階層の保有する主要な金融資産を示したものである．これによると信託資産は，年収28万ドル以上の所得階層でとりわけ大きな位置を占めている．信託勘定はその所得階層に属する25%の家計において保有されているだけであるが，その平均資産額は336万3400ドル（調査時点の為替レート，1ドル＝240円で換算すると約8億円）と金融資産の中で最大の大きさを示している．これに対して，信託勘定に次ぐ大きさである株式の平均資産額は，104万6600ドルと信託勘定の3分の1足らずであるから，信託資産が富裕階層の資産構成において，非常に大きな部分を占めているということができる．したがって，信託資産の集中度は非常に高く，所得分布の上位0.5%に属する家計だけで信託資産の69%が保有されており，上位10%の家計では信託資産の88%にも達する．

4. 信託機関の資産構成

　前節では，信託機関の受託資産の拡大と信託資産の性格について論じたが，本節ではこのように成長してきた信託資産が，信託機関によってどのように運用されているかという点について検討する．

(1) 信託投資に対する慎重人の原則

　信託機関の基本的機能は，委託者から受託した信託財産を管理・運用し，その投資収益を信託の受益者に配分することである．その際，受託者の資格で機能する信託機関は，信託法リステイトメントの227条で信託基金の投資に関して次のような義務を負うものとされている．

　「信託基金を投資するとき，受託者は受益者に以下の義務を負っている．
　(a)信託条項および法規定が反対の規定を設けていない場合は，慎重人 (a prudent man) が財産の保全と一定の規則的な収益の確保にもっぱら留意して自己の財産を管理するようなやり方でのみ投資を行うこと，(b)信託条項の規定がない場合でも，受託者の投資を規制する法令があればそれに従うこと，(c)165-168条で定められた場合を除いて，信託条項に従うこと．」[9]

　この引用の(a)で述べられている内容は，一般に「慎重人の原則」(prudent man rule) と呼ばれているものである．これは，次のような1830年のHarvard College 対 Amory の訴訟における判例に基づいて定着してきた考え方である．

　「受託者の投資についての責任は，受託者が忠実に行動し，健全な判断 (sound discretion) を行使することが，そのすべてである．受託者は慎重で分別があり，かつ知性ある人 (men of prudence, discretion and intelligence) が自己の事務を執行する際に行うように，投機という観点からではなく，基金の永久的処分 (permanent disposition) という見地で，投資

した元本の安全性のみならず，収益についても考慮して，行動しなければならない．」[10]

信託投資に関するこの「慎重人の原則」は，長年にわたって連邦法による明文の規定がなされず，また州法においてもその原則を採用する州とそうでない州とに別れていた．そのため，1971年の「金融構造と規制に関する大統領委員会」(President's Commission on Financial Structure and Regulation)の報告書において，委員会は信託部門と年金基金の投資に関して「慎重人の原則」を規定した連邦法の制定を勧告している[11]．

委員会は信託部門に対する勧告理由を次のように述べている．

「『慎重人の原則』は長い間，個人信託基金の投資に関連した銀行職員の活動と関わっていた．その原則はコモン・ローを通じて州レベルで発展したが，いくつかの州では成文化された．その原則の文章表現と適用については州ごとに大きな相違があったが，いずれにせよその原則は，年金基金よりもむしろ個人信託基金に適用されるものであった．委員会は，そのような原則が年金基金による投資証券の選択に際して適用されるべきであると考える．」[12]

また年金基金に対しても次のように述べ，慎重人の原則が，銀行信託部門によって運用される年金基金だけでなく，すべての年金基金に適用されるべきであると勧告している．

「年金プランをうまく運営し，受益者に対する年金契約を守るためにその資産を投資・運用することが最も重要な点である．従業員および年金受益者は年金契約の性格と制約条項に注意する必要がある．／連邦法による受託者の責任規定は，福祉プランおよび年金プランの管理者と受託者にも適用されるように制定されねばならない．伝統的な州の信託法は，福祉プランおよび年金プラン参加者の利益を保護するように制定されていなかった．現在の法的救済措置は不十分であるか，または適切に規定されていない．」[13]

委員会の勧告が出された後，慎重人の原則は，1974年に制定された従業

員退職所得保障法（ERISA）において，年金基金の投資基準として連邦法上の規定として法制化された．ERISAにおける慎重人の原則の規定は，年金基金を受託した信託部門だけでなく，基金の受託者として活動するすべての個人および法人に適用されるものであった．

慎重人の原則は，受託者の投資責任の基準を規定するものであるが，実際上その規定は，受託者の投資行動を厳しく律するというよりも，むしろ受託者にかなり緩やかな投資裁量権を与えるものと解されている．したがって，株式投資は一般に投機的であるとみなされているが，信託基金の投資対象として専門家によって株式投資が行われる場合には，それが慎重人の原則に違反する行為であるとはみなされない．もちろん，株式投資を行う際に極めてリスクの多い株式銘柄を選択し，その結果，実際に基金に損失が生じた場合には，慎重人の原則に反するものとみなされ，受託者の責任が問われることになるだろう．いずれにせよ，受託者の投資に関する能力は，投資の専門家

表7-6 信託資産の構成

	1971年	1972年	1973年	1974年	1975年	1976年	1977年	1978年
政府および政府関連機関債	17,247 (5.0)	17,772 (4.4)	20,943 (5.5)	24,608 (7.6)	36,051 (9.1)	47,764 (9.8)	57,805 (11.5)	49,922 (11.3)
州・地方債	19,546 (5.7)	21,326 (5.3)	22,288 (5.9)	21,530 (6.6)	23,908 (6.0)	28,370 (5.8)	31,844 (6.3)	28,769 (6.5)
その他の債券	46,406 (13.5)	49,059 (12.2)	56,376 (14.9)	63,093 (19.4)	71,360 (18.0)	85,017 (17.5)	100,439 (20.0)	101,728 (23.0)
株式	230,918 (67.3)	283,514 (70.2)	241,885 (64.0)	171,349 (52.7)	219,850 (55.3)	275,221 (56.6)	256,910 (51.1)	209,063 (47.3)
モーゲージ	6,532 (1.9)	6,012 (1.5)	6,452 (1.7)	7,187 (2.2)	7,138 (1.8)	7,565 (1.6)	7,720 (1.5)	5,883 (1.3)
不動産	9,687 (2.8)	9,919 (2.5)	10,856 (2.9)	12,183 (3.7)	13,410 (3.4)	14,599 (3.0)	16,170 (3.2)	16,082 (3.6)
自行預金	6,047 (1.8)	7,111 (1.8)	7,679 (2.0)	9,821 (3.0)	10,882 (2.7)	12,720 (2.6)	10,932 (2.2)	12,180 (2.8)
他行預金	1,926 (0.6)	2,959 (0.7)	4,596 (1.2)	7,766 (2.4)	5,834 (1.5)	6,180 (1.3)	9,087 (1.8)	10,086 (2.3)
その他資産	4,992 (1.5)	5,910 (1.5)	6,997 (1.9)	7,791 (2.4)	8,784 (2.2)	9,166 (1.9)	11,809 (2.3)	8,008 (1.8)
合計	343,300 (100.0)	403,583 (100.0)	378,073 (100.0)	325,328 (100.0)	397,218 (100.0)	486,604 (100.0)	502,715 (100.0)	441,801 (100.0)

(出典) FFIEC, *Trust Assets of Insured Commercial Banks*; *Trust Assets of Banks and Trust ous years*, より作成．

として社会的に要求される能力の範囲に依存するわけであり，時代状況とともに変化するものである．

実際，近年における新しい金融商品の登場や金融環境の変化は，これまで受託者の投資行動や投資慣行の基準となっていた慎重人の原則を見直すことを要請した．そのため，信託投資に対する慎重人の原則を定めていた，信託法リステイトメントの227条とその関連条文は，受託者がこうした変化に対応できるように第3版で大幅な修正が行われた[14]．

227条の主な修正内容は，第1に，従来の「慎重人」(prudent man) という用語に代わって「慎重な投資家」(prudent investor) という用語が採用されたことである．すなわち，信託投資に対する基準は，「慎重人の原則」から「慎重な投資家の原則」(prudent investor rule) に取って代わられることになる．これは，専門的な投資家としての判断を重視しており，受託者に対して幅広い投資裁量権を認めることになる．第2の修正内容は，個別的な投資対象ではなく，信託資産のポートフォリオ全体や総体的な投資戦略との関連で，信託に適合したリスクと投資収益がもたらされるように要求していることである．つまり，個別的にはリスクが大きいと考えられる投資対象であっても，信託資産全体のポートフォリオのリスクが一定範囲内に収まるならば，こうしたハイリスク・ハイリターンの投資も許容されることになる．第3の修正内容は，投資決定に際して受託者に分散投資を

(単位：100万ドル，括弧内は構成比で％表示)

1979年	1980年	1981年	1982年	1983年	1984年
62,578 (12.4)	74,613 (13.1)	85,919 (14.7)	114,323 (16.6)	126,441 (16.6)	149,139 (18.6)
30,353 (6.0)	28,955 (5.1)	28,448 (4.9)	39,073 (5.7)	42,747 (5.6)	49,439 (6.2)
113,508 (22.6)	119,213 (20.9)	140,906 (24.1)	156,800 (22.8)	155,256 (20.4)	185,913 (23.2)
233,297 (46.4)	278,858 (48.8)	252,397 (43.1)	291,688 (42.3)	349,007 (45.8)	323,081 (40.3)
6,461 (1.3)	6,818 (1.2)	7,142 (1.2)	8,102 (1.2)	9,548 (1.3)	9,457 (1.2)
17,890 (3.6)	23,201 (4.1)	26,580 (4.5)	28,496 (4.1)	29,892 (3.9)	30,154 (3.8)
11,531 (2.3)	10,479 (1.8)	9,917 (1.7)	10,287 (1.5)	11,929 (1.6)	11,340 (1.4)
18,334 (3.6)	19,561 (3.4)	23,505 (4.0)	26,463 (3.8)	21,294 (2.8)	23,995 (3.0)
9,034 (1.8)	9,495 (1.7)	10,974 (1.9)	13,808 (2.0)	16,686 (2.2)	19,084 (2.4)
502,986 (100.0)	571,194 (100.0)	585,788 (100.0)	689,040 (100.0)	762,800 (100.0)	801,661 (100.0)

Companies; *Trust Assets of Financial Institutions*, vari-

行う義務が明示的に規定されたことである．

(2) 信託機関の証券投資

　信託機関は，以上述べたような基準に基づいて，信託資産を運用しているが，信託資産の運用部面は大部分，株式・債券等への証券投資によって占められている（表7-6参照）．株式の信託資産全体に占める構成比は，1972年に70.2％の最高を記録して以後，次第に低下し，1984年には40.3％という低い水準を示している．しかし，それでも1984年において株式の構成比は依然として最大の資産項目であり，信託資産の中軸的な運用部面を形成している．しかし前述したように，信託機関の株式保有額は市場価格によって評価されているから，統計集約時点の株式市場の状況によって，その株式保有額は大きな影響を被ることになる．図7-1は，信託機関の株式保有額とS&P 500による株価指数とを対比したものであるが，これによると株価指数の変化に照応して，信託機関の株式保有額が変動していることが分かる．

　このように全体の資産に占める株式の比率は，一方では株式市場の動向によって大きな影響を受けるものである．また他方では株価の上昇傾向にもかかわらず，株式の比率が最大の70.2％から40.3％へと大きく低下したことは，信託機関の投資政策の変化を反映したものということができる．つまり表7-6から推測する限りでは，信託機関は株式投資を減少させ，その他の債券と国債，地方債への投資を増加させるという投資政策を採用しているようである．ここで，その他の債券の大部分は社債であると推定されるので，信託機関の投資政策は株式から公社債に重点を移してきたことになる．表7-6によると州・地方債は，1970年代と1980年代を通して5～6％台を維持しており，それほど大きな変化はないが，政府および政府関連機関債は，1970年代から着実に資産額と構成比率を高めており，1984年には18.6％に達している．その他の債券の構成比率は1977年に20％台に到達し，その後は20～24％の範囲内で変動している．政府および政府関連機関債，州・地方債，その他の債券を合計した公社債の構成比は，1970年代には株式の構成

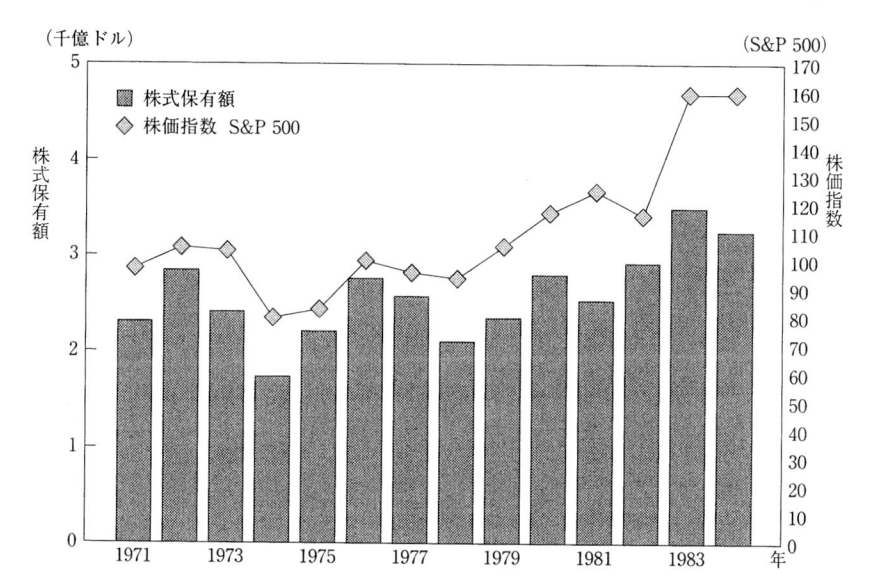

(出典) 株式の保有資産額については，FFIEC, *Trust Assets of Insured Commercial Banks*; *Trust Assets of Banks and Trust Companies*; *Trust Assets of Financial Institutions*, various years, S&P 500 については，*Federal Reserve Bulletin*, various issues, より作成．

図 7-1　信託機関の株式保有額

比を下回っていたが，1981年に初めて株式の構成比を上回り，1984年には48％に達している．同じ1984年の株式の構成比が40.3％であるから，信託機関による資産運用の重点が，公社債に移行してきているということができる．

1984年について見れば，株式と公社債の合計の構成比は88.3％であるから，信託資産の大部分は証券投資によって運用されていることになる．したがって，株式，公社債以外の資産項目の構成比は，モーゲージ1.2％，不動産3.8％，自行預金1.4％，他行預金3.0％，その他資産2.4％というように極めて小さなものである．また，これらの資産項目それぞれの構成比は，不動産が若干増えたのを除けば，1970年代から1980年代を通してあまり変化がなかった．言い換えれば，これらの資産項目は信託資産の積極的な運用部

表7-7 信託部門の自行預金

信託資産保有額による 信託機関の分類	平均自行預金額 (1,000ドル)
1000万ドル未満	538
1000～2500万ドル未満	1,577
2500万～1億ドル未満	2,469
1～5億ドル未満	5,170
5～10億ドル未満	10,260
10億ドル以上	39,738
全信託部門	2,932

(出典) FFIEC, *Trust Assets of Financial Institutions-1984*, pp. 20-25, より作成.

面として位置付けられてこなかったわけである．ただし，信託資産中の自行預金については，資産運用という観点とは異なった視角から見る必要があると思われるので，ここで少し検討しておくことにしたい．

(3) 信託部門による自行預金の形成

　信託資産における自行預金とは，商業銀行が信託業務を兼営することから生じるものである．信託業務の遂行に際し，商業銀行は委託者から様々な財産を受託するわけであるが，このような信託財産の中には既に現金が含まれており，またその財産を運用する過程で追加的な現金が生成する．例えば，個人信託，代理勘定，年金基金によって受け取られる配当，利子等の現金，証券を売却して再投資を行うまで待機する現金，受益者に運用益を配分するまで一時的に滞留する現金等がそれである[15]．商業銀行の信託部門の活動に伴って生成する現金は，通常，自行の銀行部門に預金の形態で置かれることになる．この自行預金は，1984年には信託資産の1.4%を占めるに過ぎないが，個々の商業銀行の信託部門において，自行の信託部門による預金は相当大きな位置を占めているようである．表7-7に見られるように，信託資産保有額10億ドル以上の信託部門では，その平均自行預金額は3973万8000ドル（約98億5500万円）という巨額なものであり，ハーマン（Edward S. Herman）の指摘するように，自行信託部門はその商業銀行の最大の預金者たる位置にある[16]．

　つまり商業銀行は信託部門の兼営によって，追加的な預金源泉を獲得することができるのである．これは商業銀行の信託兼営に伴うメリットの1つである．したがって，信託業務を兼営している商業銀行においては，より多く

の預金を信託部門から獲得しようとする強い誘因が，銀行部門の側に作用すると考えられる．

　しかし，信託部門が不必要に多額の現金残高を自行の銀行部門に保有するとすれば，それは受託者として受益者に対する信託義務に反する行為とならざるを得ない．なぜならば，投資されていない現金残高は，受益者のために利益を生むことはなく，むしろ銀行にとって利益をもたらすものとなるからである．銀行が受益者の利益を犠牲にして自己の利益を追求するとすれば，銀行は受託者として受益者に対する信託義務を果たしていないのは明白である．そのため信託義務を誠実に遂行するためには，再投資されるまで一時的に待機している現金残高を極力圧縮することが必要であると考えられるが，どの程度の水準が適正であるかということは状況に応じて変わるものであり，資産運用の専門家としての受託者の責任と判断に委ねられるところである．

　なお，この点に関連して通貨監督官は，「多くの銀行の見解では信託業務は，信託資金が銀行部門に預金されることを考慮に入れた場合のみ収益性がある」[17]という指摘を行っている．つまり，このことは銀行部門に預金された信託資金に基づいて銀行部門が収益をあげ，それによって信託部門の損失を補填し，銀行全体として収益性が確保されるということを意味している．信託部門の収入は，信託財産の管理運用等のサービスを提供する報酬として受け取られる手数料収入に基づいている．1970年代初頭には多くの信託部門が，この手数料収入だけで信託部門の諸経費を十分にまかなえない状況にあったようである．

　以上述べた点については次の引用が参考になる．

　「ニューヨークの連邦準備銀行によれば，ニューヨーク市の『10大』銀行については（連邦準備銀行はより詳細に述べることはきらったが），個人信託業務は過去3年のうち2年間は利潤をもたらしてはおらず，遺産業務については，所得税控除以前の営業収入が，1971年を除いて過去数年間減少してきている．

　シティバンクの信託部門の前最高責任者ロバート・ホーゲットは，シテ

ィバンクの信託部門は1969年まで損得なしであったと述べている．1カ月に300万ドル程度の手数料を受け取り，また支出も1カ月に300万ドルだった．ホーゲットは，銀行の利潤は銀行の商業的側面で信託顧客（個人と法人の両者）によって保持されている要求払い預金の2億5000万ドルからきているものだ，と説明してくれた．ホーゲットの述べたことは，ひとつの重要な真実を指摘している．信託部門が彼らの個人受託者業務について利潤を示しうる唯一の方法は，いわゆる『預金に基づいて供与された信用』をそれらの収益に加えることである．これは銀行の信託勘定によって作り出され，銀行の商業銀行的側面で預金されたりする投資されていない現金残高によって生み出された銀行収入をもたらす信用である．」[18]

こうした信託部門の収益性の不足にもかかわらず信託業務が行われる理由として，商業銀行において「信託部門は，商業部門に業務を引き付けさせ，信託勘定の現金残高から商業部門が利益を享受しうるようにさせるためのひとつのおとり商品として，利用することができる」[19]からであるという指摘がある．確かにこれは1つの側面であるが，信託部門をこうした側面だけで理解するとすれば，信託部門によって提供される多様な経済的機能と，そのことによって生じる銀行部門との関連を見落とすことになると思われる．ただし，このような商業銀行による信託業務の兼営に伴い，自己の利益を追求する銀行部門と，受益者の利益のために行動する受託者としての信託部門との間には，「利益相反」という問題が絶えずつきまとっているので，その点には注意を払う必要がある．

5. 信託機関の株式投資

前節では，信託機関が受託資産の大部分を証券投資の形態で運用していたことを明らかにし，同時にこうした証券投資の中でもとりわけ株式投資が大きな位置を占めていることを明らかにした．そこで本節では，信託機関の株式投資に関する問題について考察を深めることにしたい．

表7-8　主要金融機関の資産構成

(1984年12月現在，単位：100万ドル)

	商業銀行(信託部門を除く)	金融機関の信託資産	貯蓄貸付組合	相互貯蓄銀行	生命保険会社	投資会社
連邦政府および政府関連機関債	242,500	149,139	(現金，証券投資) 125,358	14,643	41,970	現金，連邦政府債，その他短期証券 11,978 株式等 125,148
州債・地方債	134,900 主として州・地方債	49,439		2,077	9,757	
その他の債券		185,913		42,962	303,687	
株式		323,081			64,171	
モーゲージ		9,457	555,277	102,895	157,283	
不動産		30,154			25,985	
貸付	1,463,700			24,954	54,610	
現金・預金	201,900	35,335		4,954		
その他	219,700	19,084	221,814	11,413	63,344	
合計	2,262,600	801,661	902,449	203,898	720,807	137,126

(出典)　信託資産については，FFIEC, *Trust Assets of Financial Institutions-1984*，それ以外については，*Federal Reserve Bulletin*, June 1985, より作成．

　信託機関の株式保有額は，1984年に3230億8100万ドルであったが，この保有額は主要な金融機関の中で最も大きなものである（表7-8参照）．信託機関以外に大量の株式投資を行っている金融機関は，投資会社と生命保険会社および年金基金である．ただし，年金基金のかなりの部分は，信託機関と生命保険会社によって運用されているので，ここでは年金基金については除外しておくことにする．投資会社と生命保険会社の株式保有額は，それぞれ1251億4800万ドルと641億7100万ドルであるが，この保有額は投資会社については信託機関の3分の1強，生命保険会社については同じく5分の1程度という規模に過ぎない．投資会社の場合，その資産運用は株式投資に特化しているが，生保の場合には株式投資よりも，むしろ社債とモーゲージに投資の重点を置いている．このように信託機関は株式投資に関して，金融機関の中で卓越した最大の機関投資家としての地位を占めている．

　こうした信託機関による大量の株式投資は，いくつかの問題を引き起こす

ことになったが，ここでは以下の2つの問題について検討しておこう．1つは，大量の株式保有に基づく会社支配に関する問題であり，もう1つは，信託機関による大量の株式取引が，証券市場に与える影響に関する問題である．

(1) 機関株主としての信託機関

信託機関を含む機関投資家の株式投資については，米国議会およびSECによる各種の調査が行われてきたが，とりわけ信託機関の株式保有については，前述したパットマン委員会による調査以後も，1970年代のメトカーフ (Lee Metcalf) 委員会，1980年代のリビコフ (Abraham Libicoff) 委員会によって継続的な調査報告がなされてきた[20]．こうした調査報告によってすでに明らかにされてきたことであるが，信託機関（商業銀行信託部門）は大量の株式投資の結果，多くの大企業において最大の株主となっている．メトカーフ委員会報告によれば，1972年の時点で調査対象とした132の会社のうち，58の会社において銀行信託部門が最大の議決権株の株主となっていた[21]．このうち主な銀行について，その信託部門が最大株主となっている会社数を紹介しておくと，チェース・マンハッタン・バンク (Chase Manhattan Bank) 20社，ファースト・ナショナル・シティ・バンク (First National City Bank) 9社，モルガン・ギャランティ・トラスト (Morgan Guaranty Trust) 4社，バンカース・トラスト (Bankers Trust) 3社である（表7-9参照）．

表7-9から表7-13は，上記銀行の信託部門がどのような会社の株式に投資しているか表示したものであり，投資額の多い順に上位20社が掲載されている．ただし，これらの表ではバンカース・トラストを除いて，議決権株か否かの区別がなされていない点に留意しておく必要がある．これらの表から分かるように，信託部門は全体としてIBM，ゼロックス等の優良大企業に集中的に投資する傾向が見られる．なお，この4行に共通の投資先企業は，前記2社の他にイーストマン・コダックとエクソンがあげられる．

これらの表から判断する限り，モルガン・ギャランティには他の3行に比

べて高い持株比率の企業が多く見られ，5％以上の持株比率の企業は，掲載されている20社のうち半数の10社にも達している．その中でも特にインターナショナル・ペーパー社の持株比率は10％を越えており，他の会社と比較して非常に高いといえる．さらに調査時点が異なるため正確ではないが，参考のため4行の共通した投資先企業の4社について，4行の合計した持株比率を次に示しておこう．IBM：11.05％，ゼロックス：14.06％，イーストマン・コダック：9.93％，エクソン：6.13％である．

こうした商業銀行信託部門による大企業の株式保有に注目して，『パットマン委員会報告』やフィッチ（Robert Fitch）[22]，コッツ（David M. Kotz）[23]等の論者によって，銀行による会社支配が行われているという銀行支配説が主張されるようになった．しかしながら，信託部門の株式保有動機は各信託資産の性格によって異なるため，信託部

表7-9 金融機関が最大株主となっている会社

（メトカーフ委員会による1972年の調査）

	議決権株の持株比率(％)
チェース・マンハッタン（20社）	
Atlantic Richfield	4.5
General Electric	3.6
RCA	4.2
Union Carbide	5.2
Litton Industries	9.0
Monsanto	7.4
United Airlines	8.3
American Airlines	9.0
Northwest Airlines	6.9
National Airlines	8.4
Burlington & Northern	6.7
Southern Railway	8.3
Seaboard Coast Lines	6.2
Consolidated Freightways	6.4
Transcontinental Lines	8.0
ATT	1.1
Texas Utilities	2.9
Long Island Lighting	5.1
Florida Power & Light	3.6
Safeway Stores	10.5
ファースト・ナショナル・シティ（9社）	
Kraftco	2.4
Xerox	6.1
Bendix	10.9
Virginia Electric & Power	5.6
Penzoil United	7.5
Continental Telephone	5.1
Carolina Power & Light	7.0
First National City	4.3
First National Bank of Dallas	10.2
モルガン・ギャランティ（4社）	
United Aircraft	7.0
CPC International	1.5
R.H. Macy	6.2
Travelers Insurance	6.0
バンカース・トラスト（3社）	
Mobil Oil	6.1
Continental Oil	5.8
Bankers Trust	5.7
ケミカル・バンク（3社）	
Chicago Rock Island & Pacific	77.4*
Panhandle Eastern Pipe	4.8
Chemical Bank	5.4
メリル・リンチ（3社）	
Chesapeake & Ohio	4.4
Pacific Power & Light	2.5
Public Service Electric & Gas	4.2

* 持株比率が著しく高いのは，Union PacificによるChicago Rock Island & Pacificの株式取得交渉において，ケミカル・バンクがUnion Pacificの代理人となっているため．

（出典）U.S. Congress, Senate, Committee on Government Operations, *Disclosure of Corporate Ownership*, 1974, p. 22.

表7-10 モルガン・ギャランティ・トラストの保有株式

(1975年6月30日現在)

会社名	保有額 (1000ドル)	持株比率 (%)	対総資産比 率 (%)
1. IBM	1,348,541	4.35	5.73
2. Eastman Kodak Co	873,119	5.23	3.71
3. American Home Products Corp	388,019	5.58	1.65
4. Procter & Gamble Co	380,480	4.71	1.62
5. Sears, Roebuck & Co	380,429	3.30	1.62
6. Exxon Corp	336,720	1.63	1.43
7. Schlumberger Ltd	335,620	7.00	1.43
8. General Motors Corp	291,960	2.08	1.24
9. S.S. Kresge Co	283,314	7.53	1.20
10. Coca Cola Co	263,948	4.87	1.12
11. International Paper Co	243,613	10.82	1.04
12. Merck & Co., Inc	228,024	3.56	.97
13. Citicorp	226,532	4.77	.96
14. Halliburton Co	219,668	6.10	.93
15. Philip Morris, Inc	217,008	7.39	.92
16. Xerox Corp	213,015	3.86	.91
17. American Express Co	188,421	6.06	.80
18. J.C. Penney Co., Inc	176,138	5.10	.75
19. McDonald's Corp	174,628	7.69	.74
20. Dow Chemical Co	169,915	1.93	.72
合　計	6,939,112		29.49

(出典) U.S. Congress, Senate, Committee on Finance, *Bank Trust Stock Holdings*, 1976, p. 6.

表7-11 バンカース・トラストの保有株式

(1974年12月31日現在)

会社名	保有額 (100万ドル)	持株比率 (%)	議決権株比 率 (%)
1. IBM	671.2	2.7	1.9
2. ATT	549.5	2.1	.4
3. Mobil Oil Corp	254.5	6.8	1.2
4. Merck & Co., Inc	202.3	4.0	2.5
5. Lilly (Eli) & Co	162.9	3.4	1.5
6. Eastman Kodak Co	136.7	1.3	.8
7. Exxon Corp	130.6	.8	.5
8. American Home Products Corp	124.0	2.3	1.8
9. Burroughs Corp	116.1	3.9	2.6
10. Johnson & Johnson	105.8	2.2	1.6
11. Atlantic Richfield Co	98.2	2.3	1.6
12. Minnesota Mining & Manufacturing Co	94.0	1.7	1.3
13. Dow Chemical Co	91.0	1.7	1.3
14. Continental Oil Co	89.9	3.9	.5
15. Xerox Corp	83.2	2.0	1.1
16. Avon Products Inc	82.4	4.9	3.0
17. General Electric Co	80.6	1.3	.8
18. Schlumberger Ltd	72.2	1.8	1.1
19. Weverhaeuser Co	71.7	2.0	.8
20. Philip Morris, Inc	67.9	2.5	1.2

(出典) U.S. Congress, Senate, Committee on Finance, *op. cit.*, p. 9.

表 7-12 ファースト・ナショナル・シティ・バンクの保有株式

(1974 年 12 月 31 日現在)

会社	保有額 (100万ドル)	持株比率 (%)	対総資産比 率 (%)
1. IBM	606	2.5	3.8
2. Merck & Co., Inc	272	5.5	1.7
3. Xerox Corp	269	6.6	1.7
4. Eastman Kodak Co	247	2.4	1.6
5. Johnson & Johnson	212	4.6	1.4
6. Atlantic Richfield Co	194	4.6	1.2
7. Lilly (Eli) & Co	175	3.7	1.1
8. General Electric Co	155	2.5	1.0
9. Exxon Corp	153	1.1	1.0
10. Minnesota Mining & Manufacturing Co	151	3.0	1.0
11. S.S. Kresge Co	140	5.3	.9
12. Sears, Roebuck & Co	136	1.8	.9
13. Coca Cola Co	136	4.3	.9
14. Caterpillar Tractor	136	4.9	.9
15. Texas Instruments Inc	119	7.7	.8
16. J.C. Penney Co., Inc	106	3.4	.7
17. American Home Products Corp	104	2.0	.7
18. Hewlett-Packard Co	100	6.2	.6
19. Philip Morris, Inc	95	3.6	.6
20. Schering-Plough Corp	93	3.3	.6
合計	3,599		23.1

(出典) U.S. Congress, Senate, Committee on Finance, *op. cit.*, 1976, p. 10.

表 7-13 チェース・マンハッタン・バンクの保有株式

(1974 年 12 月 31 日現在)

会社名	保有額 (100万ドル)	持株比率 (%)	対総資産比 率 (%)
1. Exxon Corp	369	2.6	4.9
2. IBM	367	1.5	4.9
3. Standard Oil Co. of Indiana	146	2.4	1.9
4. Eastman Kodak Co	106	1.0	1.4
5. Atlantic Richfield Co	106	2.5	1.4
6. ATT	100	.1	1.3
7. Merck & Co., Inc	100	2.0	1.3
8. General Electric Co	88	2.4	1.2
9. Standard Oil Co. of Calif.	78	2.0	1.0
10. Xerox Corp	65	1.6	.9
11. S.S. Kresge Co	65	2.5	.9
12. General Electric Co	63	1.0	.8
13. International Paper Co	59	3.7	.8
14. Dow Chemical Co	59	1.2	.8
15. J.P. Morgan & Co., Inc	58	3.1	.8
16. American Home Products Corp	54	1.1	.7
17. Lilly (Eli) & Co	48	1.0	.6
18. Johnson & Johnson	47	1.0	.6
19. Citicorp	43	1.2	.6
20. Sperry Rand Corp	42	4.4	.6
合計	2,063		27.4

(出典) U.S. Congress, Senate, Committee on Finance, *op. cit.*, 1976, p. 13.

門の株式保有が会社支配を目的としていると断定することはできない．

　例えば，信託部門の管理する年金基金によって保有される株式は，基本的には将来の退職者に対する年金支払いが行われるまで，資産運用のための投資対象として保有されるのであり，株式の配当とキャピタル・ゲインの取得が主たる保有動機である．年金基金の受託者は，受託者に課せられた慎重人の原則や分散投資の原則によって，受益者の利益を第1の基準とした投資行動をとることが基本である．この場合には，株式の「支配証券」としての側面は後景に退くことになる．ただし，必ずしも支配目的ということではないが，企業の年金基金を受託した商業銀行が，委託した企業との間に融資関係や重役兼任等の人的結合関係を有している場合には，その年金基金のポートフォリオの中に，委託した企業の株式が含まれることは十分にありうる．そしてこの株式所有が，銀行と企業との間の協調関係を支持補強するように作用するであろう，ということも否定できない側面である．しかしながら，銀行・企業間の協調関係の維持，強化のために保有株式を利用するということと，銀行による一方的な会社支配ということとは区別されるべきである．

　また，財閥家族の財産が，信託の形態で蓄積されていることはすでに指摘したが，その信託資産の中に会社支配を目的とする株式所有が存在することは事実である[24]．もちろん，ここでは会社支配を行おうとする主体は，銀行ではなく財閥家族である．この点，信託資産に基づく銀行の会社支配という議論とは問題の性格が異なるので，区別しておく必要がある．信託部門が個人信託の資産運用について投資裁量権を行使しうる場合には，信託部門は年金基金と同様，信託資産の投資収益を第1の基準として株式投資を行うのであって，銀行による会社支配の目的のために，個人信託による株式所有が行われているわけではない．

　ハーマンは，上述した点を含め，商業銀行が信託部門の保有する株式を会社支配に利用することを制約するいくつかの条件をあげているので，彼の説を要約して紹介しておこう[25]．

　第1の制約条件は，銀行の組織機構の中で信託部門の独立性が強いことで

第7章　信託機関の資産増加と証券投資

ある．そのことは，他の専門的投資グループとの激しい運用競争にさらされている信託部門の職員に，会社支配という観点よりも投資パフォーマンスの向上を図るという観点から，株式投資を行わせることを可能にする．この組織的独立性は，銀行の戦略的観点に基づく支配のための株式投資を排除するわけではないが，それは例外的なものである．

　第2の制約条件は，銀行に資金運用を依頼した顧客からの高い投資パフォーマンスを求める圧力の存在である．仮に，支配目的による投資を行った結果，投資パフォーマンスが悪化すれば，その銀行は顧客の信頼と委託された資金を失うことになるからである．

　第3の制約条件は，法的規制の存在であるが，これは独占禁止法と信託口座に対する銀行の信託義務に基づくものである．

　第4の制約条件は，会社の支配的経営グループが，外部者による支配・介入に抵抗するという事実である．ただし，実際には株式取得先の会社がその銀行と取引関係を有している時には，信託部門による株式の取得は会社側から歓迎される．つまり，株式の取得は両者の互恵的取引関係を支持補強し，同時に会社の経営陣に対する信頼の表明とみなされるからである．

　ハーマンは，以上の4つの制約条件をあげ，銀行による会社支配に否定的な見解を示したが，株式の「支配証券」としての側面が，一定の条件の下では重要な役割を果たす場合がある．企業の合併・買収（M&A）における株式の公開買付（TOB）がそれである．このような状況において信託部門の保有株式は，そのTOBの成功を左右する重要な位置にある．

　1982年に，ベンディックス（Bendix）社とマーチン・マリエッタ（Martin Marietta）社との間でTOB合戦が行われたが，この時シティバンク（Citibank）は，ベンディックスの社員持株制度である「サラリー受給従業員貯蓄・株式所有計画」（Salaried Employees Savings and Stock Ownership Plan, SESSOP）の基金を信託財産として所有していた．この基金はベンディックスのほぼ23％に相当する株式を所有していたため，TOB合戦は当初ベンディックスに有利と見られていた．しかしその後，シティバンクがマ

リエッタ側に株式を売却する決定を行ったことにより，ベンディックスは不利な状況に置かれることになった[26]．なお，このTOB合戦は，最終的にアライド（Allied）社がベンディックスを買収して終止符が打たれた．

なお，乗っ取り防止のため会社の経営陣が，合併や会社資産の売却の承認に必要な株式の比率を増加させるという定款の変更提案を行う場合がある．乗っ取りは，株価を上昇させ株主に利益をもたらすが，乗っ取り防止のための定款の変更は，そのような株価の上昇を阻害するため，株式所有者として

表7-14　NYSEの株式取引高

期間	1日の売買高（100万株）			両者の比率（％）	
	個人	機関投資家	合計	個人	機関投資家
1952年　9月	1.8	0.8	2.6	69.2	30.8
1953年　3月	3.0	1.0	4.0	75.0	25.0
1954年　3月	2.3	1.0	3.3	69.7	30.3
1954年12月	4.8	1.3	6.1	78.7	21.3
1955年　6月	4.0	1.3	5.3	75.5	24.5
1956年　3月	4.2	1.4	5.6	75.0	25.0
1957年10月	2.7	1.1	3.8	71.1	28.9
1958年　9月	5.0	2.0	7.0	71.4	28.6
1959年　6月	3.6	1.5	5.1	70.6	29.4
1960年　9月	3.5	1.6	5.1	68.6	31.4
1961年　9月	3.8	1.9	5.7	66.7	33.3
1963年10月	6.5	2.9	9.4	69.1	30.9
1965年　3月	5.4	3.5	8.9	60.7	39.3
1966年10月	6.1	4.6	10.7	57.0	43.0
1969年全体	7.9	10.1	18.0	44.1	55.9
上半期	8.1	10.0	18.1	44.6	55.4
下半期	7.8	10.2	18.0	43.5	56.5
1971年上半期	10.7	15.9	26.6	40.3	59.7
第1四半期	12.1	16.2	28.3	42.6	57.4
第2四半期	9.4	15.6	25.0	37.6	62.4
1974年第1四半期	9.5	13.7	23.2	41.1	58.9
1976年第1四半期	18.8	25.3	44.1	42.7	57.3
1980年第4四半期	25.0	46.4	71.4	35.1	64.9

（出典）New York Stock Exchange, *Fact Book 1985*, 1986, p. 56.

の信託部門は，そのような提案にしばしば反対投票を行うことがある．信託部門は，一般に現在の経営陣を支持するといわれるが，経営者のこうした提案に賛成するか否かということは，両者の間にどの程度の協力的関係が存在しているかということが決定的である[27]．

(2) 機関投資家としての信託機関

ここでは信託機関の株式投資とそれが証券市場に与える影響について考察する．

戦後のアメリカでは，1955年頃までニューヨーク証券取引所（NYSE）の株式売買高の4分の3近くを個人投資家が占め，残りの4分の1を機関投資

表7-15　NYSE上場株の機関投資家別保有額

(単位：10億ドル)

機関投資家	1960年末	1965年末	1970年末	1975年末	1980年末
保険会社					
生命保険	3.2	6.3	11.7	21.6	38.1
非生命保険	6.0	10.1	12.2	11.6	26.9
投資会社					
オープン・エンド	12.4	29.1	39.0	35.0	38.1
クローズド・エンド	4.2	5.6	4.1	5.5	5.1
非保険型年金基金					
民間企業年金	14.3	35.9	60.7	82.5	166.0
州・地方政府	0.3	1.4	9.6	24.4	53.0
非営利機関					
財団	8.0	16.4	17.0	20.8	32.4
教育基金	2.9	5.9	6.6	7.7	12.1
共同信託基金	1.4	3.2	4.1	5.2	9.5
相互貯蓄銀行	0.2	0.5	1.4	2.4	1.5
小計	52.9	114.4	166.4	216.7	382.7
外国の機関投資家	NA	NA	NA	25.1	57.5
合計	52.9	114.4	166.4	241.8	440.2
NYSE上場株価総額	307.0	537.5	636.4	685.1	1,242.8
機関投資家の保有比率	17.2%	21.3%	26.1%	35.3%	35.4%

(出典) New York Stock Exchange, *Fact Book 1985*, 1986, p.55.

表 7-16　機関投資家の株式売買額（売りと買いの合計額）

(単

年	1971	1972	1973	1974	1975	1976	1977	1978
非保険型私的年金基金	34,484	38,873	35,114	21,104	29,406	33,418	35,772	43,120
下段：買越額	8,884	7,571	5,534	2,412	5,714	7,240	4,552	5,226
オープン・エンド型投資会社	42,731	43,495	33,065	18,457	23,093	23,912	20,914	27,287
下段：買越額	381	△ 1,609	△ 1,943	△ 287	△ 1,195	△ 2,646	△ 3,506	△ 1,621
生命保険会社	9,009	11,339	10,708	6,369	8,550	10,082	10,0176	11,949
下段：買越額	3,455	2,485	2,276	1,491	1,290	2,234	770	△ 393
損害保険会社	6,115	7,866	7,375	5,623	5,389	6,282	4,650	7,154
下段：買越額	2,227	2,390	1,663	△ 823	△ 1,003	610	650	1,584
上記金融機関合計	92,339	101,573	86,262	51,553	66,438	73,694	71,422	89,510
下段：買越額	14,497	10,837	7,530	2,793	4,806	7,438	2,436	4,796
NYSE 株式取引額	147,098	159,700	146,451	99,178	133,684	164,545	157,350	210,426

(注)　△は売越額を示す.
(出典)　SEC, *Statistical Bulletin* ; *Monthly Statistical Review*, various issues, より作成.

家が占める状態が続いた．しかし，1960年代に機関投資家の占める比率が急速に上昇し，1960年代の後半には機関投資家と個人投資家の売買高は逆転することになった．この傾向はそれ以後も一貫して続き，1980年の両者の売買比率は，個人投資家35.1%，機関投資家64.9%となった（表7-14参照）．

また，株式売買高と並んで機関投資家の保有株式も次第に増加し，1980年にはNYSE上場株式の時価総額1兆2428億ドルのうち4402億ドル，比率にして35.4%を機関投資家が保有していた（表7-15参照）．このように株式取引，株式保有に占める機関投資家の比率が増加する現象を「機関化現象」(institutionalization) と呼んでいるが，機関投資家の中でも非保険型私的年金基金は，株式保有額と売買額の大きさから見て，証券市場の機関化の中心的担い手であったということができる（表7-15，表7-16参照）．

信託機関の株式保有額は，年によって増減を繰り返しながらも，全体として大きく成長し，1984年には3230億8100万ドルに達した（表7-6参照）．1971年から84年までの期間において，信託機関の保有する株式の年平均増

第 7 章　信託機関の資産増加と証券投資

	1979	1980
	59,086	115,737
	6,063	9,641
	29,012	41,615
	△ 2,834	△ 1,827
	17,296	23,804
	△ 532	916
	9,432	13,651
	1,932	1,827
	114,849	194,807
	4,629	10,557
	251,098	397,670

(単位：100万ドル)

加額は 70 億 8946 万ドルであった．前述したように，非保険型私的年金基金の多くの部分は，信託機関によって管理・運用されているので，証券市場の機関化を主導したのは信託機関であるということもできる．

　流通市場における機関化の進展ともに，信託機関や私的年金基金は機関投資家の中に占める位置を着実に上昇させている．1971 年と 1972 年こそ信託機関の株式売買額は投資会社を下回ったものの，1973 年以降，常に非保険型私的年金基金は機関投資家の中で最大の株式売買を行っていた（表 7-16 参照）．機関投資家全体に占める私的年金基金の株式売買額の比率は，1970 年代初頭でほぼ 37～40％ であったが，1970 年代後半からは 50％ 以上を占めるようになり，1980 年には 60％ 近くに達している．NYSE を通じて執行された機関投資家別の取引高においても，商業銀行信託部門は，1971 年 38.5％，1980 年 35.4％ と機関投資家の中で最大の取引高シェアを占めていた（表 7-17 参照）．

　また，表 7-16 の各機関投資家の下段の項目は，その年の売買の合計額から売付額を差し引いた買越額を示しているが，注目すべき点は，非保険型私的年金基金が 1970 年代を通じて，一貫して株式を買い越していることである．私的年金基金に次いで売買額の多い投資会社は，1971 年を除いてすべて売越となっている．他の機関投資家を見ても，この期間中に売り越した年が 2 年は存在する．この 10 年間における機関投資家全体の年平均買越額が，約 70 億ドルであったのに対し，私的年金基金は約 63 億ドルの平均買越額であった．したがって，機関投資家による買越額の大部分は私的年金基金によって行われたことになる．換言すれば，私的年金基金による株式市場への資金供給が，市場の流動性を高める役割を担ったわけである．信託機関は，こうした私的年金基金の受託の他に，それと同程度の個人信託資産を管理・運用しているので，その分の株式売買を考慮に入れるならば，信託機関の株式

表7-17 機関投資家別の株式売買高シェア
(単位:％)

	NYSE		他の市場	
	1971年	1980年	1971年	1980年
商業銀行または信託会社	38.5	35.4	29.5	21.9
NYSE非会員ブローカー／ディーラー	4.4	3.7	4.9	9.7
投資会社（オープン，クローズド）	21.7	8.6	17.9	5.7
生命保険会社	3.3	3.2	2.2	1.8
非生命保険会社	2.5	2.4	1.7	3.1
年金基金等のファンド	6.4	13.4	9.7	11.9
その他*	23.2	33.2	34.1	45.9
全機関投資家	100.0	100.0	100.0	100.0

(注) 上記データは，1971年の上半期と1980年の第4四半期のものである．
＊この項目には，上記機関投資家のために行動する投資顧問会社を含む．
(出典) New York Stock Exchange, *Fact Book 1985*, 1986, p. 57.

市場における地位は，かなり大きいと考えることができる．

最後に，モルガン・ギャランティ・トラスト信託部門の株式売買を例として，信託機関の株式市場における位置を考察しておこう[28]．

表7-18は，NYSEを始めとしたいくつかの証券取引所[29]で取引された株式のうち，モルガンの取引高が大きかった株式銘柄数を示している．この表の「取引高に対する買越または売越の比率」とは，モルガンによって行われた年間の取引について各銘柄に関する買越高または売越高を求め，それを各株式銘柄の年間総取引高（株数）に対する比率として表したものである．モルガンが

表7-18 モルガン・ギャランティの買越高または売越高が大きい株式銘柄数

取引高に対する買越高または売越高の比率	1973年			1974年			1975年		
	買越	売越	計	買越	売越	計	買越	売越	計
5％以上の銘柄数	25	16	41	19	14	33	33	21	54
10％　〃	10	8	18	12	6	18	19	7	26
15％　〃	6	5	11	6	…	6	15	2	17
20％　〃	3	2	5	2	…	2	9	…	9
25％　〃	1	1	2	1	…	1	6	…	6
30％　〃	1	1	2	…	…	…	4	…	4
35％　〃	…	…	…	…	…	…	1	…	1

(出典) Roy A. Schotland, "Bank Trust Departments and Public Policy Today," U.S. Congress, House, Committee on Banking, Currency and Housing, *Financial Institutions and the Nation's Economy*, Book 1, 1976, p. 213.

行った同一銘柄の売買について，買付株数が売付株数よりも多くなれば買越となり，逆の場合には売越となるのである．例えば，ある銘柄の年間取引高を100株としよう．その時，モルガンの買付株数が40株，売付株数が30株であったとすれば，買越高は10株となる．これをパーセンテージで表せば，買付比率40%，売付比率30%，買越比率10%となる．

このことから分かるように，買越または売越比率は，実際にモルガンが行った取引を過小に表現することになる．したがって，また株式市場に及ぼすモルガンの影響力を過小に評価することになるが，それにもかかわらず，買越または売越比率が，総取引高の5%以上にも達する株式銘柄が，1973年に41銘柄，1974年に33銘柄，1975年に54銘柄も存在していたということは驚くべきことである．その中でも1975年に買越比率が30%以上であった銘柄は，Textron (30%)，International Nickel of Canada (30.8%)，Potolatch (31.4%)，Kaiser Aluminum & Chemical (38.5%) の4銘柄である（表7-19参照）．

こうした株式銘柄については，総買付高の過半数はモルガン単独で行われたものと推測することができる．このようにモルガン単独で取引高の多数を占めるような市場では，市場支配が存在するといっても過言ではない．さらにモルガン以外の信託機関の存在を考慮に入れれば，信託機関が全体として株式市場において非常に大きな位置を占め，市場支配に近い状態を作り出していたと考えられる．ショットランド（Roy A. Schotland）は，この問題について次のように述べている．

「機関投資家による市場支配は，市場が効率的になると期待されるなど，いくつかの肯定的側面を持っている．しかしそのような支配は，他の株主や株式を所有されている会社に対して，あるいはまた大機関投資家と接触するには小規模すぎる会社に対して，そしてさらには市場それ自体に対して与える影響の点で，否定的な側面を持っている．／我々はこうした株式市場の主要な部分を支配する機関投資家のいかなる存在をも許すべきではない．そのような支配は，市場による価格形成の健全性や投資家のポート

表 7-19 モルガン・ギャランティの買越高が総取引高の 5% を越えた株式銘柄
(1975 年の調査)

	モルガンの持株比率 (1975 年末) %	買越高の比率 %
Kaiser Aluminum & Chemical	11.29	38.5
Potlatch	7.42	31.4
International Nickel of Canada	6.58	30.8
Textron	4.47	30.0
Champion International	10.82	28.9
Crown Zellerbach	8.20	28.6
West-Point Pepperell	13.46	24.8
Manufacturers Hanover	5.41	24.1
J.P. Stevens & Co.	9.53	23.2
Burlingnton Industries	11.11	18.5
Aluminum Co. of America	5.36	17.6
Perkin-Elmer	5.47	17.2
Texasgulf	4.07	16.7
Phelps Dodge	6.94	16.3
Sterling Drug	6.99	15.8
Armstrong Cork	8.40	14.7
Illinois Power	3.43	12.7
Marsh & McLennan	7.14	12.2
Goodyear Tire & Rubber	9.97	11.4
Union Carbide	3.56	9.4
Boise Cascade	4.26	8.6
Inland Steel	2.65	8.5
Marathon Oil	4.71	8.4
U.S. Steel	3.34	8.1
Gillette	8.12	7.9
Hercules	2.36	7.1
Sperry Rand	4.95	7.1
Union Oil of California	1.64	6.6
General Electric	1.65	6.3
Gulf Oil	1.07	6.2
E.I. du Pont de Nemours	1.35	5.6
Staufler Chemical	3.37	5.3
R.J. Reynolds Industries	1.30	5.3

(出典) Schotland, *op. cit.*, p. 223.

フォリオの安全性（とりわけ公衆の利害に密接な従業員給付基金のポートフォリオの安全性），会社の経営陣の独立した判断，そして公衆の信頼を脅かすことになる．」[30]

1970年代半ばにおける株式市場は，ショットランドが指摘したように，大手商業銀行の信託部門を中心とした機関投資家によって支配された寡占的市場であった．そして，こうした機関投資家相互間で行われる大口の株式取引が，市場での株価形成に重大な影響を与えたものと思われる．

6. むすび

これまでの考察において，明らかにしてきたことを簡単に要約しておこう．

第1に，信託機関の保有する信託資産が，ニューヨーク所在の大手商業銀行の信託部門に集中していることを明らかにした．とりわけ，従業員給付資産の集中度は特に高かった．

第2に，信託機関の資産運用について，信託資産の大部分が証券投資の形態で運用されていたが，その中でも資産運用の主要な対象部面は株式投資であった．

第3に，こうした株式投資によって銀行信託部門は，多数の企業において持株比率を高めて，最大の株主の地位を占めるようになったことである．

第4に，信託機関は，株式市場における最大の機関投資家として，市場の流動性や株価の形成を左右する大きな影響力を持ち，株式市場の寡占的構造を作り出していた．

第5に，商業銀行の預金において自行信託部門は，かなり大きな預金源泉を形成しており，これが商業銀行にとって信託業務を兼営する1つのメリットとなっていたことである．

そこで最後に，こうした考察を通じて明らかにしてきたことに基づき，信託機関の経済的機能をどのように位置付けるかという点と，商業銀行による信託部門の兼営が商業銀行にとってどのような意義を持っているかという，

2つの点を論じてむすびとしたい．

まず，第1の信託機関の経済的機能についてであるが，これまでの考察で明らかにしたように，信託機関の基本的機能は，信託業務と代理業務を通じる個人および法人の財産の管理・運用を行うことであった．信託機関はこうした財産を大部分，証券投資の形態で運用するのである．しかし，信託機関の受け入れる財産には当初から，現金・預金の他に有価証券，不動産等の各種資産が含まれているのであるから，信託機関総体を一方の手で資金を借り入れ他方の手でそれを貸し付ける（あるいは有価証券に投資する），という純粋な金融仲介機関として規定することは不正確であろう．

しかしながら，年金基金の管理・運用については，信託機関は年金基金への拠出金という形態で資金を受け入れ，その資金で証券投資を行うのであるから，この点では信託機関を金融仲介機関として規定することができる．とはいえ信託機関の場合，一般の金融仲介機関のように負債性証券（預金を含む）を発行して資金を調達するわけではないし，その保有資産も自己の利益のためでなく，受益者の利益のために所有するという信託法上の規定を受けている点で，他の金融仲介機関と異なった特質を有している．そのため，ゴールドスミスは信託機関を一応，金融仲介機関の1つとして分類しているものの，厳密な意味では金融仲介機関を構成するものではなく，特殊な独立した機関であると述べている[31]．

このように信託機関は，厳密な意味での金融仲介機関といえないにしても，年金基金に基づく大量の長期性資金を資本市場に供給する重要な役割を果たしており，経済的機能から見れば実際上，金融仲介機能を遂行しているといって差し支えないであろう．

次に，もう1つの論点である商業銀行にとって信託業務を兼営する意義について簡単に指摘しておこう．この点については，まず第1に，信託部門を銀行の追加的な収益源として位置付けることができる．しかし，実際には信託部門の収益は，銀行の収益にそれほど寄与しているわけではない．第2に，信託部門の兼営によって信託部門で形成された現金残高を，自行の銀行部門

第7章 信託機関の資産増加と証券投資　　225

が預金として吸収しうることである．つまり，信託部門を追加的な預金源泉として位置付ける見方である．第3に，商業銀行は，企業との間で融資関係や重役兼任関係を取り結んでいるが，信託部門はさらに株式・社債の保有や年金基金の受託を通じて，銀行と企業との間の互恵的協調関係を補強する役割を果たすことである．

注

1) アメリカ銀行協会編，三井信託銀行信託部訳『アメリカの信託業務』東洋経済新報社，1975年，481-482ページ．
2) 同書，471ページ．ただし，同書において「有効な遺産を残さずに」と訳されている箇所は，原文では "without leaving a valid will" (American Bankers Association, *Glossary of Fiduciary Terms*, 1977, p. 6) となっている．これは明らかに遺言を遺産と誤植したものと思われるので訂正して引用した．
3) 同書，255ページ．
4) Federal Financial Institutions Examination Council, *Trust Assets of Financial Institutions-1995,* pp. 13, 119, 参照．
5) Laurence J. Kotlikoff and Daniel E. Smith, *Pensions in the American Economy*, 1983, p. 29, 参照．
6) 年金基金の受託競争は，年金資産の運用利回りをいかに高率で行うことができるかということにかかっている．つまり年金基金の積立を行っている企業にとって，運用利回りが高いほど，それだけ基金に対する拠出金の負担を軽くすることができるわけであるから，運用成績を基準としてファンド・マネージャー（信託機関，投資顧問会社等）の選別が行われることになる．したがって，ファンド・マネージャーの運用成績が良くなければ，より高い運用成績をあげているファンド・マネージャーにその年金基金の委託先が変更されることになる．ある場合には，年金基金の一部を自主運用し，その他の部分を複数のファンド・マネージャーに委託し相互に競争させるということも行われている．そのため年金基金の運用者は，絶えず高い利回りで資産運用することを要求される．
　　しかし，短期的には優秀な運用成績を残したファンド・マネージャーであっても，長期的に見た場合，平均的な運用成績をあげるのが精一杯であることが近年認識されるようになってきた．そこで登場してきたのが，インデックス・ファンド（index fund）という考え方であるが，これはS&P 500のような株価指数の指標銘柄に投資することにより，この指標銘柄の平均収益にスライド

した収益を目標とした運用方法である．詳細については，厚生年金基金連合会『アメリカの企業年金の資産運用の実態』1985 年，84-102 ページ，を参照されたい．
7) 大手商業銀行の信託および投資顧問子会社については，成宮克佳「アメリカの信託業務」東海銀行『調査月報』No. 461，1985 年，31 ページ，表20，を参照されたい．
8) この点については，松井和夫，奥村皓一『米国の企業買収・合併』東洋経済新報社，1987 年，10-11 ページの表を参照されたい．
9) American Law Institute, *Restatement of the Law Second, Trusts*, 1959, § 227, p. 529. 訳は一部を除いて，アメリカ銀行協会編，三井信託銀行信託部訳，前掲書，202 ページ，に従った．
10) 信託協会編『アメリカの信託業務―第 1 次信託視察団報告書』日本生産性本部，1964 年，191 ページ．
11) President's Commission on Financial Structure and Regulation, *The Report of the President's Commission on Financial Structure and Regulation*, 1971, pp. 101, 106.
12) *Ibid*., p. 104.
13) *Ibid*., pp. 107, 108.
14) 修正内容の詳細については，American Law Institute, *Restatement of the Law Third, Trusts* (*Prudent Investor Rule*), 1992, を参照されたい．
15) Edward S. Herman, "Commercial Bank Trust Departments," in Twentieth Century Fund, *Abuse on Wall Street : Conflicts of Interest in the Securities Markets*, 1980, p. 107.
16) *Ibid*., p. 109.
17) *Annual Report of the Comptroller of the Currency-1972*, p. 266.
18) David Leinsdorf and Donald Etra, et al., *Citibank*, 1973, pp. 193, 194. 原司郎監訳『シティバンク』日本経済評論社，1978 年，285 ページ．
19) *Ibid*., p. 195. 同書，288 ページ．
20) こうした各種委員会の調査報告については，松井和夫『現代アメリカ金融資本研究序説』文眞堂，1986 年，の第 I 部において詳しく紹介されているので参照されたい．
21) U.S. Congress, Senate, Committee on Government Operations, *Disclosure of Corporate Ownership*, 1974, pp. 22, 23, 参照．
22) Robert Fitch and Mary Oppenheimer, "Who Rules the Corporations?" *Socialist Revolution*, Vol. 1, Nos. 4-6, 1970 (岩田巖雄，高橋昭三監訳『だれが会社を支配するか―金融資本と「経営者支配」』ミネルヴァ書房，1978 年) を参照されたい．

第7章　信託機関の資産増加と証券投資　　　　227

23) David M. Kotz, *Bank Control of Large Corporations in the United States*, 1978（西山忠範訳『巨大企業と銀行支配——現代アメリカ大企業の支配構造』文眞堂, 1982年）を参照されたい.
24) 個人信託を含むロックフェラー等の財閥家族の株式所有については, 松井和夫, 前掲書, 83-96 ページ, を参照されたい.
25) この叙述については, Herman, *op. cit*., pp. 50-56, を参照した.
26) この叙述については, メアリー・カニンガム著, 佐々木謙一訳『パワープレイ——権力抗争』徳間書店, 1985年, 279-292 ページ（Mary Cunningham, *Powerplay : What Really Happened at Bendix*, 1984）を参照した. この TOB 合戦において, ベンディックスの基金を受託していたシティバンクが, なぜベンディックスではなくマリエッタの有利になるような決定を行ったのか, その背景について述べておこう.
　まずこの TOB 合戦は, 次のような構図の下で展開された. 発端は自動車部品の製造を中心とするベンディックスが, 航空宇宙産業に進出しようとして, 航空・軍需関連企業のマーチン・マリエッタに対する TOB を宣言したことに始まる. 次にそれに対抗して, マーチン・マリエッタがベンディックスに対する TOB を宣言した. 同じく航空・軍需関連企業のユナイテッド・テクノロジーズ（United Technologies）もマーチン・マリエッタの盟友として, 同社を援助するためにベンディックスに対する TOB を宣言した.
　この時, シティバンクのビル・スペンサー（Bill Spencer）頭取は, ユナイテッド・テクノロジーズの取締役会に席を占め, ユナイテッド・テクノロジーズのハリー・グレイ（Harry Gray）会長は, シティバンクの持株会社であるシティコープ（Citicorp）の取締役会に参加していた. ハリー・グレイは同時にシティバンクの信託委員会の委員でもあった. したがって, 上述のシティバンクのベンディックス株の売却決定は, ハリー・グレイがマーチン・マリエッタの有利になるように, 信託委員会を通じて影響力を行使した結果であると推測される.
　この事例は, 信託部門の保有する株式の議決権の行使に関しても, 銀行と企業間の重役兼任関係や人的関係が非常に重要な決定要因であることを示唆している.
27) Herman, *op. cit*., p. 72.
28) この叙述については, Roy A. Schotland, "Bank Trust Departments and Public Policy Today," U.S. Congress, House, Committee on Banking, Currency and Housing, *Financial Institutions and the Nation's Economy*, Book 1, 1976, pp. 211-232, を参照した.
29) Schotland, *op. cit*., p. 211, の注によると, 株式取引高の統計数値は NYSE の他に, Midwest, Pacific, PBW, Boston, Cincinnati の各地方取引所の取引高

と店頭取引（over-the-counter）を加えたものである．
30) Schotland, *op. cit.*, p. 219.
31) Raymond W. Goldsmith, *Financial Structure and Development*, 1969, pp. 15, 20, 21, 参照．

第8章　年金基金の拡大と信託機関
―1980年代から1990年代にかけて―

1. はじめに

　信託機関の保有資産は，商業銀行の資産額を大きく上回っており，各種金融機関の中で最大の資産規模を誇っている．信託機関の保有する信託資産は，主として個人や私的年金基金の受託財産から成っている．私的年金制度とは，企業によって従業員の退職後の年金給付を目的として設立された企業年金制度が典型的である．企業年金制度は，戦後急速に普及・発展し，その資産規模を拡大してきた．

　こうした信託機関や年金基金の成長は，アメリカの金融構造における大きな変化の1つであり，信託機関や年金基金はアメリカの資本市場に大きな影響力を持つようになった．そこで本章では，こうした信託機関や年金基金がアメリカの金融構造においてどのような位置を占めているか考察する．なお，1970年代から1980年代前半における信託資産の拡大については前章で考察したので，本章では1985年から1995年の時期を中心にしながら，1980年代全休をも視野に入れて考察を進めたい．

　その際まず，信託機関の保有資産の実態とその動向について明らかにすることから始める．そして次に，信託機関や年金基金がアメリカの金融機構の中でどのような地位を占め，資本市場にどのような影響を及ぼしているか明らかにしたい．

表 8-1　信託機関の

年		信託・遺産処理勘定			代理勘定		合計
		従業員給付	個人信託	遺産処理	従業員給付	その他	
1985	保有信託資産の総額	877,756 (21.4)	370,330 (9.0)	20,823 (0.6)	292,317 (7.1)	2,546,903 (62.0)	4,108,129 (100.0)
	一任勘定	249,887 (26.4)	327,457 (34.6)	19,345 (2.0)	144,801 (15.3)	203,958 (21.6)	945,448 (100.0)
	非一任勘定	627,869 (19.9)	42,873 (1.3)	1,478 (0.0)	147,517 (4.7)	2,342,945 (74.1)	3,162,681 (100.0)
1986	保有信託資産の総額	971,178 (18.6)	418,920 (8.0)	21,574 (0.4)	452,556 (8.7)	3,349,309 (64.2)	5,213,538 (100.0)
	一任勘定	299,104 (28.1)	367,141 (34.5)	20,881 (2.0)	151,609 (14.2)	226,590 (21.3)	1,065,324 (100.0)
	非一任勘定	672,074 (16.2)	51,779 (1.2)	694 (0.0)	300,947 (7.3)	3,122,720 (75.3)	4,148,213 (100.0)
1987	保有信託資産の総額	1,045,239 (18.2)	422,508 (7.4)	23,624 (0.4)	500,790 (8.7)	3,749,890 (65.3)	5,742,052 (100.0)
	一任勘定	310,430 (28.6)	368,887 (34.0)	22,828 (2.1)	160,869 (14.8)	222,063 (20.5)	1,085,078 (100.0)
	非一任勘定	734,808 (15.8)	53,621 (1.2)	796 (0.0)	339,921 (7.3)	3,527,827 (75.8)	4,656,974 (100.0)
1988	保有信託資産の総額	1,279,934 (19.4)	454,129 (6.9)	20,860 (0.3)	547,365 (8.3)	4,285,615 (65.1)	6,587,903 (100.0)
	一任勘定	332,205 (28.7)	395,529 (34.2)	19,958 (1.7)	178,794 (15.5)	230,296 (19.9)	1,156,782 (100.0)
	非一任勘定	947,728 (17.4)	58,600 (1.1)	902 (0.0)	368,571 (6.8)	4,055,320 (74.7)	5,431,121 (100.0)
1989	保有信託資産の総額	1,534,568 (22.9)	529,140 (7.9)	22,264 (0.3)	655,855 (9.8)	3,959,053 (59.1)	6,700,880 (100.0)
	一任勘定	358,090 (27.0)	453,412 (34.1)	21,300 (1.6)	214,040 (16.1)	281,638 (21.2)	1,328,481 (100.0)
	非一任勘定	1,176,478 (21.9)	75,728 (1.4)	963 (0.0)	441,815 (8.2)	3,677,415 (68.5)	5,372,399 (100.0)
1990	保有信託資産の総額	1,370,208 (19.6)	537,968 (7.7)	22,891 (0.3)	852,456 (12.2)	4,201,491 (60.2)	6,985,014 (100.0)
	一任勘定	369,109 (27.0)	450,135 (32.9)	21,991 (1.6)	233,853 (17.1)	293,578 (21.4)	1,368,666 (100.0)
	非一任勘定	1,001,099 (17.8)	87,832 (1.6)	900 (0.0)	618,604 (11.0)	3,907,913 (69.6)	5,616,348 (100.0)

保有する信託資産

(単位:100万ドル,括弧内は%で勘定別の資産構成比を示す)

年		信託・遺産処理勘定			代理勘定		合計
		従業員給付	個人信託	遺産処理	従業員給付	その他	
1991	保有信託資産の総額	1,662,559 (19.6)	635,296 (7.5)	21,820 (0.3)	1,157,039 (13.6)	5,004,036 (59.0)	8,480,750 (100.0)
	一任勘定	413,591 (26.1)	515,572 (32.5)	20,511 (1.3)	293,864 (18.5)	341,869 (21.6)	1,585,406 (100.0)
	非一任勘定	1,248,968 (18.1)	119,724 (1.7)	1,309 (0.0)	863,176 (12.5)	4,662,167 (67.6)	6,895,343 (100.0)
1992	保有信託資産の総額	1,890,972 (19.9)	658,040 (6.9)	20,097 (0.2)	1,282,568 (13.5)	5,639,136 (59.4)	9,490,813 (100.0)
	一任勘定	447,957 (25.0)	528,448 (29.5)	19,222 (1.1)	317,439 (17.7)	478,460 (26.7)	1,791,526 (100.0)
	非一任勘定	1,443,016 (18.7)	129,592 (1.6)	875 (0.0)	965,129 (12.5)	5,160,676 (67.0)	7,699,287 (100.0)
1993	保有信託資産の総額	2,204,506 (20.8)	696,743 (6.6)	20,668 (0.2)	1,594,733 (15.0)	6,092,561 (57.4)	10,609,211 (100.0)
	一任勘定	525,307 (25.6)	556,091 (27.1)	19,435 (0.9)	389,127 (19.0)	560,163 (27.3)	2,050,122 (100.0)
	非一任勘定	1,679,199 (19.6)	140,652 (1.6)	1,233 (0.0)	1,205,606 (14.1)	5,532,399 (64.6)	8,559,089 (100.0)
1994	保有信託資産の総額	2,284,442 (19.6)	672,596 (5.8)	18,822 (0.2)	1,607,570 (13.8)	7,056,579 (60.6)	11,640,009 (100.0)
	一任勘定	538,587 (26.4)	532,198 (26.0)	17,430 (0.9)	394,739 (19.3)	560,245 (27.4)	2,043,197 (100.0)
	非一任勘定	1,745,855 (18.1)	140,399 (1.5)	1,392 (0.0)	1,212,831 (12.6)	6,496,334 (67.7)	9,596,812 (100.0)
1995	保有信託資産の総額	2,884,668 (21.3)	797,009 (5.9)	21,321 (0.2)	1,892,218 (14.0)	7,945,728 (58.7)	13,540,944 (100.0)
	一任勘定	671,310 (27.5)	629,175 (25.7)	19,648 (0.8)	481,984 (19.7)	642,706 (26.3)	2,444,823 (100.0)
	非一任勘定	2,213,358 (19.9)	167,834 (1.5)	1,673 (0.0)	1,410,234 (12.7)	7,303,022 (65.8)	11,096,121 (100.0)

(注) 信託機関の保有資産には,信託機関が投資裁量権を行使できる一任勘定の資産と,そうでない非一任勘定の資産とがある.1984年までの統計データでは,一任勘定の資産のみが表示されていたが,1985年から集計方法が変更され,それ以降の統計データでは,上記のそれぞれの資産額と両者の合計額が表示されるようになった.

(出典) FFIEC, *Trust Assets of Financial Institutions*, various years, より作成.

2. 信託機関の保有資産の増加

(1) 1985年以降における信託資産の増大

　信託機関の業務は，大きく信託業務，遺産処理業務，代理業務に区分することができ，これらの業務は，対象となる顧客の相違に基づいて，個人勘定と従業員給付勘定とに分けることができる．個人勘定では，個人の財産を信託，遺産処理，代理の各業務を通じて受け入れ，従業員給付勘定では，企業が従業員のために年金給付や付加給付を目的として設定した基金を，信託と代理業務を通じて受け入れる．

　したがって信託機関は，これらの業務を通じて受託した資産を，受益者のために管理・運用することが基本的な機能となる．その際，信託機関が受託した財産の管理・運用に関わって，全面的な投資裁量権を与えられて投資行動を行っているか，あるいはそうではなく委託者の指示に基づいて投資行動を行っているか，という相違点には留意する必要がある．信託機関が自らリスクを負って積極的な投資行動を展開する場合と，委託者等の第三者の指示に基づく受動的な投資行動をする場合とでは，信託機関の機能に大きな相違をもたらすと考えられる．それは，前者の場合には信託機関を金融仲介機能を果たす金融仲介機関として位置付けることができるが，後者の場合には，単なる財産保管機関という性格が強くなるからである．

　1985年の信託統計から，信託機関が投資裁量権を有する一任資産と，投資裁量権を有しない非一任資産との区分が明確にされるようになった．そして，一任勘定の信託資産については，個人・従業員給付等の勘定別と資産項目別の資産額が示されているが，非一任勘定の信託資産については，勘定別だけで資産項目別の資産額は示されていない．この非一任勘定の信託資産を含めた信託機関の保有する総信託資産額は，1995年末で13兆5409億4400万ドルという巨額に達している（表8-1参照）．そして，その信託資産額の勘定別の内訳は，個人勘定（信託・遺産処理勘定の個人信託と遺産処理，代

(千億ドル)

■ 一任勘定の資産額
■ 非一任勘定の資産額

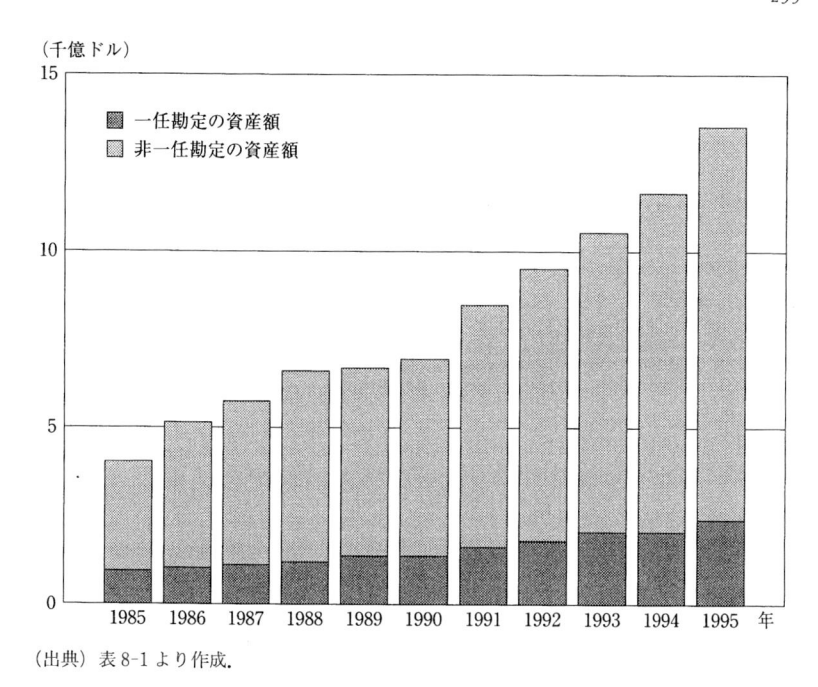

1985 1986 1987 1988 1989 1990 1991 1992 1993 1994 1995 年

(出典) 表 8-1 より作成．

図 8-1　信託機関の保有資産額

理勘定のその他項目の合計）が 8 兆 7640 億 5800 万ドル，従業員給付勘定（信託・遺産処理勘定と代理勘定の従業員給付項目の合計）が 4 兆 7768 億 8600 万ドルである．両勘定の資産構成に占める比率は，個人勘定が 64.7%，従業員給付勘定が 35.3% であり，両者の構成比はほぼ 2：1 となっている．

表 8-1 と図 8-1 を見ると，1985 年以降，信託機関の保有する信託資産額が，大きく成長してきたことが分かる．そこで，1985 年から 1995 年までの信託資産の増加状況を概観してみよう．

表 8-2 は，1985 年から 1995 年にかけて信託資産の増加率を示した表である．これによるとこの 10 年間で信託資産は，全体で 229.6% の増加率を示した．つまり資産規模は 3.3 倍以上に拡大したわけであるが，これは平均すると 1 年間に 12.7% の割合で拡大したことになる．この同じ 10 年間の商業銀行の資産増加率は，後掲の表 8-6 から算出すると 89.1% である．このよ

表 8-2　信託資産の増加率

(単位：％)

	1985-86年	1986-87年	1987-88年	1988-89年	1989-90年	1990-91年	1991-92年	1992-93年	1993-94年	1994-95年	1985-95年
資産全体	26.9	10.1	14.7	1.7	4.2	21.4	11.9	11.8	9.7	16.3	229.6
従業員給付勘定	21.7	8.6	18.2	19.9	1.5	26.9	12.6	19.7	2.4	22.7	308.3
個人勘定	29.0	10.7	13.5	−5.3	5.6	18.9	11.6	7.8	13.8	13.1	198.3
一任勘定の資産	12.7	1.9	6.6	14.8	3.0	15.8	13.0	14.4	−0.3	19.7	158.6
従業員給付勘定	14.2	4.6	8.4	12.0	3.0	17.3	8.2	19.5	2.1	23.6	192.2
個人勘定	11.6	−0.1	5.2	17.1	5.4	14.7	16.9	10.7	−2.3	16.4	134.5
非一任勘定の資産	31.2	12.3	16.6	−1.1	4.5	22.8	11.7	11.2	12.1	15.6	250.8
従業員給付勘定	25.5	10.5	22.5	22.9	0.1	30.4	14.0	19.8	2.6	22.5	367.3
個人勘定	33.0	12.8	14.9	−8.8	6.5	19.7	10.6	7.2	17.0	12.6	213.0

(出典) FFIEC, *Trust Assets of Financial Institutions*, various years, より作成.

うに信託機関の保有する信託資産は，商業銀行の保有資産の 2.5 倍以上の速さで成長を遂げており，その増加率の高さは驚異的といえる．

次に，信託資産全体の増加率を勘定別に見ると，従業員給付勘定の急激な増加が特に目を引く．従業員給付勘定の増加率は 308.3％ であるから，その資産規模は 10 年間で 4 倍以上に拡大している．個人勘定も 198.3％ とかなり高い増加率を示しているが，従業員給付勘定の増加率と比べるとその伸び率は相対的に低い水準となっている．

また，信託機関の保有する信託資産は，信託機関が投資裁量権を持っている一任資産とそうでない非一任資産とから構成されている．図 8-1 から分かるように，この両者の資産構成比では非一任資産の方が，一任資産よりも圧倒的に大きな割合を占めている．1995 年には，一任資産が 2 兆 4448 億ドルに対し，非一任資産は 11 兆 961 億ドルであった．上述の 10 年間における資産の伸び率も，一任資産が 158.6％ であるのに対して，非一任資産は 250.8％ と大きく上回っている．このため両者の資産構成比は，1985 年に一任資産が 23.0％，非一任資産が 77.0％ であったものが，1995 年には前者が 18.1％，後者が 81.9％ となり，非一任資産の構成比率はかなり上昇した．

このように信託機関の保有する資産の拡大は，非一任資産の急速な成長に

よって実現されたものであった．この非一任資産は，1985年の3兆1626億8100万ドルから1995年の11兆961億2100万ドルへと7兆9334億4000万ドルの増加を示したが，その勘定別の動向は次の通りである．個人勘定は，1985年の2兆3872億9600万ドルから1995年の7兆4725億2900万ドルへと5兆852億3300万ドル増加し，従業員給付勘定は，同じく7753億8600万ドルから3兆6235億9200万ドルへと2兆8482億600万ドル増加した．このように非一任資産の増加は，個人勘定による受託資産の大幅な拡大によるものであった．

ただし，非一任資産の個人勘定と従業員給付勘定の増加率を比較してみると，従業員給付勘定の方が個人勘定を上回っている．この10年間における従業員給付勘定の資産増加率は，367.3%という驚くべき高い伸び率を示し，1990年には年間の増加率が30.4%に達したほどである．これに対し，個人勘定の増加率は213.0%であったから，従業員給付勘定は，個人勘定をかなり上回る速さで成長したことになる．この結果，非一任資産に占める個人勘定と従業員給付勘定の構成比率は，1985年の75.4％：24.6％から1995年の64.7％：35.3％へと個人勘定の構成比が減少し，従業員給付勘定の構成比が増加した．

一任資産についても同様にその増加動向を見ると，1985年の個人勘定の資産額は，5507億6000万ドルから1995年の1兆2915億2900万ドルへと7407億6900万ドル増加し，従業員給付勘定は，3946億8800万ドルから1兆1532億9400万ドルへと7586億600万ドル増加した．増加率では，個人勘定が134.5％，従業員給付勘定が192.2％であり，増加額，増加率とも従業員給付勘定が個人勘定を上回った．

ところで前述したように，信託機関の資産構成において，投資裁量権を持たない非一任資産の占める比率が非常に高く，投資裁量権を持っている一任資産の比率は低かった．これは，信託機関が他の金融機関と大きく異なっている点である．こうした点に注目すると，信託機関は，財産保管機能を中心としながら金融機能を果たす，独特な金融機関ということができる．

表 8-3　1985 年の信託資産保有額上位

(A) 一任勘定の信託資産額を基準とした順位

	金融機関名	一任勘定の資産額	非一任勘定の資産額	合計
1	Bankers Trust Company (NY)	42,207	524,870	567,077
2	Citibank, N.A. (NY)	36,228	204,558	240,786
3	Morgan Guaranty Trust Company (NY)	34,095	274,381	308,476
4	Wells Fargo Bank, National Association (CA)	29,258	7,589	36,847
5	Provident National Bank (PA)	24,223	10,520	34,743
6	Mellon Bank, National Association (PA)	20,650	71,110	91,760
7	Northern Trust Company (IL)	19,334	76,169	95,503
8	State Street Bank and Trust Company (MA)	15,320	313,122	328,442
9	Wilmington Trust Company (DE)	15,263	46,109	61,371
10	Chase Manhattan Bank (NY)	14,967	112,772	127,739
	上位 10 行の合計	251,545	1,641,199	1,892,742
	上位 10 行の全体に占める比率	26.6%	51.9%	46.1%

（注）金融機関名の括弧内は所在州を示す．四捨五入により，合計額が一致しない場合がある．
（出典）FFIEC, *Trust Assets of Financial Institutions-1985*, pp. 31, 99, より作成.

(B) 非一任勘定の信託資産額を基準とした順位

(単位：100 万ドル)

	金融機関名	非一任勘定の資産額	一任勘定の資産額	合　計
1	Bankers Trust Company (NY)	524,870	42,207	567,077
2	State Street Bank and Trust Company (MA)	313,122	15,320	328,442
3	Morgan Guaranty Trust Company (NY)	274,381	34,095	308,476
4	Citibank, N.A. (NY)	204,558	36,228	240,786
5	Bank of New York (NY)	176,670	9,218	185,889
6	Chase Manhattan Bank (NY)	112,772	14,967	127,739
7	Northern Trust Company (IL)	76,169	19,334	95,503
8	Mellon Bank, National Association (PA)	71,110	20,650	91,760
9	Security Pacific National Bank (CA)	70,892	10,180	81,072
10	Chemical Bank (NY)	59,448	6,902	66,350
	上位 10 行の合計	1,883,992	209,101	2,093,094
	上位 10 行の全体に占める比率	59.6%	22.1%	51.0%

（出典）FFIEC, *Trust Assets of Financial Institutions-1985*, pp. 31, 99, 100, より作成.

10行

(単位：100万ドル)

一任勘定の信託資産				
信託・遺産処理勘定			代理勘定	
従業員給付	個人信託	遺産処理	従業員給付	その他
23,078	2,714	66	13,583	2,766
10,164	4,008	132	12,236	9,686
4,816	6,195	160	6,155	16,769
5,066	3,191	137	13,075	7,789
547	3,983	221	2,024	17,448
3,721	5,181	265	6,755	4,728
8,154	5,998	177	2,734	2,271
11,033	2,302	34	759	1,191
8,955	4,785	37	189	1,297
5,585	3,675	121	36	5,551
81,119	42,033	1,350	57,546	69,496
32.5%	12.8%	7.0%	39.7%	34.1%

さて上述のように，一任勘定の資産と非一任勘定の資産とも，資産の増加額では個人勘定の方が高く，増加率では従業員給付勘定の方が高い，という共通した傾向が見られた．つまり，信託機関の保有する信託資産は，巨額の個人資産の着実な伸びと急速に成長しつつある年金基金の増加によって拡大してきたということができる．

(2) 集中度の高い信託資産

信託機関の保有する信託資産は，上述のように全般的に急速な成長を遂げたのであるが，この過程で信託資産の集中度に次のような変化が生じた．表8-3(A)と表8-4(A)は，一任勘定の信託資産を基準にして上位10の金融機関を資産規模順に掲載したものである．これによると1985年から1995年の10年間で，上位10行の信託資産の集中度は，一任資産については，1985年の26.6％から1995年の41.9％へとかなり上昇した．非一任資産については，非一任勘定の資産を基準とした表8-3(B)と表8-4(B)によると，同じ年について59.6％から66.7％へと集中度が上昇している．このように非一任資産の集中度は，一任資産よりもかなり高い水準に達している．

また信託勘定別の集中度は，非一任勘定の資産については勘定別の統計が公表されていないため，一任勘定の資産についてのみ表8-3(A)と表8-4(A)に掲載した．これを見ると，従業員給付勘定の集中度が，信託勘定と代理勘定のそれぞれについて大幅に上昇したことが分かる．従業員給付勘定

表8-4　1995年の信託資産保有額上位

(A) 一任勘定の信託資産額を基準とした順位

	金融機関名	一任勘定の資産額	非一任勘定の資産額	合計
1	State Street Bank and Trust Company (MA)	225,386	1,801,293	2,026,680
2	Wells Fargo Institutional Trust (CA)	206,650	9,541	216,192
3	Bankers Trust Company (NY)	168,031	1,133,200	1,301,230
4	Northern Trust Company (IL)	91,427	493,068	584,494
5	PNC Bank, National Association (PA)	86,596	161,029	247,626
6	Bank of New York (NY)	53,985	1,260,398	1,314,383
7	Fidelity Management Trust Company (MA)	52,628	144,048	196,677
8	Chase Manhattan Bank (NY)	51,185	731,892	783,077
9	Mellon Bank, National Association (PA)	45,448	497,180	542,627
10	Morgan Guaranty Trust Company (NY)	43,138	743,800	786,938
	上位10行の合計	1,024,474	6,975,449	7,999,924
	上位10行の全体に占める比率	41.9%	62.9%	59.1%

(出典) FFIEC, *Trust Assets of Financial Institutions-1995*, pp. 9, 67, より作成.

(B) 非一任勘定の信託資産額を基準とした順位

(単位：100万ドル)

	金融機関名	非一任勘定の資産額	一任勘定の資産額	合計
1	State Street Bank and Trust Company (MA)	1,801,293	225,386	2,026,680
2	Bank of New York (NY)	1,260,398	53,985	1,314,383
3	Bankers Trust Company (NY)	1,133,200	168,031	1,301,230
4	Morgan Guaranty Trust Company (NY)	743,800	43,138	786,938
5	Chase Manhattan Bank (NY)	731,892	51,185	783,077
6	Mellon Bank, National Association (PA)	497,180	45,448	542,627
7	Northern Trust Company (IL)	493,068	91,427	584,494
8	Boston Safe Deposit and Trust (MA)	337,025	17,331	354,357
9	Citibank, N.A. (NY)	232,046	31,538	263,584
10	Corestates Bank, National Association (PA)	174,574	19,202	193,777
	上位10行の合計	7,404,476	746,671	8,151,147
	上位10行の全体に占める比率	66.7%	30.5%	60.2%

(出典) FFIEC, *Trust Assets of Financial Institutions-1995*, pp. 9, 67, 68, より作成.

10行

(単位：100万ドル)

一任勘定の信託資産

信託・遺産処理勘定			代理勘定	
従業員給付	個人信託	遺産処理	従業員給付	その他
204,205	3,963	16	15,287	1,916
5,486	26,163	0	173,315	1,687
99,107	5,474	111	55,856	7,482
25,603	10,967	411	33,490	20,956
2,822	17,350	415	6,479	59,531
14,438	7,207	614	7,898	23,828
48	53	0	44,764	7,763
11,534	8,400	186	6,465	24,600
5,380	18,560	276	19,237	1,995
4,439	9,973	215	3,092	25,420
373,062	108,110	2,244	365,883	175,178
55.6%	17.2%	11.4%	75.9%	27.3%

は1985年から1995年にかけて，信託勘定で32.5%から55.6%へ，代理勘定で39.7%から75.9%へと著しい上昇を見せた．1993年の従業員給付勘定の集中度が75.9%ということは，上位10行だけで全体の4分の3以上の資産額を占めているということである．これに対し個人勘定の集中度は，個人信託で12.8%から17.2%へ，遺産処理で7.0%から11.4%へと高くなったものの，代理勘定では逆に34.1%から27.3%へと減少している．

これは，信託機関に委託される個人資産は全国的に分散しているため，特定の大手金融機関に集中する度合が少ないのに対し，従業員給付勘定の場合には企業の年金基金が中心であるため，資産運用のノウハウを蓄積しているマネー・センターの大手金融機関に，資金が集中する傾向が強まったことによるものと思われる．

一任資産の集中度は，非一任資産に比べてかなり低かったが，勘定別に見ると従業員給付勘定の高さは際立っている．個別金融機関の非一任資産については，統計が利用できないため勘定別の集中度を比較することができない．そのため，どのような傾向があるか示すことができないが，この資産自体の集中度の高さから推測すると，一任資産の従業員給付勘定の集中度よりも高いことが予想される．

1995年には2,769の信託機関が存在していたが，そのうちのわずか10行が一任資産の従業員給付勘定について，その全資産額の4分の3以上を保有

していたのである．こうした市場集中度の高さは，信託業務とりわけ年金基金の受託と運用において，大手の金融機関が非常に強い地位と競争力を占めていることを示している．また，1985年と1995年の上位10行の変動の状況を見ると，信託資産の受託をめぐる大手金融機関の競争は，かなり熾烈に行われているようである．

ところで前述したように，信託機関は，受託する資産の性格によりその経済的機能が異なるため，その性格を金融機関として一律に規定することは困難である．とはいえ，信託機関の保有する信託資産の規模をその他の金融機関と比較することは，信託機関の位置を確認するうえで有効である．そこで次に，その他の主要な金融機関との比較において，信託機関の資産構成と資産規模を考察する．

3. 金融機関における信託機関の位置

(1) 信託機関の資産構成

表8-5は，1985年から1995年までの期間について，一任勘定の信託資産の構成とその比率を2年ごとに示したものである．これによると，主な投資対象は資産額の多い順に，①株式，②国債・地方債，③長期・短期証券，というように大きく区分することができる．1995年には，これら3つの資産項目の構成比は，①株式47.4%，②国債・地方債20.7%，③長期・短期証券20.2%であり，この3項目の合計は88.3%にのぼる．つまり，信託機関は証券投資を主体とした資産運用を行っているのであるが，証券投資の中でもとりわけ株式投資の比重が高いという特徴を示している．

前章で述べたように，1970年代における株式投資の比率はもう少し高く，概ね50%台の水準であった．最も高い株式投資の比率は1972年の70.2%であったが，1970年代の後半までにこの比率は次第に低下し，ほぼ現在の水準に落ち着いた．

こうした信託機関の投資行動は，マネー・マーケット・ミューチュアル・

表 8-5　一任勘定の信託資産の構成とその比率

(単位：100 万ドル，括弧内は構成比で % 表示)

	1985 年	1987 年	1989 年	1991 年	1993 年	1994 年	1995 年
自行預金	12,433 (1.3)	15,984 (1.5)	17,189 (1.3)	13,929 (0.9)	10,636 (0.5)	12,665 (0.6)	10,645 (0.4)
他行預金	24,650 (2.6)	14,560 (1.3)	53,061 (4.0)	49,717 (3.1)	65,593 (3.2)	61,478 (3.0)	61,464 (2.5)
連邦政府債・政府機関債	170,619 (18.0)	183,088 (16.9)	207,468 (15.6)	257,953 (16.2)	334,954 (16.3)	305,509 (15.0)	343,322 (14.0)
州・地方債	65,121 (6.9)	83,546 (7.7)	100,214 (7.5)	119,648 (7.5)	156,045 (7.6)	147,491 (7.2)	164,012 (6.7)
マネー・マーケット・ミューチュアル・ファンド	26,675 (2.8)	38,251 (3.5)	49,225 (3.7)	72,906 (4.6)	83,489 (4.1)	76,077 (3.7)	98,863 (4.0)
短期証券等	105,004 (11.1)	115,864 (10.7)	153,364 (11.5)	162,536 (10.3)	206,972 (10.1)	281,475 (13.8)	257,677 (10.5)
長期社債等	76,337 (8.1)	107,667 (9.9)	107,780 (8.1)	137,512 (8.7)	212,387 (10.4)	198,622 (9.7)	237,666 (9.7)
株　式	399,335 (42.2)	431,812 (39.8)	566,734 (42.7)	699,721 (44.1)	892,958 (43.6)	868,218 (42.4)	1,160,757 (47.4)
モーゲージ	8,728 (0.9)	6,626 (0.6)	6,679 (0.5)	6,473 (0.4)	5,874 (0.3)	6,261 (0.3)	8,034 (0.3)
不動産	32,337 (3.4)	34,284 (3.2)	31,736 (2.4)	31,929 (2.0)	31,718 (1.5)	29,972 (1.5)	30,733 (1.3)
その他資産	24,909 (2.6)	26,513 (2.4)	35,031 (2.6)	33,083 (2.1)	49,494 (2.4)	55,429 (2.7)	71,650 (2.9)
一任勘定の資産額	945,448 (100.0)	1,085,078 (100.0)	1,328,481 (100.0)	1,585,406 (100.0)	2,050,122 (100.0)	2,043,197 (100.0)	2,444,823 (100.0)
データを報告した信託機関	3,980	3,737	3,492	3,241	2,996	2,892	2,769

(出典) FFIEC, *Trust Assets of Financial Institutions*, various years, より作成.

ファンド (MMMF) が新たに独立の資産項目に立てられた 1985 年以降，ほとんど変化が見られない．強いて資産構成比の変化を指摘するとすれば，MMMF の微増 (1985 年 2.8% → 95 年 4.0%) とモーゲージ・不動産の漸減 (1985 年 4.3% → 95 年 1.6%) である．

ところで，前述したように非一任資産の規模は，1995 年には一任資産の 4.5 倍の大きさがあった．こうした巨額の資産がどのような金融資産から構成されているか非常に興味深いところである．しかし，非一任勘定の資産構成については，統計が公表されていないため，残念ながらその実態を知ることができない．

(2) 信託機関と金融機関の資産規模

前述したように，信託機関は巨額の信託資産を保有していた．他の金融機関と比較すると，この信託資産の大きさはより一層明らかとなる．ただし，表8-6に示されている資産額には重複分があるため，金融機関の資産額を比較する際には，このことに注意する必要がある．この重複分とは，私的年金基金の資産額に関わる部分である．私的年金基金は，基金の資産運用を誰が行うかによって，次の2つの型に分類することができる．1つは，資産運用を信託機関等に委託する信託型の私的年金，もう1つは，保険会社に依頼する保険型の私的年金である[1]．したがって，表8-6の私的年金基金の資産額

表8-6 アメリカの主要金融機関の保有資産

(単位：億ドル)

	1985年	1987年	1989年	1991年	1993年	1994年	1995年
商業銀行[1]	23,763	27,745	32,314	34,422	38,918	41,598	44,937
貯蓄金融機関[2]	12,753	15,051	15,126	11,720	10,295	10,135	10,162
生命保険会社[3]	7,961	10,053	12,602	15,053	17,849	18,885	20,911
生命保険責任準備金	(2,465)	(2,895)	(3,428)	(3,938)	(4,572)	(4,915)	(5,363)
年金基金責任準備金	(2,581)	(3,550)	(5,044)	(6,557)	(8,538)	(8,974)	(10,123)
その他の保険会社	2,986	4,050	5,030	5,758	6,425	6,763	7,413
私的年金基金[4]	15,788	17,647	21,931	24,945	29,133	30,458	34,874
州・地方政府職員退職基金	3,987	5,239	7,668	8,788	10,879	11,457	13,866
信託機関[5]	41,081	57,421	67,009	84,807	106,092	116,400	135,409
従業員給付勘定	(11,701)	(15,460)	(21,904)	(28,196)	(37,992)	(38,920)	(47,769)
個人勘定	(29,381)	(41,960)	(45,105)	(56,612)	(68,100)	(77,480)	(87,641)
ミューチュアル・ファンド[6]	4,883	7,940	10,143	13,045	19,350	20,802	25,981
金融会社	3,653	4,840	5,712	6,338	6,537	7,344	8,253

(注) 1) 外国銀行のアメリカ国内支店と銀行持株会社を含む．
2) 貯蓄貸付組合，貯蓄銀行，信用組合を含む．
3) 生命保険責任準備金と年金基金責任準備金は，生保会社の資産額ではなく負債額を示している．
4) 信託型と保険型の私的年金基金の合計額を示す．
5) 信託機関の保有資産の計数は，一任勘定と非一任勘定の両資産の合計額である．
6) マネー・マーケット・ミューチュアル・ファンドを含む．

(出典) 信託機関は，FFIEC, *Trust Assets of Financial Institutions*, various years, より作成．私的年金基金と州・地方政府職員退職基金は，Employee Benefit Research Institute, *Quarterly Pension Investment Report-1st Quarter 1996*, 1996, p. 29, より作成．その他の金融機関は，Board of Governors of the Federal Reserve System, *Flow of Funds Accounts of the United States-Annual Flows and Outstandings, 1979-1988*, 1996 と *Flow of Funds Accounts of the United States-Annual Flows and Outstandings, 1989-1995*, 1996, より作成．

表 8-7　主要金融機関の資産シェア

(単位:%)

	1985年	1987年	1989年	1991年	1993年	1994年	1995年
商業銀行	20.3	18.5	18.2	16.8	15.9	15.8	14.9
貯蓄金融機関	10.9	10.0	8.5	5.7	4.2	3.8	3.4
生命保険会社	6.8	6.7	7.1	7.3	7.3	7.2	6.9
生命保険責任準備金	(2.1)	(1.9)	(1.9)	(1.9)	(1.9)	(1.9)	(1.8)
年金基金責任準備金	(2.2)	(2.4)	(2.8)	(3.2)	(3.5)	(3.4)	(3.4)
その他の保険会社	2.6	2.7	2.8	2.8	2.6	2.6	2.5
私的年金基金	13.5	11.8	12.4	12.2	11.9	11.5	11.6
州・地方政府職員退職基金	3.4	3.5	4.3	4.3	4.4	4.3	4.6
信託機関	35.2	38.3	37.7	41.4	43.2	44.1	44.9
従業員給付勘定	(10.0)	(10.3)	(12.3)	(13.8)	(15.5)	(14.8)	(15.8)
個人勘定	(25.1)	(28.0)	(25.4)	(27.6)	(27.7)	(29.4)	(29.0)
ミューチュアル・ファンド	4.2	5.3	5.7	6.4	7.9	7.9	8.6
金融会社	3.1	3.2	3.2	3.1	2.7	2.8	2.7
合　計	100.0	100.0	100.0	100.0	100.0	100.0	100.0

（注）括弧内は内数．四捨五入により合計が一致しない場合がある．
（出典）表 8-6 より作成．

は，保険会社の年金基金責任準備金と信託機関の従業員給付勘定に重複して計上されている．

　表 8-6 から各金融機関の資産シェアを求めたのが表 8-7 である．この表 8-6 と表 8-7 より，1985 年以降の各金融機関の保有資産額の状況を見ると，アメリカの金融機関の動向について次のような特徴を指摘することができる．

　第 1 の特徴は，信託機関の保有資産額が，他の金融機関と比較して群を抜いて大きいことである．1995 年について見ると，信託機関は金融機関の中で最大の 13 兆 5409 億ドルの資産額を誇っているのに対し，2 番目に大きい商業銀行ですらその資産額は，4 兆 4937 億ドルであり，信託機関に遠く及ばない．さらに，信託機関が個人勘定だけで 8 兆 7641 億ドルの資産を保有していることを見ると，アメリカでは個人資産のかなりの部分が，銀行預金よりも信託資産の形態で保有されているものと推測される．

　第 2 の特徴は，商業銀行と貯蓄金融機関の資産シェアが大幅な低下傾向を示していることである．1985 年から 1995 年の金融機関の資産シェアの動向

を見ると，商業銀行が 20.3% から 14.9% へ，貯蓄金融機関が 10.9% から 3.4% へと資産シェアを低下させているのが目につく．この 10 年間で商業銀行が 5.4 ポイント，貯蓄金融機関が 7.5 ポイント，シェアを減らしており，両者を合わせた資産シェアは 12.9 ポイント低下したことになる．これとは反対にシェアを増加させたのは，信託機関とミューチュアル・ファンドである．同じ時期に，信託機関が 35.2% から 44.9% へ 9.7 ポイント，ミューチュアル・ファンドが 4.2% から 8.6% へ 4.4 ポイント，それぞれシェアを増加させた．この 2 つの金融機関によるシェアの増加分は 14.1 ポイントである．その他の金融機関の資産シェアには大きな変化がなかったので，商業銀行が資産シェアを減らした分だけ信託機関とミューチュアル・ファンドが資産シェアを拡大した形になる．なお，信託機関の資産シェアの拡大には，従業員給付勘定の資産増加が大きく貢献している．

さらに第 3 の特徴として，私的年金基金と州・地方政府退職基金（state and local government retirement fund）を合わせた年金基金の著しい成長が見られることである．年金基金の資産額は，1985 年の 1 兆 9775 億ドルから 1995 年の 4 兆 8740 億ドルへ 2 兆 8965 億ドルの増加を示した．他方，年金基金の資産シェアは，1985 年の 16.9% から 1995 年の 16.2% へ極僅かながら低下した．

こうした年金基金の拡大は，年金基金の資産運用を受託している信託機関や保険会社の資産拡大につながっている．なお，私的年金基金について信託型と保険型の資産比率を見ると，1985 年に信託型 78.0%，保険型 22.0% であったのが，1995 年にはそれぞれ 75.3% と 24.7% になり，保険型の方が僅かに増えている（表 8-8 参照）．

このような年金資産の拡大は，アメリカの金融構造に大きな変化を引き起こすことになった．この変化とは，年金基金を経由する貯蓄と投資資金が増大したことであり，それに伴い年金基金による金融仲介機能が拡張したことである．そしてこの反対の側面として，上述の金融機関における商業銀行と貯蓄金融機関の資産シェアの低下，換言すると預金取扱い金融機関による金

表8-8 年金基金の資産額

年	資産額（億ドル）					資産の増加率（%）		
	私的年金基金			州・地方政府退職基金	年金基金総計	信託型私的年金基金	保険型私的年金基金	州・地方政府退職基金
	信託型私的年金基金	保険型私的年金基金	私的年金合計					
1981	4,867	1,825	6,692	2,228	8,920	3.7	15.4	13.3
1982	6,539	2,199	8,738	2,609	11,347	34.4	20.5	17.1
1983	8,007	2,517	10,524	3,055	13,579	22.4	14.4	17.1
1984	8,608	2,908	11,516	3,504	15,020	7.5	15.6	14.7
1985	12,321	3,467	15,788	3,987	19,775	43.1	19.2	13.8
1986	12,465	4,097	16,562	4,767	21,329	1.2	18.2	19.6
1987	13,060	4,587	17,647	5,239	22,886	4.8	11.9	9.9
1988	13,772	5,164	18,936	6,090	25,026	5.5	12.6	16.2
1989	16,206	5,725	21,931	7,668	29,599	17.7	10.9	25.9
1990	16,109	6,361	22,470	8,205	30,675	−0.6	11.1	7.0
1991	18,164	6,781	24,945	8,788	33,733	12.8	6.6	7.1
1992	19,845	6,947	26,792	9,974	36,766	9.3	2.5	13.5
1993	21,742	7,391	29,133	10,879	40,012	9.6	6.4	9.1
1994	22,637	7,821	30,458	11,457	41,915	4.1	5.8	5.3
1995	26,273	8,601	34,874	13,866	48,740	16.1	10.0	21.0

(出典) Employee Benefit Research Institute, *Quarterly Pension Investment Report-1st Quarter 1996*, 1996, p.29.

融仲介機能の低下が見られたことである．このため，アメリカでは銀行産業の衰退を主張する悲観的な論調が現れてきた[2]．

　しかし，アメリカの商業銀行は近年，取引規模が拡大してきている金融派生商品，いわゆるデリバティブのようなオフバランス取引による収益を増加させつつあるので，資産シェアの低下が直ちに商業銀行の地位低下を引き起こすとはいえない．むしろ商業銀行は，伝統的な預金・貸付業務に依存した収益構造を変化させ，オフバランス取引等による収益を拡張しようとしている．

　確かに年金資産の拡大は，年金制度を通じた貯蓄と金融仲介機能の発展をもたらすのであるが，その年金資産の多くの部分が信託機関によって受託され，その従業員給付勘定において管理・運用されていることに留意する必要がある．そして前述したように，こうした信託機関は，主として商業銀行の

信託部門から構成されており，いわば銀行部門の資産シェアの低下が，信託部門の資産シェアの増加によって補完される関係にある．このことは，信託資産の規模が大きい信託機関は，大手の商業銀行であることからも窺い知ることができる（表8-3と表8-4参照）．

このように考えると，商業銀行総体としての金融仲介機能は必ずしも低下しているということはできない．ただし，銀行部門の主要な資産項目が貸付であることと対比すると，信託部門における主たる資産運用が，証券投資であることは金融仲介機能における大きな相違点をなしている（表8-5参照）．そのために信託機関と年金基金は，機関投資家として証券市場に大きな影響力を及ぼすようになってきたのである．そこで次に，こうした信託機関，年金基金の投資行動に伴う問題について考察する．

4. 年金基金の拡大と金融構造の変化

前述したように，信託機関の保有する信託資産の構成において，株式の占める比率が最も高く，1985年以降，株式の構成比はほぼ40数％を維持していた．これは，信託機関が受託した信託資産の運用に当たって，株式投資に重点を置いた資産運用を行ったことによるものである．

信託型の私的年金も，資産に占める株式の比率は高く，1981年以降ほぼ40数％の水準を保っていた（表8-9参照）．また，保険型の私的年金は，保険会社によって分離勘定または一般勘定で運用されるが，一般勘定における株式の資産額と構成比率は，1990年代に入ると急速な増加を示した（表8-10と表8-11参照）．

そして，株式投資に次いで債券投資もまた大きな比重を占めている．このように信託機関，私的年金基金とも，株式と債券投資に重点を置いた資産運用を行っている．この結果，信託機関と私的年金基金は，金融機関の中でミューチュアル・ファンドと並ぶ機関株主として立ち現れている（表8-12と表8-13参照）．1995年の株式の保有分布は，個人が49.8％，私的年金基金

表 8-9　信託型私的年金基金の資産構成

年	金融資産（億ドル）					資産構成比（％）			
	株式	債券	現金	その他	総資産額	株式	債券	現金	その他
1981	2,185	1,502	536	644	4,867	44.9	30.9	11.0	13.2
1982	2,829	2,030	716	965	6,539	43.3	31.0	10.9	14.8
1983	3,503	2,406	973	1,124	8,007	43.7	30.0	12.2	14.0
1984	3,590	2,773	1,087	1,158	8,608	41.7	32.2	12.6	13.5
1985	5,086	3,004	1,300	2,931	12,321	41.3	24.4	10.6	23.8
1986	4,824	3,074	1,465	3,102	12,465	38.7	24.7	11.8	24.9
1987	4,904	3,165	1,441	3,550	13,060	37.5	24.2	11.0	27.2
1988	4,806	3,370	1,550	4,046	13,772	34.9	24.5	11.3	29.4
1989	6,097	3,896	1,839	4,374	16,206	37.6	24.0	11.3	27.0
1990	5,925	4,433	1,744	4,007	16,109	36.8	27.5	10.8	24.9
1991	6,866	4,794	1,867	4,637	18,164	37.8	26.4	10.3	25.5
1992	8,219	5,221	1,699	4,706	19,845	41.4	26.3	8.6	23.7
1993	9,249	5,608	1,815	5,070	21,742	42.5	25.8	8.3	23.3
1994	9,214	5,966	1,997	5,460	22,637	40.7	26.4	8.8	24.1
1995	11,487	6,571	1,893	6,322	26,273	43.7	25.0	7.2	24.1

（出典）Employee Benefit Research Institute, *op. cit.*, p. 31.

表 8-10　保険型私的年金基金の資産構成
（単位：億ドル）

年	分離勘定					一般勘定	総資産額
	株式	債券	現金	その他	計		
1981	164	177	3	34	379	1,447	1,825
1982	199	237	5	57	497	1,702	2,199
1983	240	261	5	81	588	1,929	2,517
1984	229	269	6	79	584	2,325	2,908
1985	316	316	6	98	737	2,730	3,467
1986	375	347	7	150	879	3,218	4,097
1987	410	316	6	149	880	3,707	4,587
1988	445	355	5	179	983	4,181	5,164
1989	560	369	3	216	1,147	4,577	5,725
1990	586	435	3	198	1,223	5,138	6,361
1991	813	560	3	213	1,589	5,192	6,781
1992	992	650	2	212	1,856	5,091	6,947
1993	1,324	705	5	236	2,270	5,121	7,391
1994	1,524	724	5	256	2,509	5,312	7,821
1995	2,076	832	5	337	3,249	5,352	8,601

（出典）Employee Benefit Research Institute, *op. cit.*, p. 32.

表 8-11　保険型私的年金基金の資産構成比率

年	分離勘定（％）					一般勘定（％）
	株式	債券	現金	その他	計	
1981	9.0	9.7	0.2	1.9	20.7	79.3
1982	9.0	10.8	0.2	2.6	22.6	77.4
1983	9.6	10.4	0.2	3.2	23.4	76.6
1984	7.9	9.3	0.2	2.7	20.1	79.9
1985	9.1	9.1	0.2	2.8	21.3	78.7
1986	9.2	8.5	0.2	3.7	21.5	78.5
1987	8.9	6.9	0.1	3.2	19.2	80.8
1988	8.6	6.9	0.1	3.5	19.0	81.0
1989	9.8	6.4	0.1	3.8	20.0	80.0
1990	9.2	6.8	0.1	3.1	19.2	80.8
1991	12.0	8.3	0.0	3.1	23.4	76.6
1992	14.3	9.4	0.0	3.1	26.7	73.3
1993	17.9	9.5	0.1	3.2	30.7	69.3
1994	19.5	9.3	0.1	3.3	32.1	67.9
1995	24.1	9.7	0.1	3.9	37.8	62.2

（出典）Employee Benefit Research Institute, *op. cit.*, p. 32.

表 8-12　アメリカにおける株式の保有分布[1]

(単位:億ドル)

	1981年	1983年	1985年	1987年	1989年	1991年	1993年	1995年
家計部門	8,097	9,838	11,096	14,079	19,449	26,813	32,591	41,758
外国居住者	747	1,096	1,368	1,890	2,761	2,990	3,735	5,090
商業銀行	1	1	1	0	47	38	43	50
貯蓄金融機関	32	43	52	70	110	103	125	143
銀行の個人信託と遺産処理	1,250	1,524	1,714	1,564	2,073	2,342	1,810	2,005
生命保険会社	462	622	740	805	1,065	1,514	2,280	3,578
その他の保険会社	324	481	570	651	840	941	1,034	1,380
信託型私的年金基金[2]	2,185	3,503	5,086	4,904	6,097	6,866	9,249	11,494
州・地方政府職員退職基金	478	896	1,201	1,696	3,001	3,924	5,339	7,442
ミューチュアル・ファンド	374	744	1,137	1,817	2,505	3,089	6,074	10,249
クローズドエンド・ファンド	42	43	42	104	171	218	276	368
証券取引業者	35	100	141	107	141	143	242	342
上記保有株式の合計	14,026	18,890	23,147	27,687	38,259	48,979	62,800	83,899
信託機関[3]	2,524	3,490	3,993	4,318	5,667	6,997	8,930	11,608

(注) 1) 株式の評価額は市場価格による.
2) 信託型年金基金の原資料での表記は, private pension fundsであるが, この計数は, 信託型私的年金基金の資産構成を示した, 表 8-9 における株式の計数とほとんど一致している. したがって, この計数には保険型の私的年金基金が含まれていないことは明らかなので, 信託型私的年金基金と表記した.
3) 信託機関の株式保有額は, 一任勘定の資産についてのみの計数である.
(出典) 信託機関を除く各金融機関の計数は, Board of Governors of the Federal Reserve System, *Flow of Funds Accounts of the United States-Annual Flows and Outstandings, 1979-1988*, 1996, p. 80, と Flow of Funds *Accounts of the United States-Annual Flows and Outstandings, 1989-1995*, 1996, p. 80, より作成. 信託機関の計数は, FFIEC, *Trust Assets of Financial Institutions*, various years, より作成.

表 8-13　アメリカにおける株式の保有分布比率

(単位:%)

	1981年	1983年	1985年	1987年	1989年	1991年	1993年	1995年
家計部門	57.7	52.1	47.9	50.9	50.8	54.7	51.9	49.8
外国居住者	5.3	5.8	5.9	6.8	7.2	6.1	5.9	6.1
商業銀行	0.0	0.0	0.0	0.0	0.1	0.1	0.1	0.1
貯蓄金融機関	0.2	0.2	0.2	0.3	0.3	0.2	0.2	0.2
銀行の個人信託と遺産処理	8.9	8.1	7.4	5.6	5.4	4.8	2.9	2.4
生命保険会社	3.3	3.3	3.2	2.9	2.8	3.1	3.6	4.3
その他の保険会社	2.3	2.5	2.5	2.4	2.2	1.9	1.6	1.6
信託型私的年金基金	15.6	18.5	22.0	17.7	15.9	14.0	14.7	13.7
州・地方政府職員退職基金	3.4	4.7	5.2	6.1	7.8	8.0	8.5	8.9
ミューチュアル・ファンド	2.7	3.9	4.9	6.6	6.5	6.3	9.7	12.2
クローズドエンド・ファンド	0.3	0.2	0.2	0.4	0.4	0.4	0.4	0.4
証券取引業者	0.2	0.5	0.6	0.4	0.4	0.3	0.4	0.4
上記合計	100.0	100.0	100.0	100.0	100.0	100.0	100.0	100.0
信託機関	18.0	18.5	17.3	15.6	14.8	14.3	14.2	13.8

(出典) 表 8-12 より作成.

が13.7%, ミューチュアル・ファンドが12.2%, 州・地方政府職員退職基金が8.9%であるが, 私的年金基金と州・地方政府職員退職基金を合わせると22.6%となり, 年金基金の株式保有比率は非常に大きいことが分かる.

なお, 表8-12と表8-13で信託機関の株式保有を合計額の外数として示したが, これは信託型私的年金基金と銀行の個人信託との二重計算を避けるためである. したがって, 信託機関の株式保有比率13.8%には, 当然こうした信託型私的年金基金と個人信託が含まれているが, この計数は一任勘定の株式保有を表しており, 非一任勘定で保有されている株式については実態を把握できない. とはいえ, 1995年について非一任勘定の資産額が, 一任勘定の4.5倍であることを考えると, 非一任勘定の株式保有額は相当巨額にのぼっており, 株式保有比率も非常に高いものと推定される.

信託機関が投資裁量権を持たない非一任勘定の資産運用は, 外部からの指示によって行われるため, 信託機関はその指示に基づいて受動的に証券売買等の取引を遂行する. これに一任勘定による証券取引が加わるのであるから, 証券市場に与える影響力は, かなり大きいと推定できる. 他方, 保有株式に基づく株主権等の行使については, 一任勘定と非一任勘定とでは対応が異なるであろうし, より基本的には個々の信託契約毎に株主権の行使は規定されているので, 信託機関が機関株主として, どれほどの影響力を企業に対して行使できるかは一概にいうことはできない.

表8-12の株式の保有分布比率から分かるように, 個人の保有比率が, 1981年の57.7%から1985年の47.9%へと急激に低下したことは, これと裏腹の関係で1980年代前半に, 株式所有と株式市場における機関投資家の力が相対的に強まったことを意味している. いわゆる株式市場の機関化現象により, プログラム・トレーディングのような取引手法が発展し, 株式市場の構造変化が引き起こされたり, 企業のテークオーバーが活発になる中で, 機関投資家が控えめな株主から, コーポレート・ガバナンスに積極的に関与する株主行動主義に変身するといった変化が見られるようになった[3].

前述したように, 1980年代における金融構造の特徴的な変化は, 商業銀

表 8-14 アメリカにおける株式の純

	1981 年	1982 年	1983 年	1984 年	1985 年	1986 年	1987 年
株式の純発行額	−104	76	267	−726	−650	−659	−572
経済主体別純購入額	−104	76	267	−726	−650	−659	−572
家計部門	−451	−241	−226	−668	−1,112	−889	−1,326
外国居住者	48	37	50	−34	44	179	150
商業銀行	−1	0	0	−1	1	0	−1
貯蓄金融機関	−6	−5	3	−2	−1	21	14
銀行の個人信託と遺産処理	22	−82	−59	−49	−128	−317	−48
生命保険会社	24	24	34	3	48	−21	57
その他の保険会社	20	27	21	−43	−20	−3	27
信託型私的年金基金	173	219	71	−48	106	−114	4
州・地方政府職員退職基金	71	60	200	73	286	240	318
ミューチュアル・ファンド	−6	35	137	59	103	202	269
クローズドエンド・ファンド	−4	−7	−6	−5	−4	29	33
証券取引業者	5	9	43	−10	26	14	−71

(出典) Board of Governors of the Federal Reserve System, *Flow of Funds Accounts of the United Accounts of the United States-Annual Flows and Outstandings, 1989-1995*, 1996, p. 36, よ

行・貯蓄金融機関の資産シェアの低下と，信託機関・年金基金の資産シェアの増大であった．これは，貯蓄と投資の資金仲介機能において，預金取扱い金融機関の地位が低下し，預金を取り扱わない金融仲介機関の地位が上昇したことを意味している．商業銀行や貯蓄金融機関は，社会の貯蓄を預金として受け入れ，それを企業に貸し付けることによって投資資金へと転化させた．他方，年金制度は年金基金に拠出金を積み立て，将来の年金給付に備えるいわば強制的な貯蓄の制度である．年金基金の収益は拠出金に加えて，株式配当，債券利息，証券売買益等の投資収益から成っており，これから年金給付金や諸費用を控除したものが純収益となる．そして，年金基金に積み立てられた資金は信託機関や保険会社に委託され，主として証券投資の形で資産運用が行われている．つまり，年金基金の地位が上昇したということは，貯蓄が証券市場を通じて投資資金に転化されるルートが，重要な役割を果たすようになったということである．

それでは，こうした金融構造の変化は，投資資金の形成においてどのよう

発行額と経済主体別純購入額　　　　　　　　　　　　　　　　　（単位：億ドル）

1988年	1989年	1990年	1991年	1992年	1993年	1994年	1995年	累　計
−1,028	−980	−377	769	1,034	1,299	233	−186	−1,604
−1,028	−980	−377	769	1,034	1,299	233	−186	−1,604
−1,076	−802	−273	−221	346	−562	−1,367	−1,741	−10,609
−29	90	−160	104	−56	209	9	164	805
−0	−1	−25	17	−4	9	−14	21	1
20	4	−25	−11	3	17	−18	7	21
−52	−52	5	−86	−370	−552	−93	−177	−2,038
−34	97	−57	95	27	318	633	260	1,508
36	79	−70	−12	−4	8	11	−15	62
28	−414	−15	47	323	92	−147	1	326
210	29	132	312	177	509	191	406	3,214
−160	12	144	485	598	1,153	1,008	874	4,913
28	−3	1	18	−0	18	52	−62	88
1	−19	−33	24	−6	81	−34	77	107

States-Annual Flows and Outstandings, 1979-1988, 1996, p.36, と *Flow of Funds* り作成.

な影響をもたらしたのであろうか．前述したように，信託機関や年金基金が巨額の株式や債券等の証券を保有しているが，貸付資産は保有していない．それに対し，商業銀行（銀行部門）は債券投資はかなり行っているものの，規制により株式投資はほとんど行っていない．そのためここでは，信託機関や年金基金の資産運用に特有な株式投資に焦点を当て，信託機関や年金基金が，安定的な投資資金の形成に寄与しているかどうか検討してみたい．

表8-14は，フローで見た毎年の経済主体別の株式投資の状況を示している．15年間の累計によると，株式投資を積極的に行っている経済主体は，購入額の順にミューチュアル・ファンド4913億ドル，州・地方政府退職基金3214億ドル，生命保険会社1508億ドル，外国居住者805億ドル，信託型私的年金基金326億ドルである．他方，株式の売却を行っている経済主体は，家計部門1兆609億ドルと商業銀行の個人信託2038億ドルである．1980年代には州・地方政府退職基金は，毎年ミューチュアル・ファンドを上回る着実な株式投資を行っていたが，1990年代以降では，ミューチュアル・ファ

表 8-15　年金基金の株式保有額

	1981 年	1982 年	1983 年	1984 年	1985 年	1986 年	1987 年	1988 年
年金基金の保有株式(億ドル)	2,827	3,630	4,639	4,784	6,603	6,701	7,010	7,448
株価指数 S&P 500	128.05	119.71	160.41	160.50	186.84	236.34	287.00	265.88

（注）年金基金の保有株式は，保険型私的年金の分離勘定，信託型私的年金，州・地方政府職員退職
（出典）年金基金については Employee Benefit Research Institute, *op. cit*., p. 30，株価指数 S&P 500

ンドの急速な成長とその旺盛な株式投資が目立つため，州・地方政府退職基金の株式投資は少し影が薄くなっている．しかし，州・地方政府退職基金は，ほぼ毎年にわたって数百億ドル程度の株式投資を行っており，株式市場において重要な投資資金の源泉となってきたことが分かる．他方，商業銀行の個人信託は家計部門の動向を反映するため，家計部門と同様に株式市場では株式の供給要因となってきた．

つまり，家計部門と個人信託による売却株式をミューチュアル・ファンドと州・地方政府退職基金，生命保険会社が吸収していたわけである．また，1984 年から 1990 年までと 1995 年の株式発行額がマイナスになっているので，家計部門と個人信託の売却株式は，この減少分によっても吸収されたのである．

株式投資を目的とするミューチュアル・ファンドを除くと，州・地方政府退職基金の株式の購入意欲は極めて強い．州・地方政府退職基金は，株式の純発行額がマイナスとなった年でも一貫して株式の純購入主体となっている．前述したように，生命保険会社の株式購入も保険型の私的年金基金の増加に起因するところが大きいので，生命保険会社，信託型私的年金基金，州・地方政府退職基金の株式投資は，年金基金の拡大を反映したものといえる．

こうして，私的年金と州・地方政府退職基金を含めた年金基金は，株式の資産額を毎年増加させている（表 8-15 参照）．1981 年から 1995 年までの間で，株式の資産額が減少したのは 1990 年だけである．これは株価の上昇に起因する部分と，年金基金に毎年流入する資金による新規の株式投資を反映したものである．図 8-2 を見ると，S&P 500 の株価指数と年金基金の株式

1989 年	1990 年	1991 年	1992 年	1993 年	1994 年	1995 年
9,658	9,472	11,545	13,700	15,640	15,812	20,620
323.05	335.01	376.20	425.75	451.63	460.42	541.72

基金の保有株式の合計である．
については *Federal Reserve Bulletin*, various issues, より作成．

資産額がほぼパラレルに動いていることから，株価上昇の影響はかなり大きいものと推定できる．

なお，1984 年から 1990 年まで株式の純発行額はマイナスとなっていたが，好調な株式市況により，1991 年から企業は株式の発行による資金調達を増加させている．しかし，年金基金の多くは，基本的には流動性の高い発行済みの株式を流通市場で購入しており，発行市場との関連は限定的である[4]．

次に，年金基金の株式投資に関わる問題として，短期的な投資収益を重視

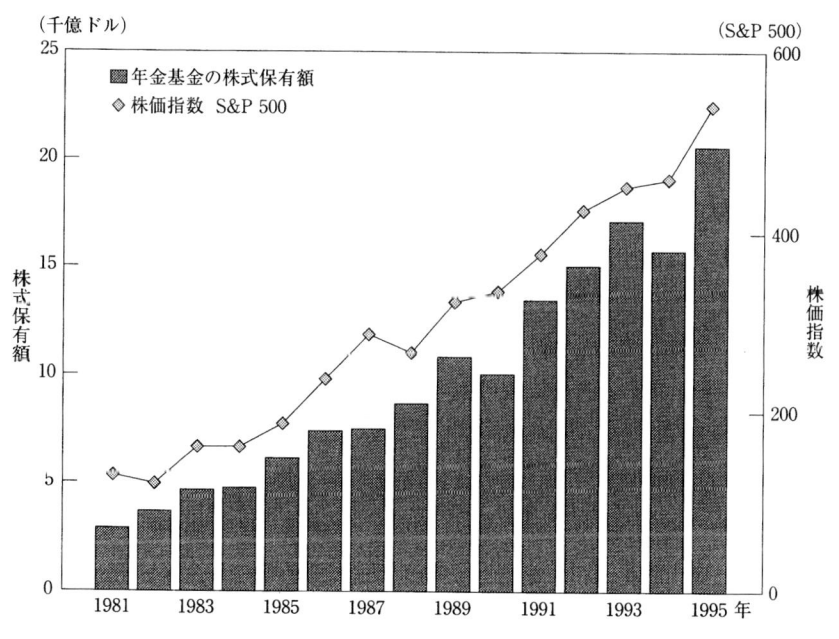

(出典) 表 8-15 より作成．

図 8-2　年金基金の株式保有額

表 8-16　金融機関の株式売買回転率

	1971年	1972年	1973年	1974年	1975年	1976年	1977年	1978年
非保険型私的年金基金	22.1	19.7	17.3	14.1	18.3	16.5	17.4	21.1
オープンエンド型投資会社	48.2	44.8	39.0	30.5	35.8	32.4	32.2	34.8
生命保険会社	31.0	29.5	25.9	18.7	22.3	21.0	20.9	24.4
損害保険会社	23.2	23.8	20.8	21.3	24.0	24.8	17.3	25.2
上記金融機関の平均回転率	30.8	27.8	23.7	19.1	23.2	21.1	20.7	24.8

(注)　株式売買回転率＝年間の売買合計額／平均株式保有額
(出典)　1972-78年：SEC, *Statistical Bulletin*, various issues.
　　　　1979-81年：SEC, *Monthly Statistical Review*, various issues.

する資産運用の傾向を指摘することができる．表8-16は，金融機関別に株式の売買回転率を示した表であるが，非保険型年金基金の売買回転率は，1970年代の後半から急激な上昇を示した．私的年金基金の売買回転率は，1979年の25.5％から1980年には40.9％に急上昇している．資料の制約のため1981年以降の売買回転率は不明であるが，これ以降も年金基金の株式売買回転率は，かなり高い水準を示したようである．平均的な機関投資家は，購入した株式の40％を1年以内に売却するという調査報告もある[5]．ただし，年金基金の受託機関によって運用方針は異なっており，商業銀行の信託部門よりも投資顧問会社の方が，活発に短期売買を行う傾向があった[6]．また，年金基金を始めとする機関投資家が大量の株式取引を行う，ニューヨーク証券取引所（NYSE）の株式売買回転率も，1970年代の20数％から1980年代には40～50数％の水準へと急速に上昇し，1987年には72.7％という高水準に達した（表8-17参照）．

　株式の売買回転率は，一定期間内に株式の売買がどれだけ活発に行われているかを見る指標であり，回転率の上昇は，株式投資が短期化していることを示している．株式投資の短期化は，短期間の間に株式の売買を繰り返して，売買差益を取得することに重点が置かれるようになり，株式投資が投機化してきたことを意味している．NYSEの株式売買回転率が1980年代に急上昇したことは，1980年代において株式市場の投機的性格が強まったことを示

			1981 年	
1979 年	1980 年	1 Q	2 Q	3 Q
25.5	40.9	36.4	40.8	35.7
44.5	59.3	54.6	57.3	50.8
32.8	40.0	34.3	38.1	38.3
26.5	32.5	30.8	30.9	30.4
29.8	42.8	38.3	42.0	37.7

(単位：%)

している．年金基金がこうした投機的傾向に巻き込まれたのは，年金基金の資金運用をめぐる受託競争によるものである．つまり，年金基金は拠出金の負担を減らすために，短期的な投資収益を重視した運用成績を追求する傾向があり，そのため優秀な運用成績をあげた信託機関や投資顧問業者等に資産運用を委託しようとする．運用成績が短期的に評価されるため，年金基金の資産運用を受託した信託機関等は，長期的視点よりは短期の運用成績を狙った株式投資を行うことになる．これが年金基金の株式売買回転率を上昇させた大きな要因である．

しかし，こうした短期的な投資行動は，年金給付のために長期的に資金を運用する年金基金には望ましいものとはいえない．年金基金は長期の予想可能な債務（退職した従業員に対する年金給付）を負っており，短期投資よりも長期投資の方が，年金基金の適切な目標となるべきである．なお，従業員退職所得保障法（ERISA）は，年金基金の投資基準として受託者に一般的に適用される「慎重人の原則」によることを規定している．「慎重人の原則」による投資基準は，分散投資等により過度な投資リスクを回避するという，一般的な原則を規定するにとどまり，具体的な投資基準を与えるものではない．そのため，年金基金の資産運用について長期的な投資を促進するために，税制上の措置や新たな金融の仕組みを創設すべきであるといった提言もなされている[7]．

なお，誤解を避けるために付言すれば，株式投資自体が年金基金の資産運用として不適切だというのではなく，株式投資の短期化こそが問題なのである．こうした年金基金の投資方針については，巨額の年金基金を運用しているJ.P. モルガン（J.P. Morgan & Co.）の説明が参考になる．この説明によると年金基金の運用においては，短期のリスクと長期にわたり予想されるコス

表8-17　ニューヨーク証券取引所の株式取引高と売買回転率

年	取引高 (100万株)	平均上場株数 (100万株)	売買回転率 (%)
1970	2,937.4	15,573.6	18.9
1971	3,891.3	16,782.6	23.2
1972	4,138.2	18,329.4	22.6
1973	4,053.2	20,062.6	20.2
1974	3,517.7	21,351.8	16.5
1975	4,693.4	22,107.5	21.2
1976	5,360.1	23,488.9	22.8
1977	5,273.8	25,296.5	20.8
1978	7,205.1	26,833.2	26.9
1979	8,155.9	28,803.0	28.3
1980	11,352.3	31,871.0	35.6
1981	11,853.7	36,003.5	32.9
1982	16,458.0	38,907.0	42.3
1983	21,589.6	42,316.9	51.0
1984	23,071.0	47,104.8	49.0
1985	27,510.7	50,759.4	54.2
1986	35,680.0	56,023.8	63.7
1987	47,801.3	65,711.4	72.7
1988	40,849.5	73,988.5	55.2
1989	41,698.5	79,573.5	52.4
1990	39,664.5	86,851.8	45.7
1991	45,266.0	95,177.1	47.6
1992	51,375.7	107,730.5	47.7
1993	66,923.3	123,446.0	54.2
1994	73,420.4	136,667.0	53.7
1995	87,217.5	148,499.8	58.7

(出典) New York Stock Exchange, *Fact Book 1995*, 1996, p. 98.

トをバランスさせる必要がある．このために適当な投資対象は，債券と株式である．債券は一定の収入水準（インカム）を保つが予期しないインフレには対応できない．一般的にはローリスク・ローリターンとなる．一方，株式の収入は不安定であるが，高水準の利回りを生みだすキャピタル・ゲインがあり，ハイリスク・ハイリターンとなる．結論的には，年金基金の投資期間は長期に見なければならない．リスクとリターンを考えると，株式を主体としたポートフォリオが最高の結果を生みだす．株式投資の短期的には不安定であるが，将来的に価値が高まるメリットを考えて投資することが重要であると述べている[8]．

前述したように，1980年代以降の株式投資の状況は，長期的投資よりも短期的投資の進展が大きな流れであり，これは企業年金が短期的な運用パフォーマンスを重視したことに起因していた．しかし，短期的な運用成績の如何によって運用機関を変更することが，必ずしも長期的な運用パフォーマンスの向上につながるとは限らない．大企業の年金基金の中には，長期的な運用パフォーマンスを評価した方が，結果的に良い投資収益率が得られるという認識を持っているところもある．例えばゼネラル・モーターズ（General Motors Corporation, GM）は，1991年に340億ドルという巨額の年金資産を保有していたが，資産の大部分を外部の

運用機関に委託していた．その当時，GM は 66 の外部運用機関を使っていたが，その運用パフォーマンスの評価対象期間は，3 年から 5 年という比較的長期であった[9]．

年金基金は将来の年金給付に備えて積み立てるのであるから，その資金は長期的な性格を持った資金源泉である．しかし，年金基金の株式投資における短期売買は，こうした長期的な資金をいわば短期資金に転換したわけである．株式市場は短期資金を長期資金に転化する機能を持っており，年金基金による活発な株式売買は，株式市場の流動性を高める役割を果たし，結果として株式市場の長期資金形成能力を強化したという側面もある．しかし，これはあくまで結果論である．年金基金のような長期的な資金はそのまま長期的な資金として運用する方が，全般的な経済成長あるいは投資企業の成長に見合った投資収益率を確保できるはずである．年金基金の多くが，こうした長期的な運用パフォーマンスを重視した方針に転換すれば，年金基金は安定した長期資金源泉として資本市場の発展により大きな役割を果たすようになると考えられる．

5．むすび

本章では，1980 年代以降におけるアメリカの信託機関と年金基金の動向について考察を行った．そこで本章の考察で明らかになったことを以下に要約してむすびとしたい．

まず第 1 に，信託機関の保有する信託資産が急速に拡大し，1995 年末で 13 兆 5409 億 4400 万ドルに達したことである．とりわけ非一任勘定の資産増加率は，一任勘定のそれを大きく上回った．また，信託勘定別では年金基金の成長を反映して，従業員給付勘定の伸び率が最も高かった．なお，非一任勘定の信託資産については，上位 10 行が従業員給付勘定の 66.7％ を占めるなど，信託資産の集中度はかなり高い水準に達している．

第 2 に，こうした信託資産の拡大の結果，信託機関は非一任勘定の保有資

産を含めると，金融機関の中で最大の資産額を有している．これに対し，商業銀行は金融機関に占める資産シェアを年々低下させており，資産ベースで見た商業銀行の地位低下が顕著である．ただし，商業銀行のオフバランス取引や信託業務を考慮すれば，資産ベースの地位低下は，それ自体として商業銀行の金融機能の低下を意味するものではない．

第3に，信託機関の一任勘定の信託資産の構成において，株式の構成比が1995年で47.4％とかなり高い比率を占めていることである．私的年金基金の資産構成においても株式の占める比率は高かった．1995年に信託機関は一任勘定で1兆1608億ドル，年金基金は2兆620億ドルの株式をそれぞれ保有しており，株式の保有分布において家計部門に次ぐ位置を占めている．

第4に，信託機関や年金基金はこうした巨額の株式投資を通じて，機関投資家として株式市場，資本市場に大きな影響を与えるようになったことである．ここでの問題点は，年金基金が短期的な投資収益率を重視した資産運用を行ったために，株式の売買回転率は高くなり株式投資の短期化が進展したことである．

最後に，年金基金の保有する資金量は巨額にのぼっており，年金基金の投資動向が将来の経済発展に与える影響は小さくない．このため，年金基金を長期的な投資に誘導し，安定した長期資金源泉として機能させることは，アメリカ経済にとって，ますます重要になってくるものと思われる．

注
1) 年金基金に関わる法律であるERISAで規定された受託者とは，受託者の機能を持つ者を指し，受託者の名称によるものではない．したがって，受託者は年金資産の管理運用，処分を任された者であり，具体的には基金の責任者や運用機関，企業の役員，従業員が受託者として指名される可能性がある（厚生年金基金連合会『アメリカにおける企業年金制度―平成3年度米国企業年金制度調査報告書』1992年，70ページ，参照）．
2) この点については，高木仁「アメリカ銀行産業は衰退中か？」『金融ジャーナル』1995年1月号，70-75ページ，を参照されたい．
3) こうした変化の詳しい解説については，三和裕美子「機関投資家の株式所有

第8章　年金基金の拡大と信託機関　　　259

と流動性」日本証券経済研究所大阪研究所『証券経済』第192号，1995年，91-113ページ，を参照されたい．
4) Randy Barber and Teresa Ghilarducci, "Pension Funds, Capital Markets, and the Economic Future," in Gary A. Dymski, Gerald Epstein, Robert Pollin, eds., *Transforming the U.S. Financial System*, 1993, p. 293, 参照．
5) *Ibid*., p. 297, 参照．
6) 1980年代における年金基金の資産運用の高度化については，北條裕雄『現代アメリカ資本市場論』同文舘，1992年，242-248ページを参照されたい．
7) 年金基金の長期的投資に関する提言の詳細については，Barber and Ghilarducci, *op. cit*., pp. 305-312, を参照されたい．
8) 厚生年金基金連合会『アメリカにおける企業年金——平成5年度米国企業年金制度調査報告書』1994年，78-79ページ，参照．
9) 厚生年金基金連合会『アメリカにおける企業年金制度——平成3年度米国企業年金制度調査報告書』1992年，18-26ページ，参照．

参考文献

[1] American Bankers Association, *Trust Department Services*, 1954. (三井信託銀行信託部訳『アメリカの信託業務』東洋経済新報社, 1975年)
[2] ―――, *Glossary of Fiduciary Terms*, 1977.
[3] ―――, *The Future of Trust Institutions : Competition, Performance and Prospects and Strategies for Expansion*, 1977. (信託協会調査部訳「信託機関の将来―競争, パフォーマンス, 拡大の見通しと戦略」信託協会『信託』117号, 1979年)
[4] American Institute of Banking, *Trust Business*, 1934.
[5] ―――, *Trust Business : Trust II*, 1946.
[6] American Law Institute, *Restatement of the Law Second, Trusts*, Vol. 1, 1959.
[7] ―――, *Restatement of the Law Third, Trusts (Prudent Investor Rule)*, 1992.
[8] Barber, Randy and Teresa Ghilarducci, "Pension Funds, Capital Markets, and the Economic Future," in Gary A. Dymski, Gerald Epstein, Robert Pollin, editors, *Transforming the U.S. Financial System*, 1993.
[9] Barnett, George E., *State Banks and Trust Companies—since the Passage of the National Bank Act*, 1911.
[10] Benston, George J., "Federal Regulation of Banking : Historical Overview," in George G. Kaufman and Roger C. Kormendi eds., *Deregulating Financial Services*, 1986.
[11] Board of Governors of the Federal Reserve System, *Annual Report*, various years.
[12] ―――, *Federal Reserve Bulletin*, various issues.
[13] ―――, *Flow of Funds Accounts of the United States—Annual Flows and Outstandings, 1979-1988*, 1996.
[14] ―――, *Flow of Funds Accounts of the United States—Annual Flows and Outstandings, 1989-1995*, 1996.
[15] Bogen, Jules I. and Herman E. Kross, *Security Credit—Its Economic Role and Regulation*, 1960. (日本証券経済研究所訳「アメリカの証券金融―その経済的機能と規制」日本証券経済研究所『証券研究』第3巻, 1962

年)
- [16] Brandeis, Louis D., *Other Peoples' Money and How the Bankers Use It*, 1914.
- [17] Brewer, H. Peers, *The Emergence of the Trust Company in New York City, 1870-1900*, 1986.
- [18] Burns, Helen M., *The American Banking Community and New Deal Banking Reforms : 1933-1935*, 1975.
- [19] Cannon, James G., *Clearing-Houses*, 1900.
- [20] Carosso, Vincent P., *Investment Banking in America : A History*, 1970. (アメリカ資本市場研究会訳「アメリカの投資銀行（上）（下）」日本証券経済研究所『証券研究』第55巻，第56巻，1978年)
- [21] Coles, Blane B., "Banking and Trust Business Association," *Trust Companies*, Vol. 64, No. 3, 1937.
- [22] Comptroller of the Currency, *Annual Report*, various years.
- [23] Creamer, Daniel B., Sergei P. Dobrovolsky, and Israel Borenstein, *Capital in Manufacturing and Mining*, 1960.
- [24] Cunningham, Mary, *Powerplay : What Really Happened at Bendix*, 1984. (佐々木謙一訳『パワープレイ―権力抗争』徳間書店，1985年)
- [25] Currie, Lauchlin, "The Decline of the Commercial Loan," *The Quarterly Journal of Economics*, Vol. 45, 1931.
- [26] Dearing, Charles L., *Industrial Pensions*, 1954.
- [27] Dewing, Arthur S., *The Financial Policy of Corporation*, 5th ed., 1953.
- [28] Employee Benefit Research Institute, *Quarterly Pension Investment Report—1st Quarter 1996*, 1996.
- [29] Federal Deposit Insurance Corporation, *Mandate for Change : Restructuring the Banking Industry*, preliminary draft, 1987.
- [30] ―――, *Historical Statistics on Banking, 1934-1996*, 1997.
- [31] Federal Financial Institutions Examination Council, *Trust Assets of Banks and Trust Companies*, various years.
- [32] ―――, *Trust Assets of Insured Commercial Banks*, various years.
- [33] ―――, *Trust Assets of Financial Institutions*, various years.
- [34] Fitch, Robert and Mary Oppenheimer, "Who Rules the Corporations ?" *Socialist Revolution*, Vol. 1, Nos. 4-6, 1970. (岩田巌雄，高橋昭三監訳『だれが会社を支配するか―金融資本と「経営者支配」』ミネルヴァ書房，1978年)
- [35] Goldsmith, Raymond W., *Financial Intermediaries in the American Economy since 1900*, 1958.

[36] ─────, *Financial Structure and Development*, 1969.
[37] Golembe, Carter H. and David S. Holland, *Federal Regulation of Banking*, 1981.（馬淵紀壽訳『アメリカの銀行制度』日本経済新聞社, 1982年）
[38] Greenough, William C. and Francis P. King, *Pension Plans and Public Policy*, 1976.
[39] Griswold, Robertson, "Divorcement of Trust Functions from Commercial Banks," *Trust Companies*, Vol. 63, No. 3, 1936.
[40] Grutze, Albert L., "The Trustee's Duties and Liabilities under Corporate Bond Issues after the Bonds Have Been Certified and Delivered," *Trust Companies*, Vol. 41, No. 2, 1925.
[41] Herman, Edward S., "Commercial Bank Trust Departments," in Twentieth Century Fund, *Abuse on Wall Street : Conflicts of Interest in the Securities Markets*, 1980.
[42] Herrick, Clay, *Trust Departments in Banks and Trust Companies*, 1st ed., 1925.
[43] Hickman, W. Braddock, *Corporate Bond Quality and Investor Experience*, 1958.
[44] ─────, *The Volume of Corporate Bond Financing since 1900*, 1953.
[45] Hollander, Jacob H., *Bank Loans and Stock Exchange Speculation*, 1911.
[46] Hull, Walter H. ed., *Practical Problems in Banking and Currency*, 1907.
[47] Hunt, Pearson, *Portfolio Policies of Commercial Banks in the United States 1920-1939*, 1940 (reprint 1980).
[48] J.P. Morgan & Co. Inc., *Rethinking Glass-Steagall*, 1984.
[49] Kennedy, Joseph C. and Robert I. Landau, *Corporate Trust Administration and Management*, 2nd ed., 1975.
[50] Kirkbride, Franklin B., Joseph E. Sterrett, and Henry P. Willis, *The Modern Trust Company*, 1921.（高塚慶助訳『米国信託会社総論』未来社, 1926年）
[51] Knox, John J., *A History of Banking in the United States*, 1903 (reprint 1969).
[52] Kotlikoff, Laurence J. and Daniel E. Smith, *Pensions in the American Economy*, 1983.
[53] Kotz, David M., *Bank Control of Large Corporations in the United States*, 1978.（西山忠範訳『巨大企業と銀行支配──現代アメリカ大企業の支配構造』文眞堂, 1982年）
[54] Latimer, Murray W., *Industrial Pension Systems in the United States*

and Canada, Vol. 1, 1932.
[55] Leinsdorf, David and Donald Etra, et al., *Citibank*, 1973. (原司郎監訳『シティバンク』日本経済評論社, 1978 年)
[56] May, A. Wilfred, "Banks and the Securities Market," in H. Parker Willis and John M. Chapman eds., *The Banking Situation*, 1934.
[57] Moulton, Harold G., *The Financial Organization of Society*, 3rd ed., 1930.
[58] Munn, Glenn G. and F.L. Garcia, *Encyclopedia of Banking and Finance*, 8th ed., 1983.
[59] Munnel, Alicia H., *The Economics of Private Pensions*, 1982.
[60] Myers, Margaret G., *A Financial History of the United States*, 1970. (吹春寛一訳『アメリカ金融史』日本図書センター, 1979 年)
[61] Nadler, Marcus and Jules I. Bogen, *The Banking Crisis*, 1933.
[62] National Industrial Conference Board, *Industrial Pensions in the United States*, 1925.
[63] National Monetary Commission, *Digest of State Banking Statutes*, 1910.
[64] ―――, *Statistics for the United States, 1867-1909*, 1910.
[65] New York Stock Exchange, *Fact Book 1985*, 1986.
[66] ―――, *Fact Book 1995*, 1996.
[67] Page, Richard G. and Payson G. Gates, *The Work of Corporate Trust Departments*, 1926.
[68] Peach, W. Nelson, *The Security Affiliates of National Banks*, 1941.
[69] President's Commission on Financial Structure and Regulation, *The Report of the President's Commission on Financial Structure and Regulation*, 1971.
[70] Pugel, Thomas A. and Lawrence J. White, "An Analysis of the Competitive Effects of Allowing Commercial Bank Affiliates to Underwrite Corporate Securities," in Ingo Walter ed., *Deregulating Wall Street*, 1985.
[71] Redlich, Fritz, *The Molding of American Banking : Men and Ideas*, Vol. 2 (reprint 1968).
[72] Remington, John W., *Trust Business in the Future : Its Association with Banking*, 1938.
[73] Riddle, N. Gilbert, *The Investment Policy of Trust Institutions*, 1934.
[74] Schotland, Roy A., "Bank Trust Departments and Public Policy Today," in U.S. Congress, House, Committee on Banking, Currency and Housing, *Financial Institutions and the Nation's Economy*, Book 1, 1976.
[75] ―――, "Introduction," in Twentieth Century Fund, *Abuse on Wall*

Street : Conflicts of Interest in the Securities Markets, 1980.
- [76]　Securities and Exchange Commission, *Report on the Study and Investigation of the Work, Activities, Personnel and Functions of Protective and Reorganization Committees*, Part VI, *Trustees under Indentures*, 1936.
- [77]　─────, *Institutional Investor Study Report of the Securities and Exchange Commission*, 1971.
- [78]　─────, *Statistical Bulletin*, various issues.
- [79]　─────, *Monthly Statistical Review*, various issues.
- [80]　Securities Industry Association, *Questioning Expanded Bank Powers*, 1985.
- [81]　Shultz, Birl E., *The Securities Market—and How It Works*, 1963. (北茂訳『米国証券市場の実際』千倉書房, 1966 年)
- [82]　Smith, James G., *The Development of Trust Companies in the United States*, 1928.
- [83]　Stephenson, Gilbert, "Preserving Association of Banking and Trust Business," *Trust Companies*, Vol. 64, No. 2, 1937.
- [84]　Stockton, Richard G., "Preserving Banking and Trust Association," *Trust Companies*, Vol. 64, No. 3, 1937.
- [85]　U.S. Bureau of the Census, *Historical Statistics of the United States, Colonial Times to 1970*, Bicentennial Edition, Part 2, 1975.
- [86]　U.S. Congress, House, Committee on Banking and Currency, *Branch, Chain and Group Banking : Hearings*, Part 15, 1930.
- [87]　U.S. Congress, House, Committee on Banking and Currency, Subcommittee on Domestic Finance, *Commercial Banks and Their Trust Activities : Emerging Influence on the American Economy*, 1968. (志村嘉一訳『銀行集中と産業支配―パットマン委員会報告』東洋経済新報社, 1970 年)
- [88]　U.S. Congress, Senate, Committee on Banking and Currency, *Stock Exchange Practices : Hearings*, Part 8, 11, 18, 19, 1934.
- [89]　─────, *Stock Exchange Practices : Report*, 1934.
- [90]　U.S. Congress, Senate, Committee on Finance, *Bank Trust Stock Holdings*, 1976.
- [91]　U.S. Congress, Senate, Committee on Government Operations, Subcommittee on Intergovernmental Relations, and Budgeting, Management, and Expenditures, *Disclosure of Corporate Ownership*, 1974.
- [92]　U.S. Congress, Senate, Committee on Government Operations, Subcommittee on Reports, Accounting and Management, *Corporate Ownership and Control*, 1975.

[93] ─────, *Institutional Investors' Common Stock : Holdings and Voting Rights*, 1976.
[94] U.S. Congress, Senate, Committee on Small Business, *Role of Giant Corporations in the American and World Economies*, Part 4, *Corporate Secrecy : Ownership and Control of Industrial and National Resources*, 1975.
[95] U.S. Temporary National Economic Committee, *Investigation of Concentration of Economic Power : Hearings*, 31 Parts, 1931-1941.
[96] *United States Investor*, Vol. 48, No. 10, 1937.
[97] Utter, Ben W., "Problems of Trustees under Defaulted Bond Issues," *Trust Companies*, Vol. 56, No. 6, 1933.
[98] Wigmore, Barrie A., "Was the Bank Holiday of 1933 Caused by a Run on the Dollar ?" *The Journal of Economic History*, Vol. 47, No. 3, 1987.
[99] Willis, H. Parker, "Basis of Banking," in H. Parker Willis and John M. Chapman eds., *The Banking Situation*, 1934.

[100] 明田川昌幸「米国連邦信託証書法の改正について（上）（下）」商事法務研究会『商事法務』No. 1256, 1991年, No. 1257, 1991年.
[101] 安保哲夫「両大戦間期におけるアメリカの長期金融機関」法政大学社会学部学会『社会労働研究』第18巻1号, 1971年.
[102] アメリカ経済研究会編『ニューディールの経済政策』慶應通信, 1965年.
[103] 岩原紳作「アメリカ合衆国信託証書法第310条の研究」公社債引受協会『公社債月報』372号, 1987年.
[104] 江頭憲治郎「アメリカ合衆国信託証書法の概説」公社債引受協会『公社債月報』370号, 1987年.
[105] 江口行雄「公募と時価発行の諸問題」日本証券経済研究所『証券研究』第5巻, 1962年.
[106] 鴻常夫, 北沢正啓編『英米商事法辞典』商事法務研究会, 1986年.
[107] 川口恭弘『米国金融規制法の研究──銀行・証券分離規制の展開』東洋経済新報社, 1989年.
[108] 川波洋一『貨幣資本と現実資本』有斐閣, 1995年.
[109] 木下毅「アメリカ合衆国信託証書法第311条の研究」公社債引受協会『公社債月報』373号, 1987年.
[110] ─────「アメリカ合衆国信託証書法第315条の研究」公社債引受協会『公社債月報』376号, 1987年.
[111] 黒沢義孝『債券格付けの実際』東洋経済新報社, 1985年.
[112] 慶応義塾大学信託法研究会訳「米国信託法リステイトメント（1）」信託協

参考文献

- [113] ――――「米国信託法リステイトメント (16)」信託協会『信託』107 号, 1976 年.
- [114] 公社債引受協会『欧米社債制度調査団報告書』1986 年.
- [115] 厚生年金基金連合会『アメリカの企業年金の資産運用の実態』1985 年.
- [116] ――――『アメリカにおける企業年金制度―平成 3 年度米国企業年金制度調査報告書』1992 年.
- [117] ――――『アメリカにおける企業年金―平成 5 年度米国企業年金制度調査報告書』1994 年.
- [118] 佐合紘一『企業財務と証券市場』同文舘, 1986 年.
- [119] 島田顕生「キャッシュレス・ペイメントと支払慣行―国法銀行制度下の米国を対象として」大阪市立大学経営学会『経営研究』第 47 巻第 2 号, 1996 年.
- [120] 信託協会編『アメリカの信託業務－第 1 次信託視察団報告書』日本生産性本部, 1964 年.
- [121] 鈴木禄彌「担保制度の分化と信用制度」川合一郎編『現代信用論(上)』有斐閣, 1978 年.
- [122] 高木仁『アメリカの金融制度』東洋経済新報社, 1986 年.
- [123] ――――「アメリカ銀行産業は衰退中か?」『金融ジャーナル』1995 年 1 月号.
- [124] 高月昭年『米銀―90 年代への戦略』日本経済新聞社, 1989 年.
- [125] 高山洋一『ドルと連邦準備制度』新評論, 1982 年.
- [126] 成宮克佳「アメリカの信託業務」東海銀行『調査月報』No. 461, 1985 年.
- [127] 春田素夫「アメリカの信託会社」武田隆夫, 遠藤湘吉, 大内力編『資本論と帝国主義論(下)』東京大学出版会, 1971 年.
- [128] 平田喜彦『アメリカの銀行恐慌』御茶の水書房, 1969 年.
- [129] 深町郁彌「管理通貨と金融資本」川合一郎編『現代信用論(下)』有斐閣, 1978 年.
- [130] 北條裕雄『現代アメリカ資本市場論』同文舘, 1992 年.
- [131] 松井和夫『現代アメリカ金融資本研究序説』文眞堂, 1986 年.
- [132] 松井和夫, 奥村皓一『米国の企業買収・合併』東洋経済新報社, 1987 年.
- [133] 三ヶ月章『会社更正法研究』有斐閣, 1970 年.
- [134] 三和裕美子「機関投資家の株式所有と流動性」日本証券経済研究所大阪研究所『証券経済』第 192 号, 1995 年.
- [135] 吉冨勝『アメリカの大恐慌』日本評論社, 1965 年.

索　引

【ア行】

RFC　⇒復興金融公社
ERISA　⇒従業員退職所得保障法
遺言執行人　50, 190
遺言信託　27
遺産管理人　50, 190
遺産処理　50, 190
委託者　1, 15
一任勘定　189, 232, 246-7
一任資産　232-9
インデックス・ファンド　225
受取勘定　71-2
運用パフォーマンス　256-7
SEC　⇒証券取引委員会
NYSE　⇒ニューヨーク証券取引所

【カ行】

ガーディアン信託会社　145, 149, 156
外国為替の管理　135
会社更正　108, 120
会社支配　188, 211, 214-5
家計部門の株式投資　251-2
カストディアン　56-8
株価指数　204, 225, 252
株式の時価発行　73
株式の売買回転率　254-5
管理代理業務　58
機関化現象　218
機関投資家　50, 185, 209, 217-9, 254
議決権信託　77
ギャランティ信託会社　117-9
拠出型年金制度　167
緊急銀行法　133

金準備　133, 135, 160
金兌換の停止　134, 161
銀行の信託業務　33, 80-5, 144
銀行休業　131-3
銀行恐慌　130, 138
銀行券　16-7
銀行倒産　129-30
銀行取付け　131-2
銀行法（1933年）　⇒グラス・スティーガル法（1933年銀行法）
銀行法（1935年）　128
金保有の禁止　133-5
金本位制の停止　131, 133, 158
金融会社　71-2
金融機関の資産シェア　243-4
金融構造の変化　244, 249-50
金融仲介機関　58, 232
金融仲介機能　15, 224, 232
金輸出の禁止　133, 135
グラス・スティーガル法（1933年銀行法）　60, 128, 135-7, 142-3
グラス・スティーガル法（1932年）　131, 160
公益事業持株会社　105, 112
後見人　190
ゴーイング・コンサーン　106
小切手　20-1
国法銀行　4, 9, 21-2, 25, 34-5, 64, 75-85, 155-6
国法銀行券　17, 19
国法銀行法　4, 17
国法通貨法　17
個人銀行　78
個人資産　192-4

索　引

個人受託者	48
個人信託	14, 16, 27-8, 51, 84, 100, 189, 251-2
個人信託部門	53-6
コルレス契約	66

【サ行】

財産管理人	108
財産保管機関	232
債務不履行（デフォルト）	101, 104-7, 110, 119, 123, 149
産業別労働組合会議	179
J.P.モルガン	88-9, 255
自行預金	90, 206
自己管理型の年金制度	184
自己金融	73
自己取引	140, 148, 153
自己流動性	70
資産保全人	134
シティコープ	227
シティバンク	207-8, 215, 227
私的財団	192
私的年金基金	196, 219, 244
私的年金制度	165-80, 183
シニオリティ制度	172-3
支払決済システム	21
支払手形	71
シャーマン反トラスト法	141
社会保障法	174
社債権者	46
社債信託	28-9
社債の受託業務	46, 83
社債の受託者	29, 46-9, 83, 99-100, 107-24
社債保管人	108
社債保有者委員会	113
社債保有者の利益保護	109-12, 115, 121
収益管理人（レシーバー）	119
収益管理人の制度（レシーバーシップ）	108, 115, 120, 126
収益資産	64-7, 69-70
収益力	106
従業員給付資産	192-5
従業員給付信託	51, 190
従業員退職所得保障法（ERISA）	180, 202, 255, 258
自由公債	66
州・地方政府退職基金	244, 251-2
州法銀行	4, 9, 21-2, 25, 78
州法銀行券	17-9
受益者	1, 15, 50-1, 184
受託者	1, 15, 50-1, 145, 150, 153, 162, 184, 200-3, 258
受託者義務違反	145, 148-50, 153-4
受託者の欠格事由	122
受託者の誠実義務	145, 148, 154
商業貸付	67, 70-2
商業銀行	2, 16, 55, 68-70, 78, 87-90, 142, 243-5
商業手形	70
証券業務	75-9
証券金融	68, 87
証券子会社	77, 87-9
証券市場	49, 50, 58, 70-1, 97, 185-6, 217-21, 249-50
証券代理業務	41
証券担保貸付	66-70
証券担保付信託契約	47
証券投資	50, 64, 66, 69, 84, 87, 97, 185-6, 217-8, 250
証券取引委員会（SEC）	109-11, 114, 117, 120-3, 140, 152, 188
証券取引所規則	44
証券法	99
信託営業権	34-5, 81, 155
信託会社	4, 9, 11, 13-4, 16, 21-5, 29-30, 48, 78
信託会社の銀行業務	13, 16, 21, 26, 29, 32
信託型の年金制度	183
信託機関	2, 46, 50, 58, 184, 190, 197, 209, 218-9, 232
信託機関の株式投資	53, 91, 204, 208-10, 215, 240, 246

信託機関の株式保有比率	54, 249	チェース・ナショナル・バンク	139, 152, 155
信託機関の個人勘定	192, 232-4		
信託機関の資産シェア	243	チェース・マンハッタン・バンク	210-1, 213
信託機関の従業員給付勘定	192, 195, 197, 232-4		
		超過利潤税	176
信託機関の保有資産	232	貯蓄貸付組合	2, 4
信託機関の保有資産額	242	貯蓄銀行	2, 4
信託義務違反	51, 88	貯蓄金融機関	3, 244
信託契約書	46-7	貯蓄預金	28
信託兼営銀行	35, 128	通貨監督官	17, 24, 76, 134, 207
信託子会社	33, 88	通貨監督官規則9	85
信託資産	51, 84-5, 192-4, 234	デー・ローン	86
信託資産の合同運用	85	定期預金	27
信託資産の集中度	199, 237-40	抵当権	28-9
信託証書	99	抵当証書	47
信託証書法	49, 97, 99, 122	手形割引	70
信託制度	1	適格手形	160
信託手数料	24, 84, 145	鉄道退職会計	173
信託統計	6, 191-2	鉄道退職法	173
信託部門	2-4, 27-8, 36, 84	デトロイト信託会社	88, 145-9
信託部門の収益	84-5, 149, 157, 207-8	デフォルト ⇒債務不履行	
信託部門の預金	89-90, 151, 206-8	転嫁流動性	70
信託預金	14, 27-8	投資会社	209
慎重な投資家の原則	203	投資家保護	100
慎重人の原則	51, 200-3, 255	投資銀行	75
税額控除	176	投資顧問会社	197, 254
生前信託	15, 27	投資裁量権	189, 202-3, 214, 232
生命保険会社	54, 209, 249	登録機関	43-5
全国通貨委員会	31	登録代理業務	41, 43
全国労働関係委員会	178		
戦時労働局	175	**【ナ行】**	

【タ行】

		内国歳入局	173
		内国歳入法	176
対敵通商法	133	内部留保	73
代理勘定	192-5	ナショナル・シティ・バンク	131, 139, 154
代理業務	56-8	ニューディール政策	96, 124
代理人	56	ニューヨーク証券取引所（NYSE）	
担保権	48-9, 99, 106, 108		44, 217-9, 252-3
担保付社債	99, 103-6	ニューヨーク連銀	132
担保付社債信託	48-9	年金基金	51, 170, 181-4, 195-7, 244-57
担保物件の換価処分	104, 108	年金基金責任準備金	243

索引　271

年金基金の株式投資	219, 252-7
年金給付	170, 182, 195
年金給付保証公社	179
年金財源	170-1, 179-80
年金信託	176, 183-4, 190
年金数理	180
年金数理上の算定基礎	180
年金数理に基づく債務評価	180
年金制度	168-9

【ハ行】

パットマン委員会	2, 188, 191-2, 211
ハリス・トラスト・アンド・セイビングズ・バンク	112-3
バンカース・トラスト	183, 210-2
非一任勘定	189, 232, 236-8, 249
非一任資産	232, 236-8
引受業務	75
非拠出型年金制度	167, 169-71
非保険型年金基金	196
非保険型年金制度	183
ファースト・ナショナル・シティ・バンク	210-1, 213
ファンド・マネージャー	225
不換通貨	134
複合型年金制度	167
復興金融公社（RFC）	131, 134
物的担保	106
不動産担保貸付	21, 66
ブローカーズ・ローン	60, 70-1, 87
分売業務	75, 78
ペコラ委員会	131, 137, 139-41
ペンション・ドフイプ	176
法人受託者	2, 109, 112-8, 120, 153
法人信託	28, 100, 116, 121, 152
法定投資物件	51
保険会社	170, 195, 197
保険型年金基金	196
保険型年金制度	183
保護委員会	107-8, 111, 116-7

【マ行】

マクファーデン法	77
マニュファクチャラース信託会社	111-2
マネー・マーケット・ミューチュアル・ファンド	240-1
ミューチュアル・ファンド	251-2
無額面株	73-4
無担保社債	99, 103-6
名義書換代理業務	41-2
名義書換代理人	43-5
メトカーフ委員会	210
モーゲージ	148-9, 241
モーゲージ・プール	148-9
モルガン・ギャランティ・トラスト	210-2, 220-2

【ヤ行】

有価証券担保	106
優先的弁済受領	122
要求払い預金	27-8
預金準備率	22-5, 30-1
預金増加率	13
預金高	9, 11, 25
預金通貨	16, 20-1

【ラ行】

リーエンの優先順位	103
利益相反	113-23, 141, 151-3, 155-6
利子生み資本	15
リビコフ委員会	210
レシーバー	⇒収益管理人
レシーバーシップ	⇒収益管理人の制度
連邦金融機関検査協議会	6
連邦準備券	131-4
連邦準備制度	69, 133-4
連邦準備制度の規則F	89-90, 153
連邦準備法	33-5, 70, 131, 151, 160

【ワ行】

ワグナー法	178

初出一覧

　本書の基礎となった論文は以下のとおりである．本書への掲載に当たって，加筆修正を行った．

序　章　アメリカの信託制度と信託機関
　　　　書き下ろし
第1章　アメリカにおける信託兼営銀行の形成
　　　　「アメリカにおける信託兼営銀行の形成」九州大学大学院経済学会『経済論究』第55号，1982年．
第2章　信託機関と証券関連業務
　　　　「信託機関と証券市場」九州大学経済学会『経済学研究』第48巻第5・6合併号，1983年．
第3章　商業銀行による証券・信託業務の展開
　　　　「アメリカの商業銀行における証券・信託業務の展開」九州大学経済学会『経済学研究』第50巻第3・4合併号，1985年．
第4章　社債のデフォルトと信託機関の機能
　　　　「アメリカの社債金融と信託機関」小樽商科大学『商学討究』第42巻第2・3合併号，1991年．
第5章　商業銀行の信託兼営と証券分離
　　　　「アメリカにおける銀行の証券分離と信託併営」信託協会『信託』163号，1990年．
第6章　私的年金制度の発展と信託機関
　　　　「アメリカの私的年金制度と信託機関」大阪市立大学証券研究センター『大阪市立大学証券研究年報』第9号，1994年．
第7章　信託機関の資産増加と証券投資
　　　　「アメリカにおける信託資産の拡大と証券投資(1)(2)」小樽商科大学『商学討究』第39巻第1号，第2号，1988年．
第8章　年金基金の拡大と信託機関
　　　　「アメリカの信託機関と年金基金の動向」信託協会『信託』184号，1995年．

著者紹介

青山和司(あおやま かずし)
1951年,岐阜県に生まれる
1983年,九州大学大学院経済学研究科博士課程単位取得退学
現在,大阪市立大学商学部助教授

アメリカの信託と商業銀行

1998年1月20日 第1刷発行
定価(本体5800円+税)

著　者　青　山　和　司
発行者　栗　原　哲　也
発行所　株式会社 日本経済評論社
〒101 東京都千代田区神田神保町3-2
電話 03-3230-1661　FAX 03-3265-2993
振替 00130-3-157198

装丁＊板谷成雄　　　　　シナノ・協栄製本

落丁本・乱丁本はお取替えいたします　Printed in Japan
© AOYAMA Kazushi 1998

80年代アメリカの金融変革	磯谷　　　玲 著	3000 円
欧州通貨統合の政治経済学	島　崎　久　彌 著	7700 円
戦前期信託会社の諸業務	麻　島　昭　一 著	7000 円
欧　州　の　金　融　統　合 ―EECから域内市場完成まで―	岩　田　健　治 著	3800 円
ケインズ―歴史的時間から複雑系へ―	吉　田　雅　明 著	3200 円
所　得　循　環　と　資　金　循　環	貞　木　展　生 著	3000 円
成長と循環のマクロ動学	浅　田　統一郎 著	4850 円
価格・資金調達と分配の理論 ―代替モデルと日本経済―	金　尾　敏　寛 著	4000 円
デ　フ　レ・自　由　化　時　代 ―市場メカニズムの展開と限界―	炭　本　昌　哉 著	2000 円
プライスキャップ規制 ―理論と実際―	OECD＋山本哲三 著	2800 円
国際分業と女性―進行する主婦化―	マリア・ミース 著 奥田暁子 訳	3800 円

表示価格は本体価格（税別）です

アメリカの信託と商業銀行（オンデマンド版）

2003年11月14日　発行

著　者　　　青山　和司
発行者　　　栗原　哲也
発行所　　　　　株式
　　　　　　　　会社　日本経済評論社
　　　　　〒101-0051　東京都千代田区神田神保町3-2
　　　　　　　　電話 03-3230-1661　FAX 03-3265-2993
　　　　　　　　E-mail: nikkeihy@js7.so-net.ne.jp
　　　　　　　　URL: http://www.nikkeihyo.co.jp/

印刷・製本　　株式会社　デジタルパブリッシングサービス
　　　　　　　URL: http://www.d-pub.co.jp/

AB464

乱丁落丁はお取替えいたします。　　　　　Printed in Japan
ⓒKazushi Aoyama 1998　　　　　　　　ISBN4-8188-1622-1
Ⓡ〈日本複写権センター委託出版物〉
本書の全部または一部を無断で複写複製（コピー）することは、著作権法上での例外を除き、禁じられています。本書からの複写を希望される場合は、日本複写権センター（03-3401-2382）にご連絡ください。